JN439658

생각이 머무를 때면

석인수 수필집

생각이 머무를 때면

석인수 수필집

수필과비평사

|책머리에|

나는 젊은 시절 언젠가 자신에게 약속한 게 있다. 환갑이 되고 정년이 되면 책을 한 권 내야겠다는 것이었다. 특별히 끼도 소질도 없는 주제에 그런 작심을 한 것이다. 살면서 그 약속을 지키려는 마음을 떨쳐내지 못했다.

본디 문학적인 바탕이 없는 터라 글 쓴다는 게 여간 어려운 것이 아니라는 것을 뒤늦게 알았다. 그저 초등학교 시절 글짓기로 몇 차례 상을 받은 게 나를 건방떨게 했는가 보다. 한 가지 숨길 수 없는 것은 그냥 글이 쓰고 싶었고 글을 쓰는 게 좋았던 것은 사실이다. 가끔씩 글답지 않은 글을 쓰고도 스스로 행복해 했으니까 말이다. 2005년도에 작품 「아내 냄새」로 등단했을 때는 마치 헤엄도 못 치면서 물이 좋아 물가에 서성이다 물에 빠져버린 사람처럼 긴장되고 두려웠다. 준비되지 않고 영글지 못한 어쭙잖은 모습으로 문단에 얼굴을 내민 것이 잘못이었다. 그냥 혼자서 나름대로 맛깔 나는 양념을 조화 있게 섞어가며 글쓰기를 하면 될 것을 성급히 어설픈 치부를 다 드러냈으니 말이다.

1968년에 공직을 시작했으니까 지난해로 만 40년이 되었다. 정년으로 치자면 1년 반이 남았지만 명예 퇴임을 결심했다. 평소에 '사람은 물러날 때를 잘 선택해야 한다.'고 생각해왔다. 조금은 미련이 남고 아쉽고 섭섭하다고 생각될 때가 바로 물러날 때라고 믿고 용퇴했다. 회고

해보면, 지나온 40년 공직 생활이 한 편의 드라마이고 파노라마다. 내 인생의 황금기를 여기에 묻었다. 애환이 서린 시간들이었다. 스물한 살 어린 청년의 나이에 시작해서 줄곧 애어른으로 살아야 했다. 세상살이가 어렵고 힘들 때마다 울 곳조차도 마땅히 없었다. 의지할 곳, 상의할 사람 하나 없이 언제나 혼자였고 내가 시작이고 끝이고 종착역이었다.

세상에 가진 것이라고는 몸뚱이만 덩그렇게 하나였다. 어떨 땐 몸뚱이라도 두 개였으면 좋겠다는 생각도 했다. 때로는 누구에겐가 기대고도 싶었고, 어린애처럼 사랑받고 응석부리고도 싶었다. 그러나 그런 바람은 사치스런 일이고 애초부터 기대할 수 없는 처지였다.

한번 살아보고 진짜로 다시 살 수 없는 연습 없는 인생길이기에 조심스럽게 두드리며 최선을 다하여 살아왔다. 수단 · 방법 가리지 않고 모로 가도 서울만 가면 된다는 사고는 그릇된 것이라고 믿었기 때문에 결과 보다는 과정을 중시하며 살아왔고 살고 있다.

바탕이 그렇고, 마음 밭이 척박하고 견문조차 일천하다보니 쓸만한 글이 나올 리 없는 게 당연하다. 어떤 때는 제목 하나를 정하고 쓸 내용을 며칠간씩이나 머리로 정리하고 다듬은 다음에야 펜을 잡는다. 딴에 알곡만 추려 본다고 모아본 것조차 글답지 않음을 스스로 발견하고 정말이지 가슴이 떨리고 사지가 옥조여 옴을 숨길 수 없다. 지금까지는 속에다 감춰둔 터라 알 수 없었으나 이제는 세상에 내놓아야 하니 큰일이다. 식은땀이 솟아난다. 진땀이다. 그럴 바에야 차라리 말해버려야겠다. 미리 까발려야겠다. 나의 글은 글다운 글이 못 된다고 말이다. 문학적으로는 낙제점이어야 맞다. 하나의 생각이고, 외침이고, 고백이며 독백이다. 절규다. 다만, 이것들을 글자로 적은 것에 불과하다. 그럼에도 불구하고 책으로 펴내겠다는 것은 어쩌면 만용인지 모르겠다. 이렇게 온갖 변명으로 수다 떠는 것을 독자는 짐작할 것으로 믿는다.

자신과의 약속을 지킨다는 것보다는 때로는 편달로 다독거려 주고, 때로는 부추겨 이끌면서 내 생의 한가운데에 자리해 주신 많은 분들의 배려와 격려에 대한 내 깜냥의 보은이고 사은이라는 알량한 몸짓이고 용틀임으로 보아야 한다. 왜냐면 지금의 나는 온전히 나의 것이 아닌 반쪽짜리 인생이고 절반은 많은 분들의 분량으로 채워져 있기 때문이다. 이 기회를 빌려서 여러 분들께 진심어린 감사를 머리 숙여 드린다.

등단작 심사평 중 "생활 속의 진솔함이 그대로 배어났다."라는 격려의 한마디를 실낱같은 힘으로 삼아 미학성 없는 반쭉정이 글들을 조심스럽게 선보이면서 독자 여러분의 사랑스런 질정만을 바랄 뿐이다.

2009년 3월

전주 완산고을에서 청아青雅 석인수昔仁壽

목차 생각이 머무를 때면

제1부 그리움 속으로

제2부 사랑이 샘솟는 우리 집

제3부 일상을 벗어나

제4부 왜 이 지경이 되었는가

제5부 우리가 잊고 있는 것은

제6부 생각이 머무를 때면

제1부

그리움 속으로

내 고향 산월리山月里는

산월山月리는 전라북도 부안군 동진면에 있는 마을이다. 나는 이곳에서 태어나 고등학교에 다니기 전까지 살았다. 얼굴은 모르지만 할아버지, 할머니 때부터 이 마을에 사신 것 말고는 우리 가계家系의 윗분들 중 또 누가 사셨는지 모른다.

아버지는 당신의 여동생이 한 분 계셨는데, 아버지가 5세되던 때 할아버지를, 11세 때는 할머니를 여의고 고아처럼 성장하셨다고 한다. 그런데 그런 그분 몸에서 우리 형제 일곱이 태어난 것이다.

당시 정서로는 외아들 몸에서 아들이 일곱씩이나 생겨났으니 참으로 복 받은 것이고 경사스런 일이라고 동네가 다 반긴 게 사실이다. 그렇지만 살림 형편으로 따지면 더 말할 필요 없이 최악의 상황이었다. 물려받고 모아놓은 재산은 없고 식구食口는 많고 날마다 호구지책이 막막한 생활이었다.

지금은 상상조차도 할 수 없는 독새풀(보리밭이나 논에 나는 아주 어린 모양의 잡초), 웃자란 보릿잎 등도 모두가 먹을거리였다. 허기진 배 채우려고, 죽지만 않는 것이라면 문자 그대로 초근목피草根木皮가 다 대용식代用食이 되었다.

그곳에서 국민학교(지금의 초등학교)를 다니고 집안 형편에 따라 이어서 중학교에 들어가지 못하고 집안일도 도우며 서당書堂공부를 하였다. 독학으로 중학과정 공부를 할 수 있는 통신강의록(그 무렵, 서울에 본거지를 두고 지방에 못 배운 사람들을 위하여 우편으로 교재를 보내주며 독학지도를 하는 제도)을 신청하여 구독하기도 했다. 그러나 그 이듬해 운 좋게도 정규 중학교에 입학하는 행운을 얻어 용케 3년간의 중학과정을 마쳤으나, 다시 고등학교에는 진학할 수 없었다. 그때는 이미 완전한 농사꾼으로 변신해 있었다. 비교적 기운도 세고, 몸도 튼튼해서 힘든 농사일을 닥치는 대로 해냈다. 열여섯 살 되던 해에 쌀 한 가마(당시는 한 가마니 중량이 90kg)를 지게에 지고 다니기 시작했다. 모내기, 지게 등짐 나르기, 논 고르기, 김매기, 물자세 물품기, 용마름, 이엉 엮기 등 할 수 있는 일을 다했다.

그러면서도 마음 한구석에는 늘 고등학교에 진학해야겠다는 생각이 떠나질 않았다.

그러던 1965년 10월 어느 날 저녁 무렵 나는 무작정 문포(산월마을 동산 너머에 있는 안성리 쪽 포구)에서 부안읍내로 나가는 막차에 몸을 실었다.

그리고는 고등학교에 합격한 후에야 집에 돌아왔다. 그렇게 유소년

시절을 이곳에서 살았던 고향이다. 객지라고는 별로 가보지 못하고 고향 마을에서만 살아서인지 어릴 때 우리 동네는 참으로 크게 느껴지는 동네였다. 그런데 지금 와서 보면 그렇지도 않았다. 부잣집이었던 김 씨네 집은 기와집이었는데, 정말 대궐같이 컸던 것으로 기억된다. 또 신 씨네, 박 씨네도 대단히 큰 집이라고 생각되었는데 역시 그렇지 못하고, 마을 안길도 큰길로 여겼는데 정말 그게 아니었다.

뒷동산은 아주 큼직한 산으로 여겼는데 역시 아니고, 아름드리 큰 정자나무도 마을의 유일한 쉴 곳이고 상징이었는데 지금은 없어지고 그 자리에 모정이 새로 지어져 있다.

몇 년 전 모정 낙성식이 있다는 소식을 뒤늦게 듣고 부랴부랴 서둘러 '山月亭'이라고 모정의 이름을 지어 직접 써서 목판으로 새겨 기증한 바 있다. 그리고 마을의 무궁한 발전을 기원하는 문구도 함께 써 넣었다. 지금도 가끔씩 들러 바라보노라면 가슴이 뿌듯하다.

소꿉장난하던 친구들과 자치기, 패치기, 못치기, 땅뺏기 놀이를 하며 걸핏하면 토라지고 다투며 해 가는 줄 모르고 뒹굴며 뭉치기 하던 시절이 주마등처럼 지나가는 추억어린 마을이다. 어머니 품처럼 포근하고 따뜻한 고향마을이다. 내가 자라던 시절에 계셨던 어르신들을 뵐 때마다 고향냄새와 옛 추억이 물씬 풍겨 나온다.

아주 어릴 때, 명절이면 아버지를 따라 여기저기 흩어져 모셔진 산소의 성묫길이 어찌나 힘들고 버거웠던지, 내 나이 스물아홉 되던 해에 지금의 산월교회 옆에 조그만 밭에 흩어져 모셔진 묘를 모두 이장했다. 그 가족 묘지가 지금은 칠형제의 추모의 장소가 되고 있다. 가끔씩 들르는 고향이지만 조건없이 내 집에 온 것처럼 마냥 좋은 기분이다.

어렵던 시절에 우리 일곱 형제가 이곳에서 태어나 애환을 함께하며 자랐던 고향이다. 우리 칠형제는 이십 년 가까이 칠형제의 집안 모임인 '한마음회'를 지속해 오고 이 모임의 의미와 형제애를 더욱 돈독히 하기 위하여 1994. 7. 9 나는 이런 작사를 하였는데 지금껏 곡을 붙이지 못하여 미완未完의 노래로 남아 있다.

한마음의 노래

1. 문포의 갯바람과 정자나무 어우러진
정다운 내 고향 산월리는 칠형제 쌈터였다오
신작로길 멀어 북풍한설 살을 에어도
봄날 양지 쪽엔 끈끈한 잔정 녹아 있지요
법 없이 살아가라 착하게 살아가라
부모님 가르침을 마음 새기며 바르게 살아가는
우리는 한마음 사랑의 형제

2. 그리운 마음으로 온 가족이 마주앉아
하나님 말씀과 찬양으로 새로운 생활 다지며
오순도순 세상이야기로 밤을 지새도
마냥 즐거움에 피곤한 마음 잊어 버리죠
슬픔도 괴로움도 서로가 내일같이
값있게 보람 있게 함께 나누며 정으로 살아가는
우리는 한마음 믿음의 형제

기쁘고 슬프고, 애절하고, 부럽고, 자랑스러웠던 동네 사람들의 수많은 사연과 전설 같은 얘기가 배어 있고, 묻어 있는 정다운 고향이지만. 지금은 어느 곳에서 어떤 모습으로 얼마나 많은 얘깃거리를 만들고 있는지, 오가는 소식조차도 뜸하니 괜스레 속절없어지기도 하다.

더욱이 요즘 농촌은 다 아는 바와 같이 썰렁하다 못해 밤낮없이 적막하고 고요하기까지 하다. 샘물이 필요 없어 우물가로 물 길러 오고, 빨래하러 오는 아낙들도 볼 수 없어 영화나 TV 속 배경으로만 살아남을 듯하고, TV나 전화가 집집마다 있어 이웃집 방문이나 모정 같은 곳도 예전처럼 갈 필요가 없어졌다. 그러다 보니 동네 사람들끼리 끈끈한 정도 옛날 같지는 않은 듯하여 씁쓸한 마음이다.

동네 누구네 집에 대소사大小事가 있으면 온 동네 사람들이 하나같이 힘을 모아 염려하고, 부조하고, 기뻐하며 해결하고 도왔던 마을이었다. 내 집, 네 집 일이 따로 없이 품앗이로 농사지으며, 소곤소곤, 수군수군 비웃고 빈정거리며 흉보다가도 그 집에 슬픈 일이 생겼을 땐 팔 걷고 나서서 거들어 주고 위로하던 마을이었다.

경사스런 일이 있을 때는 온 동네가 잔치하고, 동네 사람들도 당연히 그렇게 하는 것으로 알았다. 그렇게 해야 하는 것이라고 생각하며 살아온 순박하고 정 많은 사람들이 모여 사는 마을이었다.

큰 사람 덕은 보는 것이라면서 뉘 집 자식 할 것 없이 아이들 잘되기를 합장 기도하며 응원하고 칭찬하는 아름다운 마음을 가진 사람들이 모여 사는 마을이었다.

그렇게 정답고 살기 좋았던 내 고향 산월리는 지금은 적막과 쓸쓸함만이 묻어나는 텅 빈 농촌으로 남아있다.

하루빨리 옛날 옛것을 되찾아 온 동네 사람들이 정답게 오순도순 살아가는 마음속 고향 산월리가 되었으면 좋겠다. 이집 저집에서 갓난아이의 울음소리가 들리고, 여기저기서 소꿉장난하는 어린아이들의 모습도 보였으면 좋겠다.

품앗이하며 풍년가를 노래하는 노랫소리가 하늘 높이 울려 퍼졌으면 좋겠다.

어린시절 그리움

—초등학교 동기 동창 모임에 부쳐

엄마 아빠의 지팡이 같은 든든한 손을 마다하고 뛰면서, 넘어지면서, 걷다가 해찰하다가 신작로新作路 길을 단숨에 걸어 동진東津(지금의 전북 부안군 동진초등학교)의 문턱을 넘었었다. 그곳의 소재가 어디인지도 몰랐다. 왜 다녀야 하고, 어째서 공부해야 하는지도 몰랐다.

같은 또래의 친구들이 어떤 동네에 사는지, 또 그 동네는 어디에 있는지도 모르고, 성姓도 이름도 모르고, 가시내인지 머슴애인지도 모르고, 키가 큰 놈인지 작은 놈인지도 모르고, 얼굴이 동그란지 길쭉한지도 모르는채 우리는 그냥 마주쳤고 부딪쳤고 섞였었다.

서로 자기가 잘나고 잘생기고, 제일 예쁘다는 자부심으로 당당하고 기세 등등했다. 어쨌든 초등학교 입학은 그렇게 시작되었다. 천진난만했던 초등학교 어린 시절, 코 흘리는 것도 침 흘리는 것도 부끄러움이 아니었고 창피는 뭔지도 몰랐다. 사이좋게 놀다가도 금방 타지락거리며 싸움질하기 일쑤였고, 넘어지고, 뒹굴고, 뭉치기 하다 보면 하루해가 짧았다.

패치기, 자치기, 고무 살이, 땅뺏기 등 온갖 놀이에 빠져 밥 먹는 것도 잊은 채 놀다가 일몰日沒이 되면 그때서야 일과(?)가 끝나는 게 일상이다시피 했다.

이것이 우리가 맞이한 만남이었고, 인연이었고, 우리가 친구가 되게 하는 과정이었다. 유난히 하루 해가 긴 봄날이면, 허기진 배를 채워내라고 조르기가 다반사였고, 철없이 쏘다니느라고 온갖 봄꽃들이 활짝 피어 있는 아름다움도 느낄 겨를이 없었다. 겉이 말라 엉덩그레하고 뻣뻣한 오리지널(?) 식은 보리밥도 없어서 못 먹던 여름날이었고, 종그랭이 부지깽이도 사람 한몫을 한다는 가을걷이 철에는 집안일에 매달려야 했었다.

기름기 없는 뱃가죽 속살이 허름한 옷차림 사이로 훤히 드러나 있었고, 한겨울 매서운 북풍한설이 휘몰아칠 때면, 배때기랑, 귀때기랑, 모가지랑은 칼로 베고 떼어 내는 듯이 시리고 아팠다.

그때, 우리는 그렇게 자랐고, 그렇게 살았다. 어쩔 수 없이 흐르는 세월 속에서 친구일 수밖에, 벗일 수밖에 없는 소중한 관계를 맺었던 우리는 그동안 어둡고 암울했던 시절을 벗어나 광복을 맞은 지 십수 년이 지나면서 싫든 좋든 어쩔 수 없이 필연적으로 역사의 중심 정면에 서서 민족중흥의 중책을 떠안고 살아왔다.

이제 만감이 교차하는 반세기 동안의 소설 같은 인생 역정을 되돌아본다. 살아야 했고, 아니 잘살아야 했고, 알차고 보람 있게 살아야 했고,

무엇이 되어야 했고…….

여지껏 허겁지겁 정신없이 반백 년을 달려와야 했다. 부모와의 문제, 나 자신의 문제, 자녀와의 문제, 이 사회 속에 던져진 온갖 문제와 관계 속에서 우리는 그냥 그렇게 내팽개쳐 던져졌었고 늙음으로 가는 힘겨운 인생게임을 간단없이 계속해왔다. 가는 세월도 모르고 말이다.

잠깐 이 땅에 살다가, 머물다가 가는 것이 인생人生인 것을, 그것도 모르고 숨바꼭질하듯 속으며, 애태우며 술래되어 살았다.

그동안 우리는 너무도 많이 기다려왔고, 너무도 많이 참아왔다. 살다가 가끔씩 애틋하고 그리운 생각에 서로가 찾고 싶었고, 많이 보고도 싶었다. 수많은 사연들을 하많은 세월 속에 묻어두고 지내야 했었다. 무엇이 되었느냐가 중요한 게 아니다. 어떻게 살아왔느냐가 더욱 중요한 것이다. 결과보다는 과정을 소중히 챙길 줄 아는 우리의 벗들이기를 바란다.

옛 모습, 옛정 그리워, 만나는 그날이 조금은 가슴 설레며 기다려진다. 몸은 늙어도 마음은 늙지 않는다는 말이 정말 실감난다. 잘살고 못살고, 벼슬이 어떻고, 사회적 지위가 뭣인지는 상관없어야 한다. 그냥 그저 펑퍼짐하게 편한 마음으로 만나서 서로를 다 까발려 놓고, 얼싸안고, 보듬고 파안대소破顔大笑하자.

형식과 겉치레는 우리를 거추장스럽게 한다. 말 놓고 말 트고, 말 주고, 말 받으며 그동안 밀렸던 못다 한 말 많이 하면서 순수한 가시내 머슴애로 돌아가 지난날 그리움 속으로 빠지고 싶어진다. 많은 세월 동안 우리가 겪어야 했던 그 애틋한 그리움을 이제 속으로만 묻어 두고 싶지 않다.

문포文浦는 지금

문포는 행정구역상 전라북도 부안군 동진면 안성리에 속하는 10여 호 남짓한 아주 자그마한 어촌 포구이다. 안동네인 안성리에 50여 호가 있고, 동진강 끝자락에 위치한 이곳의 주민들은 반농반어半農半漁의 생활을 해왔다.

새만금 방조제 공사가 진행되면서 갯벌이 밀려와 포구 앞 강심江深이 사람 한 길 정도밖에 안 되게 메워졌다.

10여 년(1990년대 후반) 전까지만 해도 크고 작은 배가 50~60척 정도 있었고, 젓거리·소라·대하·중하·숭어·우럭·망둥어 같은 것들을 잡을 수 있었다.

또 갯벌 속에 묻혀 사는 죽합, 맛, 조개(아사리라고도 하며 엄지손톱 크기만 함.) 등도 캘 수 있었고, 농발게, 갈게, 칡게 등도 많이 잡을 수 있었다.

농게라고도 하는 농발게는 어른 손가락 두어 마디 크기의 몸집인데 수놈은 발 하나가 집게처럼 생기고 유난히 크다. 눈을 치켜뜨고 뻘 바닥을 재빠르게 기어가다 인기척이 나면 재빨리 구멍 속으로 쏙 들어간다. 갈게는 농게보다 몸집이 작고 색깔이 검푸르다. 간장에 조렸다가 밥반찬으로 먹으면 맛이 일품이다. 두꺼운 철사로 만든 갈고리를 이용해 구멍(게 집)에 집어넣어 잡아내기도 하고, 밤에 비가 부슬부슬 내릴 때 잡기도 했다.

비 오는 날 밤에 솜방망이에 석유를 묻혀 횃불처럼 켜들고 뻘 위를 걸어가면 게 구멍에 빗물은 들어오고 낮인 줄 착각하여 게들이 구멍 밖으로 나와 불빛을 쫓아 모여든다. 이때 양동이 같은 것을 들고 주워 담으면 된다. 양동이가 제격인 것은 게가 미끄러져 밖으로 기어 나오지 못하기 때문이다. 이곳에서는 큰 노력 없이 게를 잡는다고 해서 이 같은 방법을 '남의 불에 게 잡는다.'고 말한다.

동진대교東津大橋에서 문포, 조포(鳥浦 : 새포리)일대 갯바닷가에는 염생鹽生식물인 나문재가 널리 퍼져 자생했다. 계화면에 속하는 조포리 일대에는 동네 이름대로 70~80년대까지만 해도 청둥오리. 기러기 떼 등 철새가 많이 찾아들었던 철새 도래지였다.

지금은 기러기 떼는커녕, 물새 떼도 구경하지 못한다. 나문재(이 근방에서는 너무재 또는 나무재라고 부른다.)는 1년생 초草로 자주색 줄기에 손가락마디만 한 길쭉하고 둥글게 생긴 선형 잎이 가지마다에 빽빽이 붙어 있다. 어릴 때는 초록색을 띠지만 자라면서 자주색으로 변하고 한 두 송이 꽃이 피지만 가지 끝에는 총상總狀의 꽃 모양을 한다.

봄에 어린 잎과 줄기를 삶아서 나물로 쌀가루, 밀가루와 범벅하여 떡도 만들어 먹는다. 또한 요오드 성분이 많이 들어 있어 그냥 말렸다가 쑥버무리처럼 떡을 만들어 쪄 먹기도 한다. 나는 고향 산월리와 이웃한 마을 포구라서 한마을처럼 잘 알고 있다. 그 동네 사람들이 누구 누구가 살았다는 것도 다 안다.

직접 조개잡이, 맛, 죽합, 갈게 같은 것을 잡으러 다니기도 했다. 시원한 바닷바람이 얼굴을 스쳐 지나갈 때면 갯비린내가 고소하기까지 했던 게 너무 좋았다. 바람의 진원지가 포구인 듯하였고, 청풍 · 훈풍 · 한풍이 층층으로 불어오는 무지개바람이었다. 솟구쳐 밀려오는 파도는 어린 가슴을 일렁이게 했다.

4~5월경에는 저인망 배로 실뱀장어도 잡았다. 그러나 지금 문포 일대는 동진강의 오랜 역사를 맨 끝자락으로 안고 서해와 만나는 해후의 사연 많은 이야기를 안은 채 강江, 하구河口로서의 역사를 마무리하고 새롭게 이름 지어질 새만금 담수호로 다시 태어날 것이다.

동진강東津江!

"동진강 굽이굽이 바다로 흘러……."

초등학교 시절 교가校歌 노랫말이다

이제 그 가사도 바꿔야 할 판이다. 만경강과 함께 전북의 대표적인 동진강은 그 발원이 전북이고 끝자락도 전북 문포이다. 전북의 도작稻作 문화를 이끌면서 전북인의 젖줄이고 핏줄 역할을 해왔다. 정읍시 산외면 평사리에서 문포까지 간선 강수로가 44.7km이고 강유역이 1034.1㎢나 된다. 최장 원류는 정읍시 산외면 목욕리 촛대봉(389m) 남동쪽 계곡이지만 하천 차수次數로 치면 종산리의 팽나무정 계곡을 본류로 삼는다.

흑방산(黑方山.538m), 성옥산(聖玉山.389m) 등 노령산맥의 서사면西斜面에서 발원하여 분수계를 사이하여 섬진강과 근접한다. 그리고 동진강 최상류는 옥정호와 500여 미터 거리를 두고 인접해 있다. 또한 동진강은 정읍시 옹동면 신태인읍을 지나 부안군 동진면과 김제시 죽산면 사이를 잇는 동진대교를 건너서 서해로 흘러들어간다.

동진강은 만경강과 같이 감조하천感潮河川 구간이 넓고 하구에 넓은 간석지가 분포되어 있어서 일제 강점기에 일찍이 하천 개수공사를 실시하여 거의 직선화되어 인조하천이라 할 만큼 크게 변모되었다. 하구의 넓은 만灣을 끼고 발달한 간석지는 동진강 하구 연안 간척지, 광활廣活 간척지, 계화界火 간척지가 조성되어 있다. 인공제방이 축조되기 전까지는 정읍시 신태인읍 일대까지 나문재나 갈대 같은 염생鹽生 식물이 우거져 있던 미개간지가 대부분이었다.

한편, 동진강은 우리나라 농업 역사의 징표인 벽골제碧骨堤와 동학혁명의 그림자가 짙게 드리워져 있다. ≪신증동국여지승람新增東國輿地勝覽≫ 김제군조條에 따르면 "벽골제는 군郡의 남쪽 15리里에 있고 수원水源은 셋이 있는데, 하나는 금구현金溝縣 모악산 남쪽에서 나오고, 하나는 모악산의 북쪽에서 나오며, 다른 하나는 태인현泰仁縣의 상두산象豆山에서 나와 벽골제에서 만난다."고 하였다.

정읍시 이평면 배들梨坪에는 만석보萬石洑가 있다. 1838년에 쌓은 농업용 수리시설인 이 만석보는 동학혁명의 진원지로 유명해졌다. 당시 고부군수 조병갑趙秉甲이 보의 수리를 빙자하여 농민들을 착취하자 1894년 전봉준의 지휘로 혁명이 일어났기 때문이다.

이와 같은 역사를 뒤로하고, 지금 동진강은 희뿌옇게 생긴 탁한 물이 흐르고 있다.

국가적 대역사인 세계 최장(연장 33km)의 새만금 방조제를 쌓으면서부터는 흉물스런 폐어선들만이 포구 여기저기에 주저앉아 있어 이제 문포는 더 이상 서해연안의 포구가 아니다.

생선, 젓갈 같은 것들을 거래하던 위판장도 지금은 흔적만 남아 있고, 몇 호 안 되는 주민들도 떠나 무서우리만큼 조용하고 적막하다. 아직은 바다냄새가 나는 해풍이 불어오지만 출렁이는 물결은 순수의 바닷물이 아니다. 그야말로 문포는 지금 온갖 사연들을 간직한 채 쓸쓸함만이 묻어나는 역사 속의 포구로 남게 될 지경이 되었다. 안성리 행정구역의 한 뜸으로 존재할 뿐, 더 이상 드러내놓을 게 없는 포구가 될 것이다. 아니 더 많은 세월이 지나면 포구라는 이름도, 역사도, 기억도 사라질지도 모른다는 생각을 하니 어쩐지 자꾸만 개운치 않은 마음이다.

어릴 적 낯익은 집이 있어 행여 주인이 그분인가 하여 기웃거리다 낯선 이를 발견하고 세월의 속절없음을 짓씹는다.

이따금씩 반갑지 않은 방문객을 보고 컹컹대는 개 짖는 소리가 마치 왜 이렇게 적막한 포구로 만들어놨느냐고 항변하는 듯 메아리되어 퍼져나가고 있다.

문포는 지금….

내 영혼의 절반을 뚝 떼어

처음, 당신에게서 전화가 왔던 날, 나는 그날 밤 늦도록 여러 가지 일들을 회상하면서 생각에 잠겼습니다. 그리고 내 일생을 당신과 결부시켜 수많은 생각을 하다가, 마침내 당신을 만나기로 마음먹었습니다. 지난번 당신을 만나던 날, 내심으로는 내 마음이 후련해질 때까지 실컷 당신을 나무래 주려고 했습니다.

당신 눈에서 진정으로 수긍이 가는 참 눈물이 흐를 때까지, 몸이 이즈러져 뼛속 깊이 파고드는 말로만 말입니다. 그러나 그 같은 나의 결심은 물거품이 되었고 오히려 연민憐憫의 정을 불러일으키게 했습니다. 당신을 만나던 그날, 당신을 처음 대하는 순간부터 내가 그렇게 하려고 마음먹었던 이유에 대한 답答을 쉽게 발견할 수 있었고 그런 당신의 모습을 보고 너무나 안타까웠고 미안한 생각까지 들었습니다.

그러면서 내 편에서만 일방적으로 생각한 편견이 일종의 이기적인 불신과 오해였음도 발견할 수 있었습니다. 그 순간, 속 좁고 경솔했던 나 자신이 미웠고 의연치 못한 부끄러움에 당신 몰래 가늘게 떨리기까지 했습니다. 정말이지, 미안해서 자리를 피해 몸을 감춰 버리고 싶었고, 뭔가 변명같은 말이라도 하고 싶었습니다. 그러나 그것은 당신은 모르는 내 양심의 고백이고 내재하고 있는 감정의 작용일 뿐이었습니다.

그날 밤 실의失意에 빠져 가까스로 의식을 찾는 듯한 당신의 모습을 보면서 '나 이런 모습을 보고 너는 어쩔 셈이냐?' 라고 말하는 듯한 당신의 눈빛과 얼굴을 읽을 수가 있었습니다.

내심으로는 심각하고 심란하면서도 그렇지 않은 듯이 애써 밝은 표정을 지으려고 안간힘을 쓰는 당신 속으로의 몸부림을 다 짐작하고 눈치챘었습니다. 어쩌면 그것이 사람의 자존심이고 여자의 본능 같은 것인지도 모르겠습니다. 진정 본심은 그러지 않으면서도 일부러 엉뚱하고 왜곡된 말만 하면서 겉으로 태연한 듯했던 당신의 마음도 나는 알고 있었습니다. 그땐 정말 당신의 볼을 가볍게 마구 때려 주고도 싶었고, 몸이 으스러지게 꼬옥 안아주고도 싶었습니다.

그리고 내 혼의 절반을 뚝 떼어 당신 가슴팍에 깊이 심어주고 싶었습니다. 얘기를 하다가, 가끔씩 당신은 차마 소리를 내지 못하고 속으로만 하는 말이 있는 듯했습니다. 기필코 할말은 있지만 소리 내어 말할 수 없는 말이 분명 있었음을 알아차렸습니다. 당신의 마음속에서 꿈틀거리는 하소연, 울먹임, 선언 같은 것을 보았습니다.

당신과 만나면 언제나 헤어지기 싫었고, 어쩌다 한동안 떨어져 있을 때면 가슴 조이는 것은 이제 내겐 습관인 듯 몸과 마음에 배어 있습니다. 어느덧 당신은 내 마음속 깊이 자리 잡아 뿌리내리고 있고 내 생각의 대부분은 당신이 주제가 되고 있습니다.

내 생활도 당신의 목소리라도 채워지지 않으면 어딘가 비인 듯 허전한 것을 나보고 어쩌란 말입니까? 그날도 떠나올 때 당신은 헤어지기 싫고 섭섭해서 거의 울먹이는 듯했지만, 그냥 애써 모르는 척 돌아서온 내 마음은 정말이지 착잡하고 우울하고 무거웠답니다. 사실, 우리는 그동안 너무나 여러 날들을 힘들고 외롭게 보냈습니다. 파도처럼 밀려드는 수많은 고독과 쓸쓸함, 전·후, 좌·우도 모르고 서로의 정황도 모르고 암흑과도 같은 캄캄한 긴 터널의 늪을 빠져 나온 듯한 느낌입니다.

정말 외로움만이 유일한 벗이 되어온 지난 3년의 병영생활 속에서 엄습해오는 고독과 힘겨운 가정 형편을 이겨내려고 얼마나 많이 내 아랫입술을 두 이빨 사이에 넣고 짓이겨 깨물었는지나 압니까? 이제 그 외로움, 그 쓸쓸함, 아무렇게나 내팽개쳐진 고아 같았던, 그래서 나를 이해하고 도와줄 사람 없는 초라한 자화상……, 이런 것들을 박차고 새롭게 세상에 나온 것이나 다름없는 나, 멍하니 눈보라치는 허허벌판에 혼자 서서 갈 길 몰라 방황하는 나에게 당신은 안식처이고 마음의 피난처였습니다.

진짜 당신은 모릅니다. 그동안의 나를, 지난 3년의 세월은 군인으로서만의 삶이 아니었습니다. 여섯 동생의 맏형으로서의 삶이었고 부모를 모시는 아들로서의 삶이었습니다. 입대入隊 후 가세家勢가 기우는 바람에 가족이 흩어져 사는 아픔을 감내해야 하는 고통의 나날이었습니다. 진짜 당신은 모릅니다. 당신과 헤어져 있던 삼 년간 세월의 나를, 나도 당신을 모릅니다. 지금의 그 깎는 듯한 뼛속 깊은 아픔을. 그런 속에서 우리는 인생을 조금은 공부했고, 생활신조도 정립해 가면서 그런 것들을 온전하게 몸에 배게 하려는 노력을 하고 있는 중이라고 생각합니다.

지금은 가난을 비롯한 우리에게 주어진 여러가지 악조건들을 더 이상 누구의 탓으로 돌리지 말고 불평하거나 피하려 하지 맙시다. 그런 것들이 우리가 만나 미래를 설계하는데 결단코 장애라고만 생각할 수 없고, 오히려 그것들이 우리를 더욱 정신 차리게 하는 삶의 촉매 작용을 할 수 있다는 긍정적 요소일 수 있음을 공감해야 합니다. 지금 우리에게 필요한 것은 칼날같은 비장한 각오 이것뿐입니다.

당신이 내 의견에 동의한다면 힘을 내십시오. 실의에 빠져 원망이나 한숨만 쉬고 있을 때가 아닙니다. 지금 우리가 처해 있는 힘들고 어려운 상황을 탈피해서 용기를 내어 자리에서 일어나 희망이 있는 곳으로 힘을 모아 노를 저어 갑시다. 어리석은 방법이라 생각 말고 막고 품읍시다. 남이 하나를 배울 때 우린 열을 공부해야 하며, 다른 사람이 한 가지 일로 하루를 보낼 때 우린 열 가지 일을 쉬지 않고 해야 하는 것입니다.

이 과정에서 꼭 필요한 것이 하나 있습니다. 그것은 '신뢰와 사랑'입니다. 서로 믿고 아끼며 사랑으로 힘을 합하면, 그리고 천천히 묵묵히 그러나 끊임없이 노력한다면 우리는 기필코 우리가 목표하는 삶을 일궈낼 수 있을 것입니다.

꿈과 현실은 동떨어져 있는 것이 아니라고 믿고 싶습니다. 다만, 꿈이 허황되거나 현실과 너무나 멀게 이상적이지 않아야 할 것입니다. 어느 한쪽의 비중이 지나치게 다르다면 곧 기울어지고 만다는 사실을 알아야 합니다. 이론과 실제는 그 무게가 똑같이 맞아떨어지지는 않습니다. 나, 당신에게로 향한 그동안의 밀린 마음의 정열을 어떻게 표현해야 좋을지 모를 정도입니다.

어떨 땐, 왈칵 밀리는 그리움이 북받치는 설움으로도 다가왔고, 애틋한 상념은 당신을 찾아 시공時空을 헤매기가 일쑤였지만 그때마다 공허함만이 가슴에 메아리되어 부메랑(boomerang)처럼 되돌아왔습니다. 지금 나의 생활은 매일 매일 가득 차고 넘칩니다. 나는 이제 체면, 처지, 열등감, 창피……. 그런 것들은 모릅니다. 아니 내 머리에서는 그런 것들을 생각 못하는 우둔한 놈이 된 지 이미 오래입니다. 오직 정진精進할 뿐입니다. 그래서 우직하게 생긴 멋대가리없는 힘센 팔로 세상을 완전히 용해시키면서 살 것입니다. 다행인 것은 내겐 용케도 건강한 이 몸뚱이가 있고 끓는 정열의 피가 있습니다. 돌진할 것입니다. 그러나 곁가지 길은 가지 않고 바른길正道만을 가려서 달려갈 것입니다. 사랑하는 당신, 송희남!

행여, 요즘도 당신 마음에 불안이 있고 괴로움이 밀려온다면, 멋없고 꾸밀 줄 모르는 머슴애지만 집요하게 그리고 지칠 줄 모르고 무섭게 파고드는 우직한 나를 생각하면서 안 가는 믿음을 새겨보기 바랍니다. 지금도 그렇고 앞으로도 영원히 당신을 잊지 못하는 죄인이고 죄인될 것입니다. 살다가 가끔씩 내 생각이 떠오를 때면, 한밤중이든 이른 새벽이든 언제든지 달려와 주오. 그래야 당신의 마음이 안정되고 행복해질 것 같으면 말입니다.

희망 차고 생기 넘치는 얼굴에 초롱이 빛나는 당신의 눈망울이 그립습니다. 당신은 이미 내 마음속에 꽉 차게 자리 잡은 여자이고 칡넝쿨처럼 질긴 끈으로 얽히고 동여매어진 사람입니다. 그리고 나는 이미 내 영혼의 절반을 당신에게 뚝 떼어준 얼빠진 사람이 되어버렸습니다. 당신은 내 혼을 앗아간 싫지 않은 마녀 같은 여자로 내게 자리하고 있습니다. 한여름 밤인데 무더위도 몰랐네요. 잘 자요.

1974년 7월 2일 밤에

달빛이 증인되어 비취고

사람이 사람을 사랑한다는 게 얼마나 어려운 것인가를 멋쩍게 절감하는 시간입니다. 달은, 당신이 있는 전주에도 휘영청 비취고 있겠지만 이곳 서울에도 유난히 밝게 빛나고 있다오. 지금 창 밖 온 도시를 간신히 비취고 있는 달빛을 바라보다 또 당신 생각에 머물고 있는 참이오.

며칠 전, 못내 아쉬워하는 당신을 뒤로하고 서울로 올라와 당신의 기도와 사랑 속에 무탈하게 교육을 잘 받고 있다오. 지난 열이틀 동안 전주에서의 내 생활은 정말이지 정신 못 차릴 정도로 동분서주하는 시간이었다오. 얼마나 여러 방면으로 정신을 쏟아야 했던지 참으로 경황없는 생의 줄달음이었지요. 솔직히 요즘 나는 내 인생을 새롭게 시작하는 것 같으면서도 더러는 평범한 일상이 나 자신을 자꾸 혼돈 속으로 빠뜨리고 있는 것 같습니다.

달빛 고요히 흐르던 지난 아흐렛날 밤. 나는 당신에게 말하고 싶었던 내심의 뜻을 정중하게 밝히면서 얼마나 힘들고 어색했는지 모릅니다. 당신과 나를 결부시켜 신의 섭리이기를 바랐고, 내 양심의 속문을 당신 앞에 활짝 열어놓고 당신의 고귀하고 참된 사랑을 내게 달라고 간절히 애원하듯 기도했습니다. 내 눈은 멋쩍은 나머지 달빛을 향한 듯했지만 당신 얼굴에 가득 차 흐르는 사랑을 몰래 보았고, 청순하면서도 활짝 핀 얼굴에 홍건히 고여 흐르는 사랑의 빛을 읽을 수 있었다오. 지그시 감은 눈은 자애로움이 묻어났으며 양 미간 사이로는 행복이 도랑물 되어 흐르는 것을 느낄 수 있었지요.

나는 그날 밤 처음으로 행복이란 추상의 실체를 만져 보았고, 처음으로 애틋하고도 감미로운 사랑의 전율을 느꼈습니다. 그날 밤, 수줍은 듯 고개를 들지 못하고 그냥 말없이 고개만 흔들어 보이던 당신의 청순하고 참한 모습은 내 기억 속에 너무나도 선명하게 새겨져 있습니다. 당신과 함께 펼쳐질 미래에 대한 꿈과 설계만으로 가득 찬 내 머릿속은 도저히 다른 생각이 파고들 것을 허용하지 않았습니다. 그렇지만 그런 내가 싫지 않는 것은 당신을 사랑하는 이유였을 것입니다.

나는 지금, 내 마음속에 차고 넘치는 사랑을 당신의 몸과 마음속에 뜨겁게 불어 넣어주고 싶은 정열로 진하게 피어나고 있습니다. 한편, 마치 몰래 혼자서 저지른 잘못을 용서받는 것처럼 마음이 후련하고 홀가분하기도 합니다.

이제 누구에게도 참된 인간의 사랑을 어렴풋이나마 말할 수 있을 것 같은 경솔함도 있는 게 사실이기도 하고요. 벌써 여러 해 전의 일이지만, 나는 그때 당신에게서 새로운 인생을 알았고, 진정한 사랑을 배웠던 것 같습니다.

어느 기우는 봄날 밤. 당신과 내가 처음으로 손을 맞잡고 개구리 소리 듣기 좋은 논이랑을 걷던 날의 추억이 있습니다. 그날 밤도 오늘처럼 달빛이 좋았지요. 어렵게 만나 전혀 계획도 없이 무작정 걸으면서 뭔가 뜻 모를 얘기만 주고받다가 어색하면 풀밭에 앉아 말없이 달빛만 바라보았었지. 무슨 말을 주고받았는지 하나도 기억은 없지만, 그때 그 순간 분명했던 것은 당신과 나의 애틋한 그리움이 다리가 되어 하나로 연결되어 있었으며, 보이지 않는 사랑의 밧줄로 묶여져 있었다는 것입니다. 말은 못하고 눈으로 보지는 못했어도 우리는 느낌으로 그것을 확인했고 밝게 비춰주는 달빛이 증인되어 흔적으로 남아 있습니다.

사랑이 뭔지는 누구도 자신 있게 말할 수 없을 것 같습니다. 사람이 사람을 사랑한다는 것이 얼마나 어렵고 힘들고 버거운 것인지 형용할 수 없을 것 같습니다. 희생과 봉사, 양보와 헌신, 고통과 인내, 꿈과 희망, 낭패와 실망, 아름다운 성취와 감격, 그리움과 애틋함……, 이런 것들이 뒤범벅되고 교차되면서 인고의 세월을 이겨내고 피어나는 꽃 같은 것이라고나 할까요. 사람이 살아가면서 겪는 가장 중요하고 어려운 것인지도 모르겠습니다.

진정 참되고 아름다운 사랑이란, 상대를 위해 인내하고 어떤 어려운 상황에서도 상대에게 그것을 주기 위해 참고 견디며 나아가야 하는 힘겹고도 엄숙한 조건이 있지 않을까 싶습니다. 더욱이 이성간의 사랑은 나 아닌 상대가 상대 아닌 내가 우선 진실해야 되고 인격적으로 존중되어야 한다고 봅니다. 그러면서 서로가 서로를 이해하고 상대의 입장에서서 생각하고 배려하는 가운데에 열정이 뜨거워야 향기 나는 꽃으로 피워낼 수 있으리라고 생각합니다.

다시 한번 고백하지만, 나는 당신을 사랑하는 죄인이 되기를 원합니다. 죄의 허물을 부디 벗겨 주기를 바랍니다. 지금의 나는 당신의 참된 사랑이 절실하다는 것을 고백합니다. 당신도 어렴풋이나마 나를 알겠지만 이러는 내 마음을 그냥 지나쳐 버리지는 않으리라고 믿으오. 하루하루가 겹쳐지면 질수록 더욱 당신 생각이 간절히 피어나는 것은 내가 속 좁은 탓도 있겠지만, 그보다도 이미 나는 당신에게 빠져버려 헤어나지 못하는 지경으로 봐야 합니다. 때로는 당신 생각에 미쳐 버리지 않는 게 신통하고 얼빠지지 않는 게 다행으로 생각되기도 합니다. 당신의 색깔이 보고 싶고, 알고 싶어 지그시 눈을 감기도 하고, 당신의 냄새가 맡고 싶어 장미의 향기로 대신 하기도 합니다.

내가 사랑하는 송희님!

당신은 분명, 내 마음에 힘과 용기와 그리고 강한 신앙을 심어 주리라 믿으오. 당신이 나와 함께 하나로 된 인생을 시작한다면 당장은 당신께 너무 힘들고 버거운 길을 가게 할지 모르지만, 어쩌면 그것이 처절하기까지 할지는 모르지만 내게는 얼마나 큰 희망이고 힘이고 재산이 되겠습니까? 그럴 줄 번연히 알면서 염치없이 당신을 내게 붙들어 매려는 것은 차라리 어쩌면 사랑이 아닌 일방적인 욕심인지도 모릅니다. 그러나 내겐 누구보다도 뜨거운 피가 흐르는 정열이 있고 의지가 있고 용기와 자신이 있음을 밝힙니다.

분명, 지금의 나는 미약해서 보잘것없으나, 온갖 고초를 이겨내고 같은 배를 노저어온 나의 동반자에게 미래의 표상으로 남을 것을 약속할 수는 있소.

인동초忍冬草 같은 인고忍苦의 세월을 함께 걸어온 당신 볼에 뜨거운 정열의 입맞춤을 해주며, 몸이 이지러질 만큼 강한 포옹을 아끼지 않을 것이오. 지금의 찌들어 가는 가난과 열악한 처지와 형편. 피눈물 나는 역경이 찾아올지라도 내 기어이 이를 극복하고야 말겠다는 맹세를 입술을 깨물며 하고 있소. 어떤 사람이든지 다 자기의 성공적 삶을 추구하겠지만, 지금의 나는 칼날 위에 선 것 같은 비장함만이 있을 뿐이오.

글의 방향이 이상하게 흐른 것 같소. 당신께 워낙 내보일 게 없는 사람이라서 그랬던 것 같습니다. 헤아려 생각해 주오. 당신 언니께 정말 미안하고 결례가 많았소. 번연히 알면서도 감사의 말씀 한마디 못하고 그냥 훌쩍 떠나온 나를 무례하다고 책하시겠지만, 내 본의는 아니었음을 당신은 잘 알고 있지 않소? 잘 좀 변명해 주길 바라오.

며칠 후면 기독교계의 대집회인 '엑스폴로-74'가 여의도 광장에서 열리는데 못 갈 것 같소. 마음 같아선 당신이 상경해서 그 집회에 참석했으면 좋겠다는 생각이오.

하나님의 은총이 당신 잠자리에 함께하시길 기도해요.

당신과 내가 사랑하고 있음을 달빛이 증인되어 비추고 있는

1974년 8월 16일 밤에 씀.

기실其實, 소중합니다

텅 빈 하숙방에서 덩그러니 홀로 턱 괴고 앉은 지가 상당히 오래되었습니다. 자정이 지났다기보다 새날이 시작된 지 두어 시간은 좋게 흐르고 있는 시간입니다.

당신이 내게 왔다가 서울을 떠나던 날, 교육이고 뭐고 다 싫었던 게 사실입니다. 헤어지고 싶지 않아서 무슨 꾀라도 낼까 하는 생각도 했었습니다. 그날 당신은 떠나고, 허전한 마음에 당신 오빠하고 꽤 오랜 시간을 얘기했습니다. 마치 우리가 인생을 한참이나 살아온 나이 먹은 사람들처럼. 자기 생각 속에 들어 있는 어떤 인식, 어떤 경험 같은 편린片鱗들에 불과하겠지만 나름대로 지금까지 살아온 자기 삶의 총화總和를 말한 것일 겁니다.

다소 장황張皇했던 것 같지만 매우 유익하고 값진 대화였다고 생각합니다. 많은 대화 중에서도 우리 인생을 어디에서 출발했느냐 하는 시대적 배경과 사회환경 성장과정, 교육방법 등에 대해 나눈 얘기는 서로가 공감할 수 있는 진지한 내용이었다고 생각합니다. 궁극적으로 이런 요인들이 한 사람의 인생을 결정짓게 된다는 결론에 이르렀고, 우리도 그런 면에서 몇 가지 요소에서는 동질성을 가진 사람들이라는 것을 확인할 수 있었습니다.

당신과 나는 이국에서 만난 이방異邦 사람들이 아니고, 지역적으로나 전통적으로 맥을 같이하는 닮은 점이 많은 우리라는 것입니다. 따라서, 정서적으로도 서로 느낌이 같고 생각이 같을 수 있는 공감대가 형성되어 있다고 봐야 할 것입니다.

마냥 좋은 당신!

어쩌면 계면쩍은 말일지 모르지만, 나는 벌써부터 당신과 같은 길을 가겠다는 생각과 그렇게 해야 한다는 어떤 의무감 같은 것을 절감하고 있답니다. 이러한 나의 마음가짐이 당신께는 어떻게 비춰질지 모르지만 솔직한 나의 심정임을 밝힙니다. 특히 최근에 와서 실의失意에 빠져 있는 듯한 당신 모습을 보면서 안쓰러운 생각에 많이도 속이 상합니다.

이유 없는 괜한 반항 같은 감정이 솟구치기도 하고 세상에 맞서 당당히 싸우고도 싶은 저돌적인 힘과 용기 같은 게 솟구쳐 오르기도 합니다. 내 눈에만 그렇게 보이는지 모르겠으나, 요즘의 당신은 연약하게만 보이고 체념하고 좌절하는 듯한 모습입니다. 그래서인지 나도 모르게 이유 없는 저항이 생기고 답답한 나머지 주먹이 불끈 쥐어지곤 합니다. 아무런 도움도 주지 못하는 지금의 내가 너무 싫고 한스러울 뿐입니다.

어떤 작용도 못하는 나, 당신 앞에 무능한 나를 발견하고 입술만 깨물고 있음을 고백합니다. 그러면서도 주제에 고집이 있고 주관이 뚜렷해서 내가 옳다고 생각하는 것은 다른 사람에게도 내 뜻에 동의를 구합니다. 그렇지만 매사를 다 그렇게 하는 것은 아니에요. 보편타당하고 분명한 일에 한해서만 고집을 부립니다. 지금 내가 당신께 이렇게 자질구레하고 구차한 말들을 늘어놓는 것은 당신께 원하는 나의 간절한 마음을 헤아려 살펴서 내 뜻에 동의를 얻고자 함입니다.

지금 내가 당신에게 하고 있는 말의 의미가 무슨 뜻인지 알겠습니까? 가끔씩 내 자신에게 이런 질문을 하는 때가 있습니다. '지금 내가 처해 있는 처지와 형편은 어떤가? 또, 나는 어디에 서 있으며, 어떻게 살고 있는가?'라고. 분수를 지켜야지, 하면서도 강한 의지와 용기가 있으면 뭔가 가능성은 있어 보였고 자신감이 생기는 것은 젊음 탓으로만 돌릴 수 없었습니다.

객관적 입장에서 자기 자신을 직시하고, 진정한 자아를 발견할 수 있는 혜안慧眼이 있는 자만이 자기 인생행로를 교정하고 시정해 나갈 수 있는 바른 이성理性을 가진 능력자이고 올바른 태도일 것입니다. 형식과 체면이 우리의 진정한 모습일 수는 없습니다. 속을 까발려 드러내놓고 공정하게 평가받고 인정받는 자세야말로 지향하는 목표를 빠르고 정확하게 달성할 수 있을 겁니다.

비록 지금은 초라하고 보잘것없으나, 미래에 대한 비전이 있고, 희망이 있고, 믿음과 강한 의지만 있다면 그의 나중은 창성昌盛할 것임이 분명하지 않습니까? 다만, 냉정한 입장에서 구체적이고 치밀한 계획을 세워 꾸준히 밀고 나가는 인내와 끈기가 전제돼야 하겠지요.

사랑하는 당신!

이제. 서로가 서로에게 애태우고 짐되는 일은 없어야 하겠습니다.

마음속으로 간절히 바라면서도 겉으로는 아닌 듯 외면하고, 돌아서서 애달아하는 날들이 너무도 많았습니다. 괜한 것을 가지고 마음속으로 고통하고 괴로워하는 때도 있었고, 쉬운 것도 어렵게 문제를 풀어야 했습니다. 그 길로 가야 하는 줄 알면서도 애써 다른 길을 선택하여 고생하며 힘들어 했습니다.

지나친 아집과 자존심이 마음을 상하게도 했고, 사소한 일에도 옥생각해서 엉뚱한 결과도 있었습니다. 제발 팽팽한 줄다리기는 그만하고, 나태하지 않을 정도로만 긴장의 끈을 조정합시다. 그리고 소나기같이 쏟아지고 퍼붓는 사랑을 합시다. 서로가 금쪽같이 소중하게 아끼고 위해주는 사랑을 합시다. 상대의 편에 서서 도와주고 이해하고 배려해 주는 사려 깊고 품격 놓은 사랑을 주고받읍시다.

하루빨리 둘이 하나로 번데기 되어 다시 태어나는 동화된 변신의 용틀임을 합시다. 그래서 나도 아니고 당신도 아닌 우리로 거듭납시다. 그러기 위해서 우리는 서로를 잘 가꿔야 합니다. 남녀 모두 그 성性 이 가지는 고유의 냄새와 맛이 몸에 물씬 배어 있어 표면으로 나타날 때, 비로소 참된 가치와 아름다움이 차고 넘칠 것입니다. 특히 남자에게서는 야심이 매우 중요합니다. 야심은 욕심과는 다릅니다.

욕심이란 분에 넘치게 탐내거나 누리려고 하는 마음이지만, 야심은 목표를 향해 마음속에 품고 있는 욕망이고 소망일 것입니다. '해야겠다, 하고야 말겠다'는 강한 의지를 갖고 꾸준히 노력하는 삶을 살아갈 때, 마침내 목표는 이루어지고 성공의 문은 열릴 것입니다.

지금의 당신과 나

나는 당신을, 당신은 나를 서로가 잘 알아야 합니다. 그래서 조금은 냉정하게 생각하고 판단하고 결정해야 한다고 생각하고 있소. 허심탄회하게 그리고 솔직하게 진지한 대화를 나눠야 해요. 당신도 물론 지금의 내 심정을 이해하리라 믿기 때문에 이런 말을 하는 것이요. 지금보다는 진전된, 그래서 조금은 현실 속에 우리를 끌어들여 실질적인 마음의 문을 열고 얼굴을 마주 봤으면 좋겠습니다.

조금은 내가 당신에게 성급하게 욕심부리고 있는지도 모르겠소. 만약, 그런 생각이 든다면 내가 가지고 있는 성격의 잘못된 소치로 치부하길 바랍니다. 지난번 만났을 때 당신은 차마 내게 말은 못했지만, 당신 표정 속에서 당신의 괴로운 생각과 마음을 훤히 읽을 수 있었습니다. 당신과 나, 나와 당신, 우리의 관계, 이것은 기실其實, 매우 소중합니다. 그것은 당신과 나의 전부이고, 생명이고, 인생이기 때문입니다. 당신과 나, 너무 넘치게도, 너무 크게도, 너무 어렵게도, 너무 쉽게도 생각하지 맙시다. 공연히 분에 넘치는 허황 때문에 허다히 범하는 낭패와 실망이 있을 수 있으니까 말입니다.

오늘 밤 초저녁에 당신에게 전화하고서 하숙집 주인께 무안해서 혼났소. 여섯통화나 된다는 것이오. 앞으로 하숙집에서 전화하기는 틀린 것 같아요.

지금쯤 새큼히 잠자고 있을 당신 모습을 생각하며 뜨거운 입맞춤을 보내오.

신앙생활 열심을 내길 바라면서 그만 적으오.

1974년 9월 8일 새벽에

당신 생각이 흥건히 고여 오면

당신과 헤어지고 소식을 몰라 궁금해 한 지가 벌써 보름쯤 되어가는 것 같군요. 남들은 며칠 안 된다고 할지 모르지만, 나는 당신을 본 지가 어찌나 오래인 것 같은지 모르겠소. 그동안 어떻게 지내는지 궁금하기가 여간 말이 아니오. 몸이 마르고 얼굴이 하얗게 되어 핏기가 없이 파리했던 당신인데 요즘은 건강하기나 한 것인지, 정말이지 내 마음대로 짚이는 생각 때문에 초조해서 미칠 것 같습니다.

어제, 갑자기 막차로 전주에 갔었어요. 우리 직원 모친의 별세로 인하여 조문이 목적이었지만 온통 당신만 생각나고 당신만 만났으면 좋겠다는 생각이 든 것이 솔직한 고백이오. 오늘 돌아오는 길에 당신 언니댁엘 갔었소. 보고 싶고 소식도 궁금해서였지만 역시 그 곳에서도 최근의 당신 소식을 모르고 있었소. 전화라도 있어야 전화를 해볼 텐데 그럴 수도 없고 교통편도 신통치 않으니 금방 가 볼 수도 없어 답답하고 궁금할 뿐이오.

다른 것 다 제쳐두고 당신의 건강이 별 탈 없는지 제일 걱정이 되오. 지난번 만났을 때만 해도 얼굴은 초췌하고 몹시 여윈 몸매에 풀죽고 기운이 빠져 있었는데 지금은 어쩐지 정말 궁금해서 미칠 지경이오. 행여 편지가 오지 않을까 손꼽아 기다리고 있지만 그 마저 소식이 없으니 초조함만 더하여 마음 조이는 나날입니다.

나의 요즘 생활은 매일같이 그렇고 그렇게 되풀이되는 일상 속에서 정신적인 피로만 가중시키는 듯한 삶이오. 마음이 편치 않아서인지 가끔씩 무능함이 염증처럼 불거지는 때도 있다오. 하지만 결국 산다는 것이 그러하겠거니 하고 가능한 한 최선을 다하여 열심을 내보고 있소. 하루의 생활 속에서 쓸 만하고 값진 것이 없는가 하고 긁어모아야 별로 잡히는 게 없는 무기력하고 깡마른 생활인 것 같기도 합니다.

정말이지 나는 요즘 같아선 삶의 기쁨이나 의욕을 잃어버린 것 같은 무미건조한 생활인 듯합니다. 아마 당신과 연관지어 수많은 생각을 하면서 그것들이 내게 번민煩悶으로 작용하고 있기 때문일 것입니다.

나도 말은 안하지만 당신 못지않게 많은 것을 생각하고 고민하고 판단하고 있습니다. 지루한 일상 속에서도 다만, 당신을 사랑하고 있는 내 마음만이 생활 전체의 기쁨인 것 같습니다. 당신에게로 향하는 내 마음을 철없는 어린애들처럼 조잘대지는 않지만 보다 더 차원 높고 숭고한 사랑을 주고 싶은 거고, 가식 없고 진실한 사랑을 하고 싶은 겁니다. 당신과 내가 만나 함께 있으면 언제나 기분 좋고 마음 편한 관계를 만들고 싶은 소망이 있습니다.

당신 생각으로만 꽉 차 진한 그리움이 온몸에 밴 탓인지, 그저께 밤에는 헛소리를 하다가 문득 잠에서 깨었습니다. 가뭄에 콩 나듯 어쩌다 한번씩 보내준 몇 자 안되는 당신의 글을 다 꺼내놓고 한참동안 멍하니 들여다보고 있습니다.

그러면서 지금, 이런 생각을 합니다. '당신은 세상에서 가장 지혜롭고 어진 여자'라고. 아직은 세상을 많이 산 사람도 아닌데 크고 작은 일들을 차원 높은 넓은 안목으로 헤아려 판단하고 실천하는 당신의 그릇을 보았기 때문입니다. 그런 사람이고 그런 여자인 당신이 세상 끝나는 날까지 내 곁에 있어주는, 내 최고의 애인이기를 간절히 바라고 있습니다.

겉으로 강한 듯하면서도 속으로는 한없이 약한 것이 남자입니다. 나는 여자가 더 강하고 어머니가 더 위대하다고 생각합니다. 솔직히 나 당신에게 이런 욕심을 갖고 있습니다. 인생의 동반자이면서 때로는 누이로, 어머니로서의 역할을 해주는 아름다운 여자였으면 하고 말이오. 너무나 어른스럽고 이기적인 생각인지도 모릅니다. 혹시 역겨웠으면 이해하고 크게 신경 쓰지 않았으면 합니다.

지난여름에서 초가을까지 서울에서 교육받고 있을 때의 일을 나는 잊지 못합니다. 당신이 서울을 다녀간 후로는, 교육을 마치고 하숙집에 돌아오면 텅 빈 방에서 혼자 당신과 나누는 독백으로 쓸쓸한 연기자가 되곤 했습니다.

사랑하는 당신 송희남!

어려운 수학문제라고 처음부터 겁먹으면 결코 자기 힘으로 풀기 어렵습니다. 마찬가지로 우리들 생활속에서 일어나고 있는 어려운 일들도 결국은 우리들 스스로가 풀어야 합니다. 외면한다고 해서 해결될 일이 아니고 오히려 적극적으로 임할 때 실마리가 풀리고 해결의 문이 열릴 것입니다.

세상의 많은 철인哲人들은 지극히 당연하고 확실하고 단순한 것조차도 의문을 갖고 깊이 연구하고 분석함으로써 그 속에서 보통 사람들이 보지 못하고 생각하지 못하는 것들을 찾아내고 있지 않습니까? 세상 살다 보면 폭넓게 이해하고 사랑해야 할 일들이 참 많을 것 같습니다. 우리도 이렇게 살아갈 수 있도록 서로 이해하고 상대편에 서서 다독거려 주며 살았으면 좋겠습니다.

어떤 노래 가사에 있는 것처럼 오늘이 시월의 마지막날 밤입니다. 당신을 사랑하는 마음이 내 맘속에 홍건히 고여 올 때면 어떻게 형용할 수 없이 그냥 좋기만 하다오. 옆에 있으면 당신 모습 보이지 않도록 그리고 숨이 막히도록 꼬옥 껴안아 주고 싶습니다.

참, 당신 부탁 좀 하겠소. 매일 매일 편지 좀 써요. 그래야 내가 그 편지 받는 것으로 당신이 늘 내게 있는 것같이 느낄 수 있을 테니까 말이오. 이렇게 당신이 보고 싶을 때 당신도 내가, 나처럼 보고 싶어 하는지 확인하고 싶어진다오. 부디, 우리 사랑은 꾸밈없는 진실만이 묻어나는 사랑이길 바라고, 서로 배려하고 헌신하는 사랑이길 바랍니다.

다시 한번 말합니다. 건강관리에 신경을 쓰고 몸조리 게을리하지 말아요. 영 · 육간에 쇠약해진 당신 생각을 하면 내가 정말 미칠 지경이오. 훗날 이런 얘길 하면서 살아갈 것을 기약하고, 지금의 이 어려운 상황을 알찬 걸음으로 총총히 걸어가야 하오.

당신 언니 말씀으로는 당신이 곧 부안에 한번 오겠다고 했다던데 어떻게 할 거에요? 보고 싶소. 뭣보다도 건강이 너무 걱정이 되오.

날씨가 더 추워졌어요.

그럼 곧 소식오길 바라면서 오늘은 그만 써요. 잘 자요

1974년 10월 31일 밤에

당신의 자리

그것은 그렇게 넓은 것이었고, 그것은 그렇게 큰 것이었소, 또한 벅찬 감격이었고, 너무나 소중한 것이었다오. 시공時空을 초월해서 내 생활과 마음속에 어쩌면 공포(?)처럼 밀려와 차지하고 있는 '당신'이라는 그 자리가 말입니다. 의식 있고 숨쉬며 살아있는 동안은 언제나 당신이라는 그 자리가 내 삶을 송두리째 차지하고 있어요.

해가 거듭되고 나이를 먹을수록, 세상을 살면 살수록 당신이 그렇게도 내게 소중한 사람임을 더욱 느끼게 하오. 생각해 보니까 당신과 만난 지 벌써 스무 해가 되었소. 이즈음 나는 가끔씩 나를 에워싸고 있는 주변을 챙겨 확인하는 때가 많다오. 그럴 때마다 내 주위에는 진정으로 나를 챙겨주는 이가 아무도 없는 것 같았다오. 그러나 오직 당신만은 내 반쪽처럼 분신이 되어 내 곁에 있음을 발견하곤 한다오. 솔직히 그래요. 당신도 알지만, 내게 당신 말고 당신 같은 사람이 누가 또 있겠소? 물론, 우리의 금쪽 같은 세 딸이 있지만, 세월이 가면 언젠가는 그 애들도 하나둘씩 떠나갈 것을 생각하면 지금부터 외롭고 떨린답니다. 그런 저런 생각을 하면 정말이지 우리 둘은 서로가 너무나도 소중한 존재가 아닐 수 없고, 보기도 아까운 관계가 아니겠소.

어쩌다 우연히 우리가 만났지만, 거기엔 하나님의 뜻이 있었음을 알아야 합니다. 그리고 감사해야 해요. 당신도 잘 아는 것처럼, 당신과 만나 새로운 인생을 출발할 즈음, 정말이지 나는 당신을 맞을 아무런 준비가 되어 있지 않았었지. 하나에서 열까지 드러내 보일 게 없었고, 오직 가진 게 있다면 몸밖에 없었으니까 말이오. 그런 나를 속 깊고 샘이 깊은 당신이, 처지와 형편이 월등한 당신이 선택해주었으니 나는 참으로 '땡잡은' 것이고 운 좋은 머슴애임에 틀림없소. 그렇게 만나서 시작한 당신과의 삶이 벌써 이십 년이라니 참으로 세월은 빠른 것 같소. 귀히 여기고 조금이나마 편하게 해주기는 커녕 피눈물 나는 온갖 고생만 시키는 나 자신이 너무 밉소.

결혼식이라고 해야 겨우 이름만 붙이고 소문만 내다시피 얼렁뚱땅 통과의례로 마치고, 신혼여행은 남이나 치르는 행사였으며, 신접살림이라고 챙긴 게 1년에 4만 원 주기로 약정한 사글세 단칸방이었으니, 시작부터 고생문이 활짝 열려 있는 셈이었지요. 그런데도 당신은 있는 집안에서 태어나 자란 사람 같지 않게 불평 한마디 안하고 얼굴에 그런 기색 한번 없었잖소. 오히려 곧바로 현실을 직시하고 당신의 정해진 자리에서 털고 일어나 스스로 당신의 자리를 넓혀가고 있었지요. 생전 생각지도 못했고 해보지도 않았던 화장품 세일을 하면서 차마 입에서 떨어지지 않는 말로 어렵사리 화장품을 팔았고, 그때마다 화끈거리는 얼굴을 감추려고 애쓰느라 안면의 근육은 가늘게 떨었었지. 담배 몇 갑만 모아져도 슈퍼마켓에서 생필품으로 바꾸는 알뜰한 당신이잖소. 그렇게 사는 당신에게 위로와 격려는 못하고, 때로는 배로 힘들게 했고, 때로는 마음에 상처도 주었으며 무심하기까지 했었다는 것을 이 시간 고백하면서 염치없게도 이해를 구하고 있소.

집안일에서부터 바깥일까지, 큰일에서 작은 일 하나하나까지, 내 직장에서의 인간관계, 사회생활에 이르기까지 나는 이제 당신의 조종과 안전키가 없으면, 그때마다 방법과 절차를 몰라 헤맬 때가 많고 힘들어하는 때가 참 많아요. 사려 깊고 고운 마음씨를 간직한 그런 당신을 보면서 얼마나 당신이 부러운지 몰라요. 나도 그래봤으면 하는 생각으로. 그러나 여보!

이제 당신 마음 좀 가라앉혀요. 그리고 여유를 가지려고 노력해 봐요. 정신적으로나 육체적으로나 건강해야 돼요. 벌써 우리도 쉰을 바라보는 인생의 길목에 와 있지 않소. 우리는 서로가 너무나 필요하고 소중한 사람들이잖소. 가능한 즐겁고 건강하게 살려고 노력합시다. 행여, 사소한 문제로 불편한 일이 있지 않도록 이해하고 조심합시다. 당신도 아마 그렇게 생각할 거요.

나 없이는 못살 것 같다고. 이렇듯 우리는 서로가 절실하게 필요한 존재임을 절감하고 있지 않소. 요즘, 이곳 문경에 와 있는 동안, 밤마다 잠을 설치고 버둥대는 것은 내 정신과 육체가 이미 내 자신의 것만이 아니고, 당신의 것으로 만들어져 버렸다는 것을 나는 알고 있어요. 왜 그렇게 되었겠소? 나는 당신 속으로, 당신은 내 속으로 한없이 숨 가쁘게 빨려 들어간 지난 세월 때문일 거요. 비록 몸은 둘이지만, 우리는 이제 하나로 동화되었고, 기능과 정신은 이미 둘이 아니고 하나가 되어 있음을 보여주는 징조라고 생각하오. 또한 여지껏 봉사와 희생을 마다하지 않고 사는 당신이 이제는 내 마음을 송두리째 차지해 버렸고, 우리 생활 구석구석까지 당신의 체취와 향기로 꽉 차서 자리매김하고 있기 때문일 게요.

지금 창밖에는 바람이 세차게 불고 있소. 차가운 날씨엔 따뜻한 것이 더욱 그리워지는 밤이잖소. 조금 전까지 눈발이 날리더니 이제는 바람이 소리 내어 스치고 지나갑니다. 내일은 아마도 강추위가 올 것 같소. 참으로 당신의 모습이 보고 싶고 그리워지는 밤이오. 어쩌면 그보다도 더 곱고 아름다운 당신의 마음씨가 생각나는지도 모르오.

그동안 평소 살면서 묻어두고 말 못했던 당신에게 미안한 생각들로 꽉차 있는 지금 이 순간, 무거운 짐진 자 되어 있는 나를 발견하고서 계면쩍게 간살 떠는 언어의 몸짓인지도 모르오. 지금 마음으로부터 전하는 당신에게로 향한 엄살과 변명은 사내 된 나를 조금은 비겁하게 하지만, 내가 젊은 날 가졌던 그것과는 색깔과 차원이 다르다는 것을 말하고 싶소.

세월이 아까우니 아껴야겠고, 바르고 양심적이고 선한 삶을 살자는 것이 평소 우리의 생각이고, 기본적인 삶의 자세 아니오? 당신과 처음 만나 해로하자며 생의 새 출발을 다짐하던 날 우리는 이렇게 살자고 다짐했지 않소? '항상 죽을 수 있는 준비를 하면서 살자'고. 사람의 삶이 영원한 것 같지만 유한한 것이고, 그 속에 우리가 있고 죽음은 예측할 수 없이 언제라도 찾아온다는 사실을 챙겨 안다면 어떻게 하루하루 한

순간 순간을 소홀히 할 수 있으며 비양심적이고 악한 삶을 살 수 있겠느냐는 생각에서 우리는 그렇게 다짐했고 지금도 그렇게 살려고 노력하며 살고 있지 않소? 정말로 세상 끝날까지 그렇게 살려고 애쓰며 삽시다.

올해도 정말 정신없이 달려온 한 해였소. 이제 한 해를 보내는 12월 중순이고 보니 또 우리는 세월의 무상함과 함께 서로의 소중함을 다시 한번 확인하는 시간을 가져야 할 것 같소. 정말이지 크고 넓은 당신의 자리, 어느 누구도 그 자리에 앉을 수도 없고 당신도 내어주지도 않을 것이오.

때로는 내가 당신의 자리를 반쯤만이라도 앉을 수 있을까를 생각해 보지만, 그건 아니고 그럴 수도 없는 것을 발견하고 나의 무능과 역할의 한계를 느끼게 하오. 많은 것을 누르고 앉은 당신의 자리, 올 한 해도 너무나 수고가 많았소 그저 미안하고 고마울 뿐이오. 진심으로 뜨거운 감사의 박수를 보내오. 혹시 마음에 걸리는 것이나 아쉽고 서운한 게 있다면 가는 해와 함께 다 털어 버려요. 그리고 또 고동치는 희망이 넘실거리는 하나님께서 준비해두신 1995년을 향하여 출발준비를 합시다.

새해에는 나 이렇게 다짐하오. 모든 것 다 제쳐두고 생활의 대부분을 당신과 더불어 마음 쓰고 생각하며 살아야겠다고. 부부가 서로를 존중하고 아끼고 사랑하고 사랑받고, 격려하며, 최고의 소중한 사람임을 확인하면서……. 큰 욕심 부리지 말고 지금 이 순간이 바로 최고의 행복이구나, 하고 행복을 발견할 줄 아는 그런 삶을 살아야 한다고 생각하오. 우리가 누구요? 하나님께서 선택해 맺어주신 사이이고, 수많은 역경도 굽힐 줄 모르고 오뚝이처럼 일어나 우뚝 서는 삶을 살아온 저력 있는 부부 아니오? 그리고, 바르고 선한 쪽의 일만 생각하고 챙기면서 살아온 그래도 할말 있는 당신과 내가 아니오? 이제 우리 그런 기본을 가지고 서로를 무서우리만큼 아끼고 사랑하면서 살아갑시다.

그럼 여보!

날씨가 더욱 추워진대요. 건강 잘 챙기고 만날 때 기쁨을 두 배로 키우기 위하여 지금의 그리움을 밑거름으로 여깁시다.

1994년 12월 13일 밤에

당신의 당신이 썼습니다.

제2부

사랑이 샘솟는 우리 집

아내 냄새

퇴근길에 현관문을 열고 거실 문턱을 빨려 들어가듯 들어서는 순간, 새삼스럽게 아내의 진한 냄새가 풍겨온다. 티끌 하나까지도 버틸 수 없을 만큼 말끔하게 닦아 놓은 실내의 청결함말고도 아내로부터 풍겨오는 냄새는 진하다.

양팔의 옷소매를 반쯤 걷어올리고 이마엔 구슬땀이 서린 채 벌겋게 상기된 얼굴에 만면의 미소를 지으며 '어서 오라는 듯' 목례를 하는 모습에서도 진하디 진한 아내 냄새가 난다. 저녁 무렵이라서 식구들의 먹을거리 준비를 하느라 혼자서 주방 일에 분주한 손놀림이다.

오늘이 8월 3일. 요즘엔 모두들 더위라는 표현을 아예 쓰지 않는다. 폭서 · 폭염 · 찜통 · 가마솥 등 아주 극단적인 표현만 골라서 쓴다. 반세기 만에 찾아왔다는 불볕 상황의 연속이기 때문이다. 체감기온이 60℃

에 육박한다니까 가히 짐작할 만하다.

낮 동안의 생활은 말할 나위 없지만, 밤의 형편도 밤새도록 열대야 현상으로 여간 어려운 게 아니다. 빌딩이고 아파트고 단독주택이고 할 것 없이 온통 그 자체가 잘 달구어진 찜통이다. 그냥 가만히 앉아만 있어도 땀방울이 등허리 척추를 골 삼아 줄줄 흘러내리는 지경이다.

그런 판에 가스불을 맞대고 주방 일을 한다는 것은 차라리 고역 그 자체일 것이다. 입맛 당기는 음식을 만든다는 요리의 즐거움도 이런 상황에서는 말이 안 될 것 같다. 그런데도 아내 얼굴엔 분명 기쁨이 넘쳐 보인다. 참으로 미안하기도 하고 고맙기 그지없다.

애들이 좋아라 돕는다고(?) 그 옆에라도 다가가면, 즉시 접근불허 명령이 떨어진다. 뜨겁고 더워서 미치고 폭발할 것 같단다. 그러나 그런 말은 말할 때뿐이다. 와서 금방 해놓은 찌개랑, 튀김을 맛 좀 보란다. 행복함으로 가득 찬 얼굴로 눈짓을 보내면서…….

'기회는 이때다.' 생각한 식구들은 우르르 몰려가 장만한 파전이랑 호박부침개를 품평이라도 하듯 입맛을 다신다. 그리고 맛본 결과를 제각기 아부하듯 한마디씩 한다. "맛있다", "빨리 밥 먹자", "입맛 당기네" 등 애들의 심사평(?)을 보면 아내의 요리솜씨는 합격인가 보다.

아내는 밤에 아주 녹초가 되는 때가 많다. 날이 밝기도 전에 일어나 집 바깥 주변의 물청소를 비롯하여 4개나 되는 방, 2개의 목욕실, 많기도 한 창문 등의 집안청소를 해대기 때문일 게다.

그뿐이 아니다. 설거지, 빨래, 화초 가꾸기 등으로 하루해가 모자라 밤늦게까지 쉴 틈 없이 움직이기 때문일 게다. 그것도 대충대충하는 성격이 아니고, 심하게 말하면 피곤할 정도로 정갈한 성품 때문에 더더욱 피로가 배가되는 것이리라.

또한 아내는 남편의 바지는 어떤 종류로, 윗저고리는 어떤 무늬와 색깔로 골라야 하는지 생각한다. 대학생인 큰애의 진로는 어떻게 하고, 둘째의 입시대비는 이대로 좋은가, 셋째는 특기를 살리려면 어떻게 지도해야 옳은지 고민한다. 시어머님의 속옷은 여유가 있는지, 필요한 것은 없는지, 시동생 누구네는 어떻게 사는지 참으로 챙겨야 할 것이 많다. 신경 쓸 일이 많기도 하다.

겉옷을 벗어 걸면서 그런 아내의 일상을 그리노라니 새삼스럽게 아내의 자리가 '얼마나 소중하고 대단한 것인가' 하는 생각이 든다. 언젠가 '만약 아내가 없다면' 하는 가정을 해본 적이 있다. 말도 안 되었다. 있을 수가 없는 일이었다. 무심코 해본 가정이지만 그것조차 부정하고 이내 지워 버리고 말았다. 어느 구석 한 군데 아내의 냄새가 배어들지 않은 곳이 없다.

이렇게 진하디 진한 아내 냄새가 곳곳에 배어 있는데 그것이 사라지다니, 상상조차 할 수 없는 노릇이다. 아니, 내가 눈감기 전까지는 그런 상황을 직시하고 맞이할 수 없을 것 같다.

"빨리 씻고 식사해요!"

아내의 목소리다. 마침내 저녁식사 준비가 다된 모양이다. 유난히도 반갑고 신통하고 소중한 아내의 목소리다.

"알았어!"

씻는 것은 건성으로 하고 서둘러 거실로 몸을 내밀었다. 한창 밥상차림에 신명(?)나 있는 아내를 보면서 순간 이런 생각이 들었다. '내게 잘하고, 내 가족에게 잘하고, 내가 필요로 하니까 아내를 소중히 여기는

것은 아닐까?'

그러나 결코 그런 것은 아니다. 입술을 으깨며 맹세코 말하지만, 적어도 그럴 정도로 타산적이진 않다. 분명 우리에겐 사랑에 기초한 헌신과 배려가 자리잡고 있다. 서로를 감싸려는 애틋한 정이 홍건히 고여 있기 때문에 소중히 여기는 것이다. 나는 독백처럼 다짐하듯 속으로 애써 강조해 본다.

따지고 보면, 아내는 고생도 적잖게 많이 했다. 그녀가 시집오기 전까지의 성장과정은 넉넉지는 않았지만, 그런대로 별 고생 없이 살았다고 했다. 그런데 적수단신으로 가난을 대물려 외롭게 자라온 내게 인생을 맡겨줬고, 숱하게 험난한, 그야말로 파란만장한 인생 고개를 꿋꿋이 버티고, 견디고, 이겨내어 이제는 한 집안의 '지킴이' 몫을 해내고 있는 것이다.

'대견스런 사람아! 미안하고 고맙네.'라고 속으로 뇌까리면서 식탁에 몸을 내려놓았다. 애들은 모두 먼저 앉아서 '식사 개시' 명령만을 기다리는 듯했다.

"당신도 앉아! 자— 먹자!"

염치없다는 생각이 들어 얼버무리듯 한마디로 분위기를 잡았다. 음식 맛에 대한 얘기가 저절로 나온다. 돼지찌개 맛은 얼큰하고, 호박 부친 것은 간이 맞아 입맛이 절로 나고…….

모두들 우리 집 음식 맛이 제일이란다. 이런저런 얘기로 행복한 식사가 한창일 즈음, 아내는 언제 시작했는지 모르게 남에게 베풀면서 살자는 얘기를 하고 있다. '주는 기쁨보다 더 큰 기쁨이 없다.'는 것이다. 그러면서 "남에게 주려는 마음으로 노력하고 사는 사람은 평생을 주는 삶을 살 수 있지만, 받기만 좋아하는 사람은 평생을 받으려 하면서 산다."라고 열을 올려 말한다.

사실, 자기 능력껏 물심物心으로 남을 위해 배려하고 살피는 것처럼 마음이 흐뭇하고 기분 좋은 일도 없는 것 같다. 어느 해인가, 수해水害가 참 크게도 났던 때가 있었다. 애들은 자기들 옷가지와 학용품, 푼돈 얼마씩을 챙기고, 나와 아내랑은 얼마 안되는 봉투 하나를 준비해서 밤에 KBS를 찾은 적이 있었다. 그날 방송국에서 돌아오는 길에 식구들이 어찌나 흐뭇하고 기분 좋아 했었던지 그때가 생각난다.

"아이고! 늦었다. 빨리 설거지해야지!"

아내가 식탁에서 몸을 일으켰다. 이런저런 세상 사는 얘기가 식탁에 만발하던 절정의 시간도 한참이나 지났다. 아내는 앞치마 끈을 고쳐 매며 산회散會를 선포(?)하면서 싱크대로 향했다. 또, 주방이고 욕실이고 할 것 없이 온 집안에 깔끔하고 윤기나는 아내의 냄새를 바르기 위해서다.

오늘 밤도 어김없이 열대야는 찾아오겠지만, 마음은 가슴에 구멍이 난 것처럼 휑 뚫려 한결 가볍다. 선풍기가 좌우로 돌면서 집안 가득히 바람을 날려 보내서인지, 아내 냄새는 에어컨 바람보다 훨씬 시원스럽고 향기롭게 다가온다.

아버지의 신혼여행

1984년은 우리 아버지의 회갑이 되는 해이다.

오래 전부터 아버지의 회갑 잔치는 내가 할 수 있는 성의를 다하여 챙겨야겠다고 마음먹었었다. 조실부모早失父母하고 당신의 외가 등에서 고아처럼 평생을 외롭게 사시고, 의지할곳 없이 고생을 밥먹듯 하시며 자식들 호구지책에 세상살이가 너무나 힘드셨고, 편하게 호강 한 번 제대로 받아 보신 일이 없기 때문이다.

1979년 2월, 부안군청에서 근무하다가 뜻밖에 전라북도 도청 전입 발령을 받고, 아내와 나는 4살배기 큰딸 소연이와 젖먹이 둘째 딸 소진이랑 함께 전주 인후동에 사글세 방 하나를 얻어 이사 왔다.

시·군에서 도청으로 발령 받는다는 게 여간 어려운 게 아니고 힘든 것이라서 나 같은 처지에 있는 사람으로서는 여간 큰 행운이 아닐 수 없었다.

우리 부부에게 단칸방은 지극히 당연했다. 워낙 기본적인 물질적 기반이 없다 보니 내 월급만 바라보고 한가하게 살 수 있는 처지가 못 되었다. 부안에 있을 때도 아내는 가만히 있질 안했다. 뭔가 생각하고 움직였고, 항상 주어진 여건이 허락하는 한 보다 나은 미래를 위하여 노력하는 모습이었다.

그런 생활 태도이다 보니 전주로 온 지 얼마 안 돼 남노송동에 있는 아내의 친구가 경영하던 구멍가게로 이사를 해서 생전 생각지도 않았던 칼국수, 라면 등을 파는 분식 장사를 시작했다.

그게 1981년이다. 그렇게 사는 동안 어느새 1984년이 된 것이다. 앞서 말했지만, 나는 나 자신과의 약속을 지키기로 했다. 그런데 막상 시기가 당하고 보니 걱정이 됐다.

첫째로 우선 행사를 치러야 할 집이 없었다. 도저히 집을 마련할 대책은 없으니 꼼짝없이 사글세 단칸방에서 잔치를 해드려야 할 판이었다. 아내와 나는 한동안 깊은 고민에 빠졌다. 결국 우리는 형편에 맞는 독채 전세를 구하기로 작정하고 주말과 밤을 이용해서 집을 구하러 다녔다.

그러던 어느 날, 우연히 복덕방에서 좋은 어른 한 분을 만난 것이 인연이 되어 겨우 전셋집을 구할 만한 돈으로 작지만 아담하고 깔끔한 집을 살 수 있게 됐다. 아무리 생각해도 그분이 얼마나 고마운지 모른다. 처음 그분을 만난 지 한 달여쯤 될 때까지 나는 그 집을 사리라고는 상상도 못하고 있는 차에 어느 날 뜻밖에 전화를 주셨다.

"자네! 우리 집 맘에 들기는 한 거야?"

"네, 그렇습니다. 그렇지만 워낙 형편이 안돼서……." 라고 말씀드렸다.

"그럼, 우리 만나자. 만나서 얘기 좀 해보자." 하는 것이었다.

그 후로 나는 그분이 하라는 대로만 했고, 시키는 대로만 했다. 왜냐면 그분 말씀으로는 '이 집을 팔아야 세금 낼 돈도 안 된다.'고 하시면서 남고, 안 남고를 떠나 "자네에게만 이 집을 팔고 싶다." 라는 것이었다. 내가 "야물고 왠지 맘에 든다." 라고 하셨다.

매도 가격도 당신이 정하시고 부족한 돈도 당신께서 주택자금 융자를 받도록 알선하겠다고 하시면서 쓰던 웬만한 가재도구도 다 두고 가시겠다는 것이었다. 그뿐만이 아니었다. 당신은 이미 아파트가 마련되어 있어 먼저 이사갈 테니 급하면 매도 잔금을 치르기 전이라도 이사 와도 좋다고 하셨다. 할말을 잃을 정도로 감사했다.

이렇게 해서 하나님의 도우심으로 회갑 잔치의 가장 큰 고민거리가 해결되었다. 그런데 아버지 생신일이 음력으로 칠월 스무이렛날인 한여름이어서 생신일에 맞춰 잔치하기가 어렵다고 판단되었다. 그래서 앞당겨 따뜻한 봄날로 택일하고, 잔치 후에는 아버지, 어머니 내외분을 여행 보내드리기로 작정했다. 그래서 여행사를 찾아 미리 예약을 하려는데 여행사 측에서 아들, 며느리가 모시고 함께 가는 게 더 좋겠다는 것이다. 여행사측의 권유대로 하려니 홀로 계신 장모님이 마음에 걸려 결국 다섯 사람이 함께 여행하게 되었다.

부모님은 물론 장모님도 평생 제주도는 초행이고 순수여행 목적의 여행도 처음이었다.

계절은 갖가지 봄꽃들이 한바탕 잔치를 한 후 그야말로 만물이 소생하는 신록의 5월이다. 말은 안했지만, 모처럼 여행길에 나선다는 게 적이 설레기도 하였을 것이다. 동행하는 우리 내외도 그랬으니까. 집채보다 몇 배나 큰 빌딩 같은 배를 타고, 안방인지 분간 모를 객실에 몸을 싣고 마침내 제주도 여행길에 올랐다.

아버지 내외분은 별도로 여행기간 내내 독방으로 예약하고 장모님과 우리 내외는 한방을 쓰기로 미리 정해 두었다. 본격적인 여행이 시작되었다.

제주시내 인근에 있는 국가 사적 134호로 지정된 고씨, 부씨, 양씨 삼 성의 탄생설화가 있는 삼성혈을 들렀다.

이어서 제주 서쪽 해안도로가 시작되는 바닷가에 있는 용머리와 닮은 기암인 용두암에 도착했다. 바위를 직접 보기 위해 해안가로 내려갔다. 그 길엔 어김없이 관광객을 상대로 한 잡상인들이 장을 이루고 있었다. 그곳에서 난다는 해삼, 멍게가 싱싱했다. 아버지가 좋아하시는 소주 한잔에 해삼, 멍게를 주문했다. 기분이 좋으신 것 같았다. 그렇지만 억지로 겉으로 내색하지 않으려고 애쓰시는 게 역력했다. 좋으면서도 표현을 참는것은 우리 어르신들의 전형적인 모습일 것이다.

안내하는 여행사 직원은 바빴다. 통제하랴, 여러 사람의 요구사항을 들어주랴, 정해진 여행코스를 차질 없이 안내하랴, 정신없이 부산한 모습이었다. 다음 코스를 위해 빨리 버스에 오르라고 성화를 댔다.

버스는 용담 해안도로를 따라 협재해수욕장을 거쳐 천제연폭포에 도착했다.

천제연은 '하나님의 연못'이란 뜻이라고 한다. 제1폭포는 높이가 22m이고 수심은 21m인데, 여기에 고인 물이 다시 넓이 30m의 폭으로 낙하하는 장엄함을 연출한다.

제주도의 특산물은 감귤이다. 서귀포에 있는 어떤 규모가 큰 감귤농장에도 들렀다. 이 지역 주민들은 감귤농사로 아들, 딸을 대학까지 보낸다고 한다.

또 얼마를 달려서 찾아간 곳은 하늘과 땅이 만나서 이룬 연못이라는 천지연 폭포를 거쳐, 제주의 3대 대표 폭포 중 하나인 정방폭포였다. 높이가 23m나 되는 두 물줄기가 장쾌한 소리를 내며 떨어진다. 정방폭포는 물이 직접 바다로 떨어지는, 우리나라에 하나밖에 없는 폭포라고 한다. 먼 길을 달리면서 관광지마다 버스에 올랐다 내렸다 하고, 걷기도 많이 했지만, 아버지 내외는 피로한 기색이 별로 없었다. 오히려 가는 곳 마다 감탄하고 경탄하며 좋아라 하셨다.

호텔로 돌아와 여장을 풀고 저녁 식사 때는 반주도 곁들여 드렸다. 잠자리 드시기 전에 과일과 간식거리도 챙겨드렸다. 드시고 싶은 게 있으면 말씀하시도록 여쭸더니, 그냥 됐다고 하셨다. 만족해 하시는 표정이었다.

나는 '진즉 이런 기회를 만들어 드렸어야 하는데….' 하며 속으로 중얼거렸다. 다음날 아침, 오늘은 어디 어디를 가보게 된다고 말씀드렸더니 여행기간이 언제까지냐고 물으신다. 내일까지라고 하니까 "여행 한 번 질리게 헌다." 하시며 고개를 끄덕이셨다.

제주도 사람들의 전통 생활 모습을 보기 위해 실제 생활하고 있는 마을을 구경하고 해발 182m인 성산일출봉에 올랐다. 성산 일출봉은 바닷속에서 수중 폭발한 화산체이다. 일출봉 정상에는 지름 6백미터, 바닥면의 높이가 해발 90미터에 면적이 8만여 평이나 되는 분화구가 있다. 이곳에서 바라보는 일출 광경은 영주 10경 중의 으뜸이라고 한다.

천연기념물 제98호로 지정 보호되고 있는 만장굴도 보았다.

이 동굴은 길이가 13,422미터로, 용암 동굴로는 세계에서 가장 긴 터널로 공인되어 있다고 한다. 가도 가도 끝이 보이지 않는 동굴 속에는 화산이 폭발하면서 분출된 용암으로 형성된 갖가지 모양의 종유석들로 즐비하다. 신비 그 이상의 말로는 표현할 수 없이 아름답다. '신의 조화' 바로 그것이다. 경탄의 목소리가 동굴 내를 걷는 동안 끊이질 않는다.

이외에도 제주도를 한바퀴 돌면서 가볼 만한 관광명소들을 거의 다 돌아봤다. 제주를 떠나는 날 아침, 아버지께 여쭸다.

"어때요? 피곤하시지요?"

"아니 놀러 다니는데 피곤하기는……. 신혼여행 온 것 같다야—." 하신다.

"이제 전주 갈 때는 비행기 타고 가요. 올 때는 배 탔지만 갈 때는 비행기로 갑니다."라고 출발 일정을 말씀드렸더니, "허 참, 비행기도 타 보고 별것을 다 헌다." 하시는데 아주 기분이 좋아 보였다. 그 순간 내 두 눈에 눈물이 핑 돌았다.

'잘 왔고, 잘했다. 아버지, 어머니 여지껏 사시면서 정말 너무 고생 많으셨고, 너무나 힘드셨습니다. 앞으로는 제가 편히 모시겠습니다.' 고 말없이 외치고 있었다.

모처럼 마련한 아버지의 회갑 여행이 신혼여행까지 한꺼번에 모신 셈이다. 한 가지 여행상품으로 똑같은 일정에 두 가지 목적을 이룬 일거양득이고 일석이조인 옹골진 여행이었다.

생일 이야기

제14호 태풍 라이언(RYAN)이 A급 수준을 유지하면서 우리나라 쪽으로 올라오고 있다는 기상청의 발표가 있었다.

추분秋分인 오늘은 기상청 발표를 뒷받침이라도 하듯 이른 아침부터 잔뜩 찌뿌려 있더니 마침내 가는 빗줄기로 태풍의 조짐을 보이고 있다.

며칠 전, 출근이 임박한 시간인데 아내는 방바닥에 흰 재활용 이면지를 깔아놓고 비닐가죽으로 된 담갈색의 내 시계 줄의 본을 뜨며 늘상 매던 연결고리가 여기가 맞느냐고 확인했다. 왜 그러느냐고 귀찮은 듯이 물었더니 내 생일에 맞춰 시계를 하나 준비하겠다는 것이었다. 시계는 무슨 시계냐고 생각 없이 내뱉는 내 말에 "내가 당신을 먼저 최고로 챙겨야 아이들은 물론이고 집안의 동생들도 본을 받는다."면서 잠자코 있으라 했다.

그런 일이 있은 후 오늘 아침, 마침내 아내는 미리 준비한 시계를 내 손목에 채워주었다. 금장으로 된 브랜드 있는 명품시계였다. 나중에 안 일이지만 아내는 이 엄청난 사업(?)을 위하여 몇 년간 계를 들어 돈을 모았다고 했다. 그동안 쫌돌이 노릇을 하며 혹시 내가 눈치 챌까 숨죽이면서 오늘의 D-day를 목표로 용케 키워온 그녀의 잔재미며 희망을 짐작할 수 있었다.

정말 큰 맘 먹고 목돈 들여 준비한 선물이라고 했다. 당신도 이제 쪼장뱅이 노릇 그만하고 그냥 차고 다니란다. 내가 봐도 과분하고 대단한 시계였다. 속으로 '정말 이걸 내가 차도 괜찮을까?' 하는 생각이 들었지만 그런 생각은 금방 사라지고 말았다.

지금까지의 생애에서 처음으로 받아본 최고의 선물이었다. 침실 쪽 사람 하나 정도가 간신히 지나갈 수 있는 안방의 통로 쪽으로 가서 몰래 시계를 왼쪽 손목에 다시 고쳐 차봤다. 얼굴에 손목을 갖다 댔다. 아내의 정성과 고운마음이 흠뻑 젖어 있어 별나게 무겁다는 것을 느꼈다. 남달리 말을 적게 하는 아내의 속사랑 · 속삭임이 IC칩(chip)처럼 내장되어 바늘을 움직이게 했다.

넷째동서로부터 시숙님 좋아하는 꽃게장을 담그겠다는 전화가 온 지 일주일 전이었는데, 그저께는 셋째동서가 케이크를 준비할 테니 중복되는 일이 없기를 바란다고 예고해 왔다. 어저께는 첫째동서가 집안사정이 있어 당일 참석이 어렵겠다면서 미리 다녀갔단다. 사실 이런 현상이 이번만 있는 일은 아니다.

언제부터인가 해마다 내 생일에는 맏형이라고 온 집안 형제들이 다 모이곤 한다. 미리 대파를 간간이 끼워 넣어 산적도 부쳐놓고, 갈비도 잘 재워 놓는다. 워낙 대식구니까 모든 것을 많이 장만해야 하기도 하지만 돌아갈 때 한 보따리씩 싸 보내야 한다는 친정어머니(?) 같은 아내의 마음씀 때문이다. 떡도 한말이나 했단다.

평소에도 조금만 힘든 일을 하면 녹초가 되어 나가떨어지는 아내이고 보면 오늘 이후의 후유증(?)은 아마 이삼일 정도는 각오해야 하겠구나 하고 속으로 생각하고 있는데 대일밴드를 감아 붙인 왼쪽 손가락을 들어 보이면서 급하게 서둘다가 손톱까지 떨어져 나가는 칼질의 실수를 일러 주었다.

오늘 밤에서 내일 새벽까지 고비가 되겠다는 라이언의 엄습을 걱정할 겨를도 없이 어느새 땅거미는 찾아왔고 어머니와 형제네들이 다 모였다. 둘째 동생인 영수네는 처가댁 혼사가 있어 못 오겠다고 아침에 전화로 알려 왔고, 첫째동생네는 어제 다녀갔으니 당연히 불참이다. 언제나처럼 조카애들이 어린 탓으로 식구들이 모이면 집안이 온통 시장 속이다. 이윽고 장내를 가까스로 정리하고 생일축하 행사를 시작했다.

아내가 사회 겸 진행을 맡았다. 나이에 맞춰 준비한 가느다란 양초들이 케익에 꽂혀지고 온 가족이 '생일축하' 노래를 합창한다. 박수가 끝날 때마다 아내는 다시 분위기를 추스른다. 둘째딸 소진의 기타반주에 맞춰 「즐거운 나의 집(home, sweet home)」을 특송으로 부르겠다며 첫째 소연이와 막내 소희에게 앨토(Alto)를 부탁한다.

이런 행사가 몸에 서투른 나로서는 참으로 계면쩍고 어색하기 그지없다. 쑥스럽고 어리둥절하여 몸이 자꾸 움츠려 드는 것 같다. 촛불이 꺼지고 축하의 박수가 길게 이어진다.

둘째동생의 딸 소정이는 몸이 약간 뚱뚱하지만 착하고 얌전하게만 생긴 올해 열한 살배기 초등학교 4학년이고, 얼굴은 검지만 할머니의 칭찬을 많이 받는 소은이는 여덟 살배기 초등학교 1학년이다. 그런데 이놈들이 예쁘게 포장한 자그마한 선물을 내미는 게 아닌가. 제 엄마아빠는 외할머니 댁에 가셔서 누가 시키지도 않았다는데 평소에 동전 몇 개씩을 고사리 손으로 몰래 모은 용돈으로 선물을 샀다고 했다. 그뿐만이 아니었다. 예쁜 장미꽃이 인쇄된 자그마한 그림엽서에다 제각기 간단한 인사말을 적어 놓았다.

"내가 가장 사랑하는 큰아빠께. 큰아빠 생신을 진심으로 축하드려요. 저의 작은 정성이지만 받아주세요. 큰아빠! 건강하시고 오래오래 사세요. 소정 올림" (양말 두 켤레 선물함).

"큰아빠께. 큰아빠 생신을 진심으로 축하드려요. 작은 성의지만 받아주세요. 1995년 9월 23일 소은 드림 큰아빠 사랑해요"(예쁜 손수건 선물함).

가슴이 찡하고 눈시울이 뜨거웠다. 둘러앉은 가족들 모두 우레 같은 박수가 한참 동안이나 이어졌다. 그러나 그것으로 끝이 아니었다. 또 한번 쇼크를 받아야 했다. 무슨 요긴한 얘기를 하실 듯이 귓가에 입을 대시면서 앉아 있는 내 허벅다리 밑으로 어머니의 손이 끼어들어 오고 있었다.

"아무 말도 말고 눈 딱 감고 있어라." 원래 꾸밀지도 모르고 비위내서 말할지도 모르는 어머니시다. 이상한 느낌에 허벅지 밑으로 어머니 손을 만져보니 흰 봉투가 쥐어져 있었다. "에미로서 하잘것없고 미미해서 내 보일 게 못되니까."라면서 좌중에 말하지 말라는 것이다.

그러나 나는 지체 없이 봉투를 높이 치켜들고 '어머님께서 이렇게 봉투를 내 허벅다리 밑에 넣으시면서 말하지 말라고 하신다.'라고 그만 엄명(?)을 어겨 버렸다. 자랑스럽고 기쁘고 통쾌했기 때문이었다. 생각해보니, 어머니로부터 생일이면 챙겨주시는 음식 외에 따로 뭘 받아 본 적이 없다. 그런 생각조차 해본 일이 없다. 그게 당연했고 그저 어머님께 감사할 뿐이었기 때문이다. 자리에서 어머니를 안고 일어나 빙빙 돌고 싶은 충동과 희열을 느꼈다.

지난 4월에는 유럽출장여행을 하게 되었는데 그때도 어머님은 조용히 여비에 보태라면서 내 손에 똘똘 접은 봉투를 쥐어 주셨다. 매월 어머니의 생활비와 용돈을 꼬박꼬박 대드리고 있고, 어머니는 수입이 전혀 없는 처지이기 때문에 참으로 이런 일은 말도 안 되었다. 그렇지만 이런 경우 거절하면 안 된다는 생각을 했다. 즉석 연출되는 어린 조카녀석들의 수선떠는 것과 재롱을 화제 삼아 얘기꽃을 피웠고 저마다 살아가는 세상살이 얘기로 어느덧 밤이 깊어가고 있었다.

어린애처럼 설레고 휘둥글해진 마흔일곱 번째의 생일 밤이 자정을 향해 기울고 있었다. 모든 게 감사했다. "믿음, 소망, 사랑— 그중에 제일은 사랑"이라는 고린도전서 13장의 말씀을 되뇌이면서 끈끈한 우애와 큰 사랑이 영원히 지속되기를 속으로 기도했다.

어머니의 신상명세

우리나라가 일제강점하에 있으면서 온갖 치욕과 수탈을 당하던 매우 어려운 시기인 1927년 정묘년 오월 열엿샛날. 이날은 우리 어머니께서 이 땅에 생을 시작하신 날이다. 어머니는 당신의 부모님 얼굴을 모르는 가운데 유년 시절을 보내며 성장하셨다고 한다.

당신의 엄마 아빠와 기억할 수 있는 눈맞춤도 못한 채 일찍이 양친을 여의신 것이다. 그뿐만 아니라 지금까지도 당신의 정확한 출생지도 모른다. 그런 까닭에 부모님 얼굴을 한번도 본 기억이 없으며, 동네 또래들과의 사연도 없으신 분이다. 다만 가까운 인척의 도움과 보호 아래 어렵사리 성장하시다가 어머니 연세 열여섯이 되던 해인 1942년에 지금은 고인이 된 우리 아버지와 혼인하여 새로운 인생을 시작하셨다. 그동안 부모 없이 살아온 세월이 얼마나 외롭고 쓸쓸하고 서러웠겠는가는 더 말해서 뭣하겠는가.

혼인 후, 신접살림이라고 챙긴 것도 그 속내를 들여다보면, 어디 그게 신혼 생활이었겠는가 말이다. 게다가 당시 시대적 배경이 일제의 경제적 침탈이 극도에 달하고 연이은 흉년으로 가뜩이나 형편은 말이 아닐 정도로 어려웠던 시기였다. 그러다 보니 기근 상태가 계속되어 호구지책에 급급한 삶의 연속이었다고 한다. 또한 아버지 역시 5세와 11세에 부모님을 여의고 고아나 다름없이 혈혈 적수 단신으로 외가의 외할머님 밑에서 성장하다가 어머니를 만나신 것이다.

이 정도라면 두 분의 만남은 영락없이 절묘하게 짜 맞춘(?) 만남이라고 해도 좋을 듯하다. 기막혀서 하는 말이지만 어쩌면 꼭 그렇게 만나야만 했는가 말이다. 애써 찾기도 힘들고 맞추기도 힘들고 고르기도 힘든 만남이었고, 어쩌면 운명적이고 기구한 팔자를 타고난 사람들의 표본적인 만남인지도 모르겠다. 그 때문인지 몰라도 두 분께서는 아무도 의지할 곳 없이 유·소년기를 살아오신 까닭에 홀로서기의 의지는 누구보다도 남달리 강하신 면이 있다.

지금이야 고임금 시대로 품삯이 매우 비싸서, 건강하고 의지만 있다면 막일(노동)로도 기초생활을 할 수 있지만 당시는 임금이 워낙 낮기 때문에 날품팔이로는 도저히 생계 대책도 되지 않을뿐더러 하루하루 삶을 지탱하기 어려웠다고 한다.

해가 긴 봄날이면, 어설프게 생긴 꽁보리밥 한 그릇을 큰 가마솥에 넣고 물을 몇 바가지 부어 끓이면, 그 양이 몇 배로 늘어나 식구들 목구멍에 넘길 것이 생긴다는 얘기며, 고구마 몇 개에 무김치 몇 가닥만으로 물 마시며 대용식으로 때웠다는 얘기를 들으면, 그때의 실상을 가늠할 수 있게 된다.

지독하게도 배가 고팠지만, 새까만 자식들의 눈동자를 쳐다보면 안쓰러운 마음에 내 허기는 뒤로하고 자식들 입에다 먹을 것을 밀어 넣었다는 얘기는 지금 살아가고 있는 자식들로서는 너무나도 안타깝고 애처롭고 서러워서 차라리 울어 버리고 싶은 충동이 일게 한다.

이렇듯 어려운 여건에서도 궂은날 외에는 하루도 쉴 사이 없이 막노동으로 칠형제 양육에 정열을 다 바치면서 자식들 뒷바라지에 평생을 헌신하셨다.

어머니 연세 60세가 되던 1986년 11월 25일. 그날은 어머니에게 가장 비극적인 날이었다. 조실부모하고 역시 평생을 고생만 하시던 우리 아버지께서 불의의 사고로 하나님의 부름을 받은 날이기 때문이다.

어머니 말씀에 따르면 그날도 아버님께서는 일터에 나가기 싫은 표정으로 나가셨다고 했다. 기독교적 입장에서 보면, 인간의 원죄 값이 사망이라지만 이 세상에 사는 우리는 하늘이 무너지는 것 같은 충격과 슬픔을 맞아야 했다. 우리가 이러했을 때 어머니께서는 얼마나 억장이 무너지는 것 같았을까. 북받쳐 오는 슬픔과 비통함이야 오죽했겠는가 말이다. 짐작만 할 뿐이다. 말로 형용할 수 없었을 것이다. 그러나 얼마의 시간이 지난 후 어머니께서는 그 허망함, 그 충격, 그 슬픔을 모두 다 혼자 삭히시며, 자식들 앞에 침통한 모습을 감추려고 안간힘을 쓰며 생활 패턴을 바꾸셨다.

인간적인 슬픔을 떨쳐 버리고 예수를 구주로 영접하여 하나님의 사랑 안에 묻히는 그리스도인이 되셨던 것이다. 그 후로 지금까지 신앙생활은 어머니 생활의 전부다시피 되었고, 유일한 정신적 지주가 되어버렸다. 참으로 다행스럽고 감사한 일이다.

하나님의 크신 사랑과 은혜가 어머니께 더 이상의 인간적 슬픔과 고뇌를 허락하지 않으신 것이다. 지금은 하나님 보시기에도 가장 아름답고 청순한 모습으로 오직 하나님만을 바라보며, 날마다 하나님과 더불어 살아가신다. 하나님 중심의 생활을 함으로써 마음의 평안과 위로를 한 몸에 받으시고 성령의 은사를 듬뿍 독차지하며 사신다.

특별히 하나님께서 건강의 복을 주셔서, 칠순도 넘고 팔순도 지났지만 교회나 가정생활에 전혀 어려움이 없으시다. "우리가 육신대로 살면 반드시 죽을 것이로되 영으로서 몸의 행실을 죽이면 영원히 살리라."라고 성서에 적힌 바대로 여생 동안 신실한 믿음으로 성령 충만한 가운데에 진정한 신앙인의 모습을 잃지 않고 사시기를 바란다. "세상 끝날 때까지 함께하겠다."라고 하신 예수님의 말씀에 힘과 용기를 갖고 두려움 없이 담대하게 선한 싸움만 하면서 살아가시길 바란다.

'부모님의 마음을 알려면 부모가 되어봐야 안다.' 는 말이 있다. 나는 지금 부모 된 지 30년이 지났지만 어머니가 내 부모 되신 부모를 아직 모른다. 어머니 시절 부모와 오늘날 부모는 너무나 많은 차이가 있기 때문이다. 온갖 고난과 숱한 역경을 버거운 짐으로 지고 이고 사셨으면서도 지금까지도 마음으로는 그 짐을 내려놓으려 하지 않으시는 어머니는 분명 지금의 부모는 아니다.

하실 말씀이 많고 한 맺힌 사연도 많겠지만, 항상 속으로만 삭이시고, 자식들 편에 서서 자신은 묻어 버리고 항상 져 주셨던 어머니이다.

어렸을 적 어쩌다 문득 잠에서 깨어보면 떨어진 양말 구멍을 막느라고 호롱불 밑에서 바느질하시는 모습과, 서럽고 억울하고 슬픈 일이 있거나 괴로운 심정일 때면 목 맺혀 눈물 섞인 나지막한 목소리로 한숨 지시던 모습은 지금도 가슴에 못같이 박혀 지워지지 않는 아픈 기억이다.

오늘날 진정한 자기의 모습을 잃어버리고 사는 사람들이 많다. 사람이 사람답게, 아버지가 아버지답게, 어머니가 어머니답게 살지 못하고, 신자信者가 신자답게 살지 못하는 경우가 너무 많다. 바라건대 우리 어머니께서는 어른과 어머니와 할머니의 모습을 지켜 사시기를 욕심 부리고 싶다.

인생 전성기의 대부분이 가난과 굶주림과 배고픔의 설움으로 점철된 삶이었던 어머니, 부모님에 대한 그리움, 숙명적인 가난은 한스러울 정도로 피맺힌 절규였을 것이다. 이제 인생의 말년을 사시는 어머니, 지긋지긋한 지난날 잊으시고, 차고 넘치는 풍성한 하나님의 은혜로 부자같이 사시길 바라는 마음이다. 형통하고 넉넉한 날에는 곤고했던 시절을 잊지 않으시길 소망한다. 건강과 장수의 복도 받으셔서, 매사에 항상 기뻐하고 감사하며 생의 끝날까지 하나님과 더불어 교제하고 대화가 멈추지 않기를 바라면서 이렇게 기도한다.

"우리의 주인 되시고 인도자 되시는 하나님! 여태까지 어머니의 삶을 지켜 주셔서 감사합니다. 하나님이 부르실 때까지 우리 어머니는 우리 집안의 등불이어야 합니다. 등만 있고 불이 켜지지 않는 일이 없도록 하여 주시고, 한번 밝힌 등불은 영원히 꺼지지 않도록 지켜 주옵소서."라고.

사랑이 샘솟는 우리 집

"지금부터 1987년 9월 가족회의를 시작하겠습니다. 먼저 가가家歌를 1절만 합창으로 부르겠습니다."

사회자인 큰딸 소연이가 이달의 가족회의 개회를 알린다. 아내와 둘째딸 소진이와 막내 소희랑 우리 다섯 식구는 안방에 둘러앉아 서로 얼굴을 마주보며 정답게 노래를 한다.

이어서 아빠인 나부터 지난달 회의 때 실천하겠다고 가족 앞에 약속한 일을 스스로 고백하고 반성한 후 가족들의 평가를 받는다. 모두가 솔직하게 말하고 공개적으로 검증 받는다. 스스로 미흡하다고 판단되면 시정되고 개선될 때까지 실천 목표달성 기간을 한두 달 정도 연장하기도 한다.

또, 어느 정도 설정한 목표에 도달되었다고 판단되면 다시 새로운 실천사항을 내걸고 실천하기로 다짐하고 각오를 다진다. 각자의 실천사항은 자기 스스로 정하기도 하지만 가족이 모두 바라는 사항이면 자기의 의사와는 다르더라도 가족을 위해 시정하고 개선해야 하므로 이에 따른다. 때로는 공통으로 실천하고 협조해야 할 게 더 많기도 하다.

진지하게 알맹이 있는 평가와 토론이 진행되지만, 모두가 행복해 하는 표정이고 부드러운 분위기다. 둘러앉은 방 가운데에는 과일을 비롯한 과자, 음료수 등이 준비되어 있다. 자연스럽게 먹고 마시면서 한 달간의 밀린 이야기들을 한다. 내 직장 얘기도 하고, 아내의 살림살이 얘기도 나온다. 세 딸들의 학교생활의 실태도 알 수 있다.

그러다 보면, 어떤 땐 한 시간을 훌쩍 넘겨 버릴 때도 있다. 형식은 회의라지만 실제는 가족간의 대화의 장인 셈이다. 평소에도 우리 식구들은 저녁 식사 시간에 식사하면서 식탁에 앉아 가족끼리의 대화를 자주한다. 그것도 한두 시간은 기본이고 보통이다. 이렇게 해서 밤늦도록 얘기하다 보면 회의를 끝낼 시간이 된다. 회의를 마칠 때는 또 가가의 2절을 합창으로 부르고 박수치며 끝낸다. 반주는 작년에 우리 식구가 소진이의 피아노 반주에 맞춰 합창으로 미리 녹음 한 것을 틀어놓고 활용한다.

아버지의 회갑을 계기로 어려운 가운데에서도 운 좋게 장만한 대지 34평에 건평 19평짜리 집은 아내와 내겐 감격이고 영광이었다. 또, 너무나 감사하고 분에 넘쳤다. 적수단신赤手單身인 내가 전주 시내에 작지만 내 이름이 쓰인 문패를 달 집이 있다는 게 실감나지 않았다. 하나님의 도우심 없이는 안 될 일이었다. 3년 전에 이곳으로 이사 오면서 그동안 마음속에 담고 있었던 가족회의를 시작해야겠다고 마음먹었었다. 여태까진 단칸 셋방살이라서 옹색도 했지만 딸애들도 어린 터이라 미뤄왔었다.

그러나 이제는 때가 됐다고 생각했다. 회의 날은 내 월급날로 정했다. 이유가 있다. 내가 공무원으로 있는 한, 그날은 특별한 경우 말고는 돈이 확실히 생기는 날이라고 생각해서였고, 그래야 과일이랑 과자 부스러기라도 사들고 올 수 있을 것 같아서였다.

처음엔, 회의라기보다도 가족끼리 날짜를 정해놓고 한자리에 모여 얼굴 마주보며 정답게 대화하는 편한 시간을 갖는다는 생각으로 시작했으나 1년 남짓 지나면서 모임을 제법 격식 있게 꾸미고 품격 높게 발전하는 단계로까지 되었다. 그러던 차에 우리 집만의 노래를 하나 만들기로 작정하고 며칠간을 출퇴근 버스에 앉아 생각해낸 가사를 완성하고 제목을 「사랑이 샘솟는 우리 집」이라고 정했다. 가족들도 가사 내용이 맘에 든다고 했다. 작곡은 소연, 소진 두 딸이 이삼일 동안 피아노에 매달리면서 해냈다. 최종적으로 노래가 완성된 날이 1986년 4월 14일이었다.

가족들은 우리 스스로 만든 우리만의 노래가 탄생되었다는 자부심과 함께 빨리 연습해서 잘 불러야겠다는 생각으로 틈만 나면 피아노 앞에 모여 열심히 노래를 불렀다. 그러던 어느 날, 온 가족이 피아노 앞에 모였다. 정식으로 녹음테이프에 녹음하기 위해서였다. 몇 번을 부르고 또 불러서 마침내 최종적으로 녹음을 마쳤다. 그래서 지금은 그때 녹음된 테이프를 틀어놓고 가족회의 때마다 시그널 뮤직(signal music)으로 부르고 있다.

나는 노래의 제목은 있지만 '우리 집만의 노래'라는 것을 강조하기 위해 이 노래를 사전에도 없는 '가가家歌'라고 명명命名했다. 여기에 졸작이지만 가가의 가사歌詞를 소개하고자 한다.

사랑이 샘솟는 우리 집

1. 엄마는 아빠만 좋아하고요
아빠는 엄마만 더욱 좋아해
엄마랑 아빠는 우리를 사랑해
우리는 엄마 아빠 좋아하지요
라라라라 라라라라 라라라라
사랑 속에 행복이 넘쳐 흘러요

2. 우리 집 식구들 함께 모이면
언제나 행복한 웃음꽃 피네
마주본 얼굴은 사랑이 샘솟고
희망찬 내일 위해 노래 불러요
라라라라 라라라라 라라라라
웃음 속에 사랑이 넘쳐 흘러요

이 노래를 부를 때마다 가족이란 끈끈한 정이 새록새록 쌓여 가는 것 같고, 가족이 얼마나 소중한가를 확인하는 것 같은 느낌이 든다. 노래가 만들어진 후 한동안은 집안에다 녹음테이프를 계속 틀어놓고 익히기도 했다. 곡도 부르기 쉽고 편하게 붙여져서 누구나 쉽게 부를 수 있어 홈 뮤직으로는 제격인 듯하다.

이 노래는 세계에서 하나밖에 없다. 대중가요도 아니어서 다른 사람에게 공개되거나 일반에 보급되지도 않았다. 오직 우리 집만의 것이다.

그러나 가사 내용을 보면 고유하지 않다. 어떤 가정에나 있는 지극히 평범하고 일상적인 내용임을 부정하지 않을 것이다. 노래 제목에 있는 '우리집'은 물리적 시설인 집(house)을 뜻하는 게 아니고 가정(home)을 의미한다. 가정은 가장 허물없고 편하고 정겨운 사람들끼리 모여 사는 보금자리다. 보금자리는 지내기에 아주 안락하고 포근해야 한다. 그리고 그 안에 있는 사람들은 끈끈한 정으로 다져져야 하고 사랑으로 묶여 있어야 한다. 항상 희망과 사랑이 샘물처럼 솟아나야 한다. 그곳에 가면 살맛이 나고 사는 보람을 느끼고 편안히 쉴 수 있어야 한다.

모름지기 가정은 그렇게 꾸미고 가꿔져야 한다. 나는 얼마 전에 우리 가정의 구호를 정했다. '집(house)에만 오고 싶은 가정(home)을 만들자'라고.

이것은 혼자서는 안 된다. 저절로도 안 된다. 가족 모두가 합심하여 나서야 한다. 항상 생각하고 고민해야 한다. 항상 재미있고 즐겁고 행복하다고 느낄 수 있도록 모든 면에서 세심하게 신경을 쓰고 노력해야 한다.

그래서 애들이 PC방이나 친구 집에 안 가도 될 수 있게끔 해야 하고 '지금 이 시간에 집에서는 어떤 재미있는 일이 벌어지고 있을까?' 하고 항상 궁금하게 만들어야 한다. 다양한 환경과 분위기 조성이 필요하고 가족간에 즐길 수 있는 바람직한 이벤트가 늘 기다리게 해야 한다. 어려운 일이다. 그렇지만, 그렇게 노력해야 한다.

건전한 가정이 건강한 사회를 만든다. 오늘날 가정교육의 부재, 가족간의 대화 결핍으로 인하여 파생되는 각종 사회의 병리현상들은 모두가 집만 있지 정상적인 가정이 적은 데에서 그 원인을 찾을 수 있다.

우리 집은 문패도 좀 이색적이다. 아내와 내가 노력해서 장만한 집이라는 뜻으로 내 이름의 가운데 글자인 '인'자와 아내 이름의 끝 글자인 '남'자를 따서 '인남의 집'이라고 했다.

또, 아내와 나 두 사람이 만나 이룬 가정이므로 둘만을 상징하는 심벌마크도 디자인해서 반지도 만들고 배지(badge)도 제작하여 쓰고 있다. 별것 아닌 것 같지만, 아내에겐 자긍심과 안정감을 심어주고 사랑하고 있고 관심 갖고 있음을 보여주는 증표이기도 한 것이다.

또한 어린아이들은 부모의 일거수 일투족을 보고 · 듣고 · 느끼면서 자란다. 애들에게 가족은 하나라는 일체감을 심어주고 부부애, 가족애를 보게 하고 느끼게 해야 한다.

세상에서 가장 사랑해야 할 사람들이 가족이다. 따라서 그런 사람들이 사는 가정에는 언제나 인정이 넘치고 풋풋한 사람냄새가 풀풀 나게 사랑의 샘을 깊이 파서, 그 속에서 끈끈하고 훈훈한 사랑이 샘물처럼 솟아나게 해야 한다.

이것이 진짜 사랑이다

애초부터 '사랑'을 주제로 한 글을 쓰겠다고 마음먹은 것이 잘못된 것 같다. 막상 볼펜을 들고 글을 쓰려고 하니까 너무나 막연하고 어렵고 주제넘는다는 생각이 든다. 그렇지만 언젠가부터 '사랑'을 제목으로 한 글을 한번은 써야겠다는 마음을 먹고는 있었다. 국어사전에는 "① 이성의 상대에게 끌려 열렬히 좋아하는 마음, 또는 그 마음의 상태. ② 부모나 스승, 또는 신神이나 윗사람이 자식이나 제자, 또는 인간이나 아랫사람을 아끼고 소중히 여기는 마음. ③ 남을 돕고 이해 하려는 마음"이라고 적혀 있다. 그런데 그것만으로는 왠지 내가 궁금해 하고 원하는 사랑에 대한 설명이 시원치 않고 충분하지 않다. 뭔가 꼬집을 수는 없지만 아무튼 설명이 부족한 느낌이다. 그런 것 말고 또 다른 뭣이 있을 것만 같다.

좀더 생각해보니 사랑의 종류가 빠져서 그런 것 같다. 컴퓨터에서 인터넷 검색을 해봤다. 한 웹사이트에 사랑에는 4가지가 있다고 소개하고 있다.

첫째가 '에로스 : 남녀간의 성적 사랑'이고, 둘째는 '스트로게 : 가족이나 친인척간의 사랑', 셋째는 '필리아 : 친구간의 우정', 넷째 '아가페 : 하나님의 사랑, 희생적 사랑'이라고.

또 어떤 웹사이트에는 심리학자 J.A.Lee(1973)가 제시한 6가지 유형의 사랑을 소개해 놓고 있다.

첫째, 열정적 사랑(eros),

둘째, 유희적 사랑(ludus),

셋째, 친구 같은 사랑(storge),

넷째, 소유적인 사랑(mania),

다섯째, 실용적 사랑(pragma),

여섯째, 헌신적 사랑(agape) 등이 그것이다.

이쯤 되니까 조금은 답이 찾아진 것같이 마음이 좀 정리되는 듯하다.

'사랑!' 그래, 내가 감히 어떻게 이것을 말할 수 있겠는가? 이 거룩하고 아름답고 숭고하고 깊고 넓고 큰 것을 말이다. 그러나 결국 나는 얼마 후면 결혼을 하게 될 딸에게 주는 메시지를 통하여 평소에 내가 바라고 갖고 있던 '사랑관'을 전하므로써 사랑을 말하고자 한다. 또 며칠 전, 우연히 TV채널을 돌리다 시청하게 된 내용을 소개하는 것으로 사랑을 주제로 글을 쓰겠다고 마음먹은 것을 대신해야겠다고 결정하고 말았다.

먼저 딸에 관하여 글을 쓰기로 한다.

둘째딸 소진이가 나이가 서른두 살이 되도록 결혼에 대하여 크게 고민하는 기색이 없더니, 무슨 결심을 한 것인지 올해 설에는 사귀는(제 속으로는 결혼하겠다고 정한)남자를 인사시키겠다고 한다. 그동안 아내와 내가 대충은 눈치 채고 짐작하고 있는 친구라고 했다. 큰딸과 막내딸이 이미 결혼한 터라, 본인의 의사가 우선시 되고 결정적이다는 것을 다 알고 있다.

부모의 반대는 당사자들 사이에 금만 가게 하고, 영향력을 발휘하지 못하면서 서로의 관계만 불편하게 할 뿐이다는 것도 이미 잘 알고 있는 터라 제 남자 친구를 인사시키는 것은 어쩌면 통과의례(?)인지도 모른다. 설이 지나고 달포쯤 되나 양가의 어른들끼리 만나는 상견례를 갖고 그 자리에서 혼삿날을 정했다.

이제 정해진 수순에 따라 부부의 연을 맺는 결혼을 앞두고 있다. 부디 건강하게 오래도록 세상 끝까지 진정으로 행복한 부부가 되어 복되고 아름다운 가정을 이루기를 손 모아 하나님께 기도한다.

내게 소중한 사랑하는 딸 소진아!

이렇게 정색을 하고 너를 부르니까 벌써부터 이상하게 눈가에 이슬이 맺힌다. 너는 알지? 나, 이러는 거 말이야. 세 딸 중에 너는 대학시절부터 집을 떠나 객지에서 있었기 때문에 엄마와 아빠는 항상 네가 더 안쓰럽고 속이 짠했단다. 너도 알지만, 토요일이면 집에 왔다가 집에서 가족과 함께하는 시간을 더 많이 가지려고 월요일 이른 아침에서야 광주로 갔지 않았느냐? 그럴 때마다 너를 터미널까지 태워다 주고 돌아서 올 때면 아빠는 항상 마음이 아파서 눈시울을 적시곤 했단다. 지금도 그때 일이 생각나서 잠깐 또 눈물이 맺힌다.

그런데 대학 졸업과 동시에 곧바로 서울에 취직되어 지금까지 부모 곁을 떠나 살지 않았느냐? 그런 네가, 이제 결혼을 한다고 하니 참으로 기분 좋고 마음 놓이는 일이다. 사람이 태어나서 부모 밑에서 성장하다 좋은 사람 만나 가정을 꾸민다는 것은 제2의 인생으로 새롭게 출발하는 것이란다.

서로가 사랑하는 사람끼리 만나 평생을 같이 살게 되는 결혼이야말로 사람의 일생에서 얼마나 좋은 것이냐? 상당기간을 만나 사귀면서 서로를 알았고 서로 사랑하는 사이로 발전한 너희 둘의 사랑을 진심으로 축하한다. 더욱이 초등학교 동기생이라는 점에서 더 좋은 반려자가 될 것으로 믿는다. 먼저 너희가 서로 만나 부부의 연을 맺을 수 있게 해주신 하나님께 감사를 드려라. 하나님의 섭리가 너희에게 함께했음을 같이 인식하고 가벼이 여기지 말거라.

세월이 정말 살같이 빠르단다. 하루하루 세월 가는 것을 아깝게 여겨 세월을 아끼며 일생을 부부가 후회 없이 살아가길 간절히 바란다. 서로를 아끼는 마음으로 조건 없이 헌신적인 사랑을 해라. 서로가 더 많이 이해하고 배려하며, 서로를 바라보는 것만으로도 가슴이 두근거리고 고동치는 사랑을 하면서 살아라, 살다가 더러는 실수가 있다 하더라도 상대의 허물을 묻거나 따지지 말고, 포근히 감싸고 덮어주는, 더러는 바보 같고, 더러는 멍청이 같은 사랑을 익히며 살아라.

늘 함께 있다가도 잠시 되돌아서면, 금방 애틋이 그리워지는 솜사탕 같은 달콤한 사랑을 주고받으며 살아라. 언제나 질리지 않고 식지 않는 열정으로 숨이 막혀도 좋을 것 같은 뜨거운 사랑을 하면서 살아라. 절대로 상대에게 교만하거나 무례히 행하지 말고, 자기의 유익만을 구하지 않고 성내지 않아야 하며 항상 인격적으로 존중하여야 한다.

아름답고 영원한 사랑은, 모든 것을 참되, 오래 참아야 하는 전제가 있으며, 서로가 서로를 믿되, 모든 것을 온전히 믿어야 하는 신뢰의 끈으로 묶여져야 한다. 아빠가 얼마나 평소에 강조하던 말인지 너도 알 것이다. 부부가 둘이 만나 하나가 되는 이성지합二姓之合의 이치를 알고, 섞임과 합함을 통하여 하나의 멋지고 아름다운 색깔의 공통분모를 일궈내야 한다. 서로 상대의 의견을 존중하는 가운데 항상 "감사하다", "미안하다"라는 말을 아끼지 말아야 한다. 이것이 사랑의 미학이고 부부의 공식임을 잊지 않았으면 좋겠다.

가장 낮은 사랑이 가장 높은 사랑임을 알아야 한다. 내 사랑 크기만큼 상대의 사랑도 같아야 한다고 요구하지 않으며, 받아서 채우는 사랑보다 주면서 채워가는 사랑, 그런 헌신의 사랑이 가장 깊은 사랑임을 알아야 한다. 또한, 낮은 눈높이의 사랑이 큰 차원의 사랑임을 알고, 마음 비워가는 사랑만이 다시 채우고 싶어지는 가장 절실하고 소중한 사랑임을 우리가 알자.

상대가 보고픈 만큼, 상대가 그리운 만큼, 내 가슴에 간직한 사랑을 한 움큼씩 오려 내주는 그런 사랑을 하면서 살아라. 내가 상대와 같은 눈높이에 서서, 나 자신을 하나씩 비워 줄 때마다 그 자리에 어느새 상대가 하나둘씩 자리잡아 쌓여가는 그런 사랑이 가장 진실되고 빛나는 사랑임을 알아야 한다.

사랑하는 딸 소진아!

아빠는 원래 욕심이 많지 않느냐? 더 많은 것 주문하고 당부하고 싶은데 그러다 보면 한도 끝도 없겠다. 부디 항상 하나님의 축복받는 가정

만들고 세상 끝까지 행복하여라

이제 나는 두 번째 사랑을 말하려고 한다.

며칠 전, 저녁 운동을 마치고 집에 돌아와 샤워한 후 별 생각 없이 응접 소파에 앉아서 TV를 켰다. 밤 11시가 넘은 시간이어서 무슨 특종 뉴스나 있는가 하고 무심코 채널을 옮기다가 우연하게도 다큐멘터리를 방영하는 프로에 눈이 고정되었다. 내용은 대략 이러했다. 나이 쉰이 훌쩍 넘은 중년의 남자가 장애로 불구가 된 아내를 위해 생활하는 모습을 방영하는 것이었다.

그 남자는 어릴 때 고아원에서 성장했다고 했다. 그렇다면, 아마도 그분은 나이도 성姓도 이름도 모두 진짜로 맞는지조차 모르는 일이다. 고아원 출신인 그에게는 멀쩡한 집안의 한 여자가 자기에게 몸 바쳐 평생을 같이 살겠다고 결혼해준 그의 아내야말로 정말로 행운이고 복이 굴러들어온 것이나 다름없었다. 어렵게 만나 힘들게 살아가고 있지만 그들은 정말로 서로를 금쪽같이 아끼고 사랑하며 열심히 살았다고 했다.

그러던 어느 날, 이들에겐 예기치 않았던 청천벽력과도 같은 일이 일어났다. 교통사고로 아내가 크게 다쳐 사경을 헤매게 되었다. 모두들 회생 가능성이 없다고 포기하라는 수술을 남편의 억지로 수술했다고 했다. 어차피 죽을 거라면 수술이라도 해보자고 주장했다는 것이다. 그분의 말에 따르면, 지금도 아내의 머릿속 반은 텅 비어 있다는 것이다. 그 후 오랫동안 식물인간 상태로 있다가 눈동자도 느낌이 왔고 손끝에도 가늘게 움직임이 보이는 기적 같은 일이 일어났다고 했다. 그 후로 재활치료와 보살피는 정성으로 점점 상태가 호전되어 비록 몸은 스스로

가누지 못하고 누워서만 있어야 하지만 지금은 눈도 뜨고 손과 팔은 미동할 수 있게 되었다고 한다. 의사의 말에 따르면 더 이상의 기대는 할 수 없다고 했다. 그래도 남편은 그것만이라도 고맙고 감사하단다. 살맛나고 일할 마음이 생긴다고 했다.

그의 직업은 큰 유조차를 운전하는 운전기사다. 혼자서 몸을 가눌 수가 없기 때문에 아내를 운전석 옆에 싣고 다닌다. 트럭 운전석과 조수석이 집이고 방인 셈이다. 차안에서 물을 데워 아내의 머리를 감겨주고 얼굴과 몸을 씻어주고 닦아준다. 좋아하는 음식을 지어 먹이고 대·소변도 받아 낸다. 그러면서도 그는 행복해 했다. 아주 신명나 있었다. 그 표정이 얼굴에서 저절로 묻어났다. 감사하다고 했다. 그는 아내를 '예쁜이'라고 불렀다.

"우리 예쁜이 세수하자." 하면서 즐거워했다. 어쩌다 정해진 날에 병원의 정기검진을 받으러 갈 때는 아내를 예쁘게 화장까지 해주는데 정말이지 입이 딱 벌어지고 말았다.

내 두 눈에서는 물줄기 같은 눈물이 연속 흘러 내렸고, 내가 이렇게 멀쩡하게 살고 있다는 것 자체가 죄스럽고 미안해서 어찌할 바를 몰랐다. 그러면서 속으로 '나는, 어떤 경우라도 불평해선 안 돼. 무조건 모든 것에 감사하면서 살아야 해. 저것 봐! 어디 저게 사람이 할 수 있는 일이야? 하나님이나 하지.' 하면서 몸을 움츠리고 있었다.

지금까지 살면서 많은 유형의 사랑을 보고 듣긴 했지만, 나는 오늘 진짜 아가페적인 사랑을 보았다. 그리고 주저 없이 사랑은 '헌신과 희생'이라고 정의 내리고 있었다.

나이 쉰이 넘어 자신도 몸이 예전 같지 않다는 그 남자는 그의 삶의 전부가 아내를 돌보는 것이고 특기와 취미가 그것인 것 같았다. 말을 못하지만 그런 남편을 바라만 보고 있는 아내는 어떤 심정일까를 생각하니 가슴이 꽉 막혀 왔다. 수많은 사랑이 있지만 온전한 형태를 갖춘 진실한 사랑이 얼마나 있었던가를 생각게 했다. 때로는 왜곡된 모양으로, 때로는 자기 과시의 수단으로 가식된 모양으로 사랑이 변질되지는 않았는가 점검해 볼 일이다.

사랑에는 '사랑하니까 사랑한다.'라는 이유 말고 더 이상의 이유가 필요 없다. 또한 사랑에는 기준도 있을 수 없다. 내 마음속에서 우러나오는 '내킴' 말고는 어떤 기준도 있을 수 없다. 특별한 조건도 이유도 기준도 없는 사랑을 어렵게 하지 말고 쉽게 하면서 살았으면 좋겠다.

우리 집 기획실장

산과 들이 온통 초록색으로 물들여진 싱그러운 신록의 계절. 온갖 봄꽃들이 앞 다투어 흐드러지게 피어났던 1975년 오월 스무날. 그날은 보기도 아까운 큰딸 소연이가 태어난 날이다. 좋아하고 사랑했지만 처지와 형편이 너무나 달라서 차마 말을 못하고 오랜 세월을 서성거리다가 결혼에 성공한 아내와 내게 엄마와 아빠란 또 다른 이름이 붙여진 날이다.

4만 원 내고 1년 살기로 약정한 단칸방에서 비좁은 줄 모르고 살았는데 식구가 하나 늘어난 셈이다. 세상 모든 것이 다 싫은 듯 무기력하고 파리한 모습으로 핏기 없이 누에고치처럼 되어 지내면서 먹을 것도 제대로 먹지 못했고 걸핏하면 심한 구토로 코와 입을 틀어막으며 지냈던 열 달 동안 인고忍苦의 세월이 마침내 예쁜 딸 소연이를 얻게 한 것이다.

그냥 막연하게 어떤 큰일을 해낸 것 같은 기분이었고, 신기하고 가슴이 벅차 올라 뿌듯했다. 진통을 견디기 위해 수건을 입에 물고 온 방을 누비며 혹시라도 소리가 새어나갈까 봐 부끄럽고 조심스러워 속으로만 고래고래 소리 지르던 아내도 언제 죽을 것만 같던 산고産苦가 있었냐는 듯 신기하고 사랑스러워했다.

큰 태풍이 지나간 듯 한참 동안이나 순산으로 조용히 침묵이 흐른 후 장모님이 "자네도 인자 아빠가 되었네!" 라고 말씀하셨다. 넋을 놓고 뭣을 어떻게 해야 할지 아무 생각도 없던 나는 그 말씀에 정신이 번쩍 들었다.

'아! 그렇구나 아빠가 되었구나!' 라고 생각하니 묘한 감정이 느껴졌다.

등 대고 누울 공간이 두 평 정도나 됐을까 하는 방에서 잠버릇이 좋지 않아 잠결에 아기를 다치게 할 수도 있다고 생각되어 토끼잠 자기가 일쑤였다. 불편한 줄 모르고 보듬고 안고 볼에 뽀뽀하며 세월 가는 줄 모르고 키운 딸이다.

방긋방긋 눈웃음, 함박웃음을 지을 때면 세상 근심 걱정 없고, 세상에서 제일 예쁜 게 내 딸이 분명했다. 낯가리고 엄마, 아빠를 어설프게 부르는건 내 딸만 하는 것 같고, 엎어지고 기고 앉는 것이 어떤 아기보다도 빠른 것 같았다. 재롱떠는 것을 보면 누구보다도 영리하고 영특한 것 같았다. 제 어미가 그렇게 키운 탓이기도 하지만, 어찌나 정갈하고 깔끔한지 유치원 다닐 때부터 제 동생을 보살피는 어른스런 아이이기도 했다.

착하기로는 말할 것도 없고 거짓말이란 단어도 모르고 말 잘 듣고 인정 많은 딸이었고 똑똑했고 활발했으며, 뛰어난 미모는 언제 어디에서도 독보적인 공주로 자리매김했다.

첫째로 태어난 딸이라서 아내와 나는 유달리 신경 쓰고 관심을 가진 딸이다. 일곱 형제의 맏이로 태어나 첫째로 살아가는 아빠의 삶을 보고 첫째로 산다는 게 뭣인지를 체득했는지 누가 시키지도 않았는데 자기가 우리 집의 첫째임을 알고 첫째로의 삶을 스스로 결심하고 다짐한 딸이다.

우리 집에는 이미 오래 전부터 시행하고 있는 가족회의가 있는데 스스로 사회자가 되어 회의를 진행하고 자기 스스로 우리 집 기획실장이라고 자칭한다. 집안의 야유회나 생일 · 기념일 등의 행사 계획을 구상하고 주도한다.

딸이 고3때의 일이다. 대학진학 때문에 신경 쓰고 있던 어느 날 밤에 소연이가 내 침대 머리맡에 와서 "아빠! 나 전문대학 갈래. 왜냐면 4년제 대학 나와야 취직도 보장되지 못해서 겉보기만 좋은 것 같아. 현실적으로 실속 있는 길을 선택 할 건데 아빠는 어떻게 생각해?"라고 말했다.

솔직히 난 그 순간 조금은 놀랐다. 안타깝고 서운했다. 그러나 그 생각은 금방 지나갔고 딸이 얼마나 고민하고 생각하고 망설였겠는가를 이해하고 '네가 그렇게 마음먹었으면 그렇게 하라.' 고 했었다.

내가 서운한 것보다 딸의 상처와 충격을 더 생각했다. 요즘 세상은 편지의 왕래가 참 귀하다. 그 때문에 소연이가 보낸 편지도 카드 사연까지 합해서 4통뿐이다. 나는 이것들을 보물처럼 보관하고 있다. 2통은 어버이날에 쓴 것이고 1통은 45번째 아내의 생일을 맞아 쓴 편지이고, 1통은 49번째 내 생일을 맞아 쓴 편지다. 가끔씩 이것저것 뭘 정리하다가 한번씩 읽어 보면서 애틋함을 느낀다.

1997년과 1998년 어버이날을 맞아 쓴 편지 내용을 보면 해가 거듭

할수록 제 부모를 바라보는 느낌이 달라진다고도 했고, 가족이 얼마나 중요한 것인가를 일깨워 준 것도 제 부모라고도 했다. 또, 그리스도의 향기가 나는 축복받은 가정을 만들자고도 했다. 부모가 된다는 것은 많은 인내심과 사랑이 없이는 결코 어렵다는 것을 배운다고도 했고, 아빠 엄마의 변해가는 모습을 보면서 속이 많이 상하다고도 했다. 스물세 살 때는 세상에서 제일 존경하는 사람이 부모님이라고 말하기도 했다. 일시적인 감정이 아니라고도 덧붙였다.

제 어미에게 쓴 생일축하 편지에는 남에게 받는 것보다 베푸는 게 훨씬 더 좋은 거라고 엄마가 늘 말한 것을 잊지 않고 있다고도 했다. 결혼을 해도 자기는 멀리 못 간다고 했다. 엄마·아빠 곁에 가까이 있으면서 노후까지 살피겠다는 첫째 된 자로서의 의무감 같은 것을 내보이기도 했다.

그런 딸이 이제 결혼하겠다고 한다. 오랫동안 생각하고 고민했다고 했다. 특별히 출중한 데는 없지만, 자기를 잘 이해해주고 편하게 해 줄 것 같다며 숨겨놨던 사람을 인사시키겠다는 것이다. 자식을 키우면서 타이르고 설득하고 지도하면서 제 앞길 걱정을 수없이 많이 했지만, 정작 제 인생의 반려자를 맞춰 주는 데에는 부모가 깊이 관여되지 못하고 덩그러니 바라보고 인정하고 받아들일 수밖에 없는 것 같다.

어떤 점이 불만이고 양이 안 찬다는 얘기는 생각도 못하고 자식이 선택한 이상 긍정적으로 받아들여야 하고 자식 귀에 듣기 좋은 말만 해야 하는가 보다. 이것이 부모의 한계인가, 라는 생각도 든다.

여태껏 연습 없이 막 부딪히며 숨 가쁘게 달려온 삶을 정리해서 부부란 뭐이고 부부간에 가장 중요한 게 뭐이고 어떻게 살아야 하는 것인가를 말해 주었다. 그 중에서도 유난히도 강조한 말이 '신뢰'다. 지금까지 살면서 부부 사이에 사랑은 말할 것도 없지만, 사랑 못지않게 중요한게 신뢰라고 생각했기 때문이다. 모든 인간관계가 다 그러하겠지만 특히 부부간에 신뢰가 무너지면 끝장이라고 생각한다.

믿음이 없으면 한시도 같이 살 수 없기 때문이다. 믿음이 없는데 어떻게 같이 밥 먹고, 같이 얘기하고, 같이 잠자고, 같이 살 수 있겠는가 말이다. 부부는 모든 것을 추호의 의심도 없이 믿어야 한다. 서로에게 믿음을 주기 위해서는 한점 숨김 없이 모든 면에서 진솔해야 한다. 언제나 바르고 정직해야 한다. 떳떳하고 당당하고 자신 있어야 하고 분명해야 한다. 두 사람이 처음 만나 다짐하고 약속한 사랑을 살면서 성실히 지키고 이행하는 모습을 잃지 않아야 한다.

부디 이렇게 살기를 희망한다. 평소에 나는 '딸들 시집보내고 못 살 것 같다.'고 말해온 터라, 유달리 다른 사람보다 눈물 많은 아빠인 줄 아는 딸 소연이는 제발 결혼식장에서는 눈물을 보이지 않아야 한다고 신신당부다.

그렇게 말하는 딸 또한 마음이 여리기 때문에 아빠보다 제 걱정이 더 되어 내게 말하면서도 속으로는 저 자신을 다독이고 있는 것일 게다.

너무나 예쁜 딸 소연아! 항상 행복하고 아름답고 보람찬 삶을 살기를 간절히 바란다.

가끔씩 가슴 저미어 오면

내 나이 서른아홉 살이던 겨울날이었다.

1986년 11월 25일은 내게 있어 정말이지 기억하고 싶지 않은 날이다. 그러나 내 생에 끝까지 지워지지 않고 기억되고 또 기억되어야 할 날이기도 하다. 그날은 우리 아버지가 하나님의 부름을 받으신 날이기 때문이다.

그날 나는 김제시에 있는 지금의 농촌공사의 전신인 동진농조에 출장 중이었는데, 후일에 생각해보니 아버지의 소천召天 때문이었는지 비보悲報를 들은 그 시간 무렵 정말 이상하게도 직무상 하는 일이 왠지 답답하고 이상하게도 풀리지 않았다. 평소 같으면 그런 일은 늘상 하는 일이기 때문에 문제가 되지 않는 일이다. 지금도 그때 그 순간의 일이 고스란히 머릿속에 남아 있다. 아마도 하나님의 역사이지 않았나 생각된다.

아버지께서는 그날도 여느 날처럼 석산에서 석공일을 하셨고 작업도중에 돌더미가 무너져 내리는 사고를 당하셨다는 것이다. 사고가 일어났는데 아직 생사는 확인되지 않았다는 비보를 접한 때가 정오 무렵이었다. 순간 나는 그야말로 하늘이 돈짝만 하게 보이고 파랗게 질린 얼굴은 가늘게 경련이 일었다. 한참동안 발을 떼지 못하고 멍하니 서 있었다. 모든 게 끝장나는 것 같고 울음조차 나오지 않았다. 미친 사람처럼 뭔가를 중얼거리며 다른 사람의 인도와 부추김으로 전주全州의 사고 현장까지 왔다. 실낱 같은 나의 희망은 기대도 확인도 안 되고 오직 눈앞만 캄캄했다.

사고 수습을 위해 수많은 사람들과 장비만 보일 뿐 내가 보고 싶은 아버지의 모습은 볼 수 없었다. 가족도 누가 있는지 주변에 어떤 사람들이 있는지도 모르고 오직 한 가닥 살아 있으시기만을 간절히 염원하면서 사고 수습현장을 울먹이며 지키고 있었다. 그러나 우리 가족의 간절한 바람과 많은 사람들의 기대를 뒤로한 채 이튿날 새벽 아버지는 끝내 우리를 외면하고 이미 하나님의 부름에 순응하신 후였다.

맨땅에 덜썩 아무렇게나 주저앉아 어머니 · 형제들과 뒤엉켜 목 놓아 대성통곡을 했다. 마지막 희망과 기대마저도 끝이었다. 죽고 싶었다. 나 자신도 아무렇게나 되고 싶었다. 멍청해지고 미쳐 버리고 싶었다.

아버지의 생애를 보면 너무나 애절하고 불쌍하고 기구하다. 1920년대의 우리나라는 일제강점기였다. 두말할 필요도 없이 나라는 식민통치 체제였으니 여러 가지 사정이 말이 아니었을 테고, 국민들의 생활 모습도 비참하기 짝이 없는 시절이었을 것이다. 절대 빈곤 상황에서의 기근 상태가 해年를 모르고 연속되는 때인 1923년 7월 스무이렛날에 전라북도 부안군 동진면 산월리에서 나셨다. 밑으로 당신의 여동생 한 분 외에 독자로 태어나 5세 때 아버지를 11세 때 어머니마저 여의어서 나신 지 11년 만에 적수단신 고아가 되셨다. 누군가의 힘을 빌리지 않고는 스스로의 삶을 연장해 나가기에는 너무나도 적은 나이에 여동생하고 달랑 둘이 되신 것이다.

암울한 그리고 암담하기만 한 한 많은 삶의 생애가 시작되었던 것이다. 졸지에 어린 가장이 되신 아버지는 당신의 외할머님 슬하에 남게 되었으나 그분 역시 연세가 많으셔서 웃어른으로서의 감당이고 책임이지, 능력과 형편은 정말 아니었다고 한다. 그쯤 되면 그때 그 정황이 이해가 되고 상상이 된다. 죽지 않으니까 살고, 살아 있으니까 가는 세월에 휩쓸리는 것이지, 사는 게 사는 것이 아니었을 것이다. 그 지경이 되니까 입에 풀칠이 뭣보다도 우선이고 선결 문제였을 것이다. 그 외의 다른 생각과 행동은 할 여유와 겨를이 없었을 것이다.

학교 교육은 차라리 고급스런 사치였고, 당시 서당書堂이나 다른 야학夜學 같은 사학私學의 혜택도 상상할 수 없었다고 했다. 아버지는, 제게는 큰 아버님 되시는 당신의 사촌 형님께서 정읍시 신태인읍에 사시는데 그곳에서 낮에는 일하고 밤에 한글을 배우셨다고 했다. 그래도 그때 고생하신 보람으로 그나마도 겨우 한 글자를 아셨고 가까스로 해득解得하셨다.

그렇게라도 참으로 불행 중 다행한 일이 아닐 수 없다. 그 덕분에 아버지로부터 몇 차례 편지도 받아본 적이 있다. 그럴 때마다 겨우겨우 써 내려가신 글자를 보고 읽으면서 가슴이 미어지는 것 같았다. 어린 나이에 힘이 부치는 막노동으로 하루 종일 시달리다 보니 손발이 부르

트고 입술이 터지는 때가 수도 없이 많았다고 한다. 얼마나 힘들고 고통스런 나날이었고, 부모 없이 의지할 곳도 없었으니 얼마나 외롭고 쓸쓸한 세월이었겠는가.

그러는 가운데에도 어느덧 세월이 흘러 열아홉이던 해에 생면부지한 어머니를 중매로 만나 혼인을 하는 영광도 있었으니 실로 행운이 아니었겠는가 생각된다. 하지만 어렵게 만난 우리 어머니 또한 '네 설음 제쳐두고 내 설음 들어보라.'는 듯 둘째가라면 서러울 정도의 기구한 팔자였다.

어머니 역시 당신의 부모님 얼굴도 모르신단다. 태어난 지 얼마 안 되어 곧바로 부모님께서 돌아가셔서 이리 저리 떠밀려 지내시면서 성장하시다가 열여섯 나이에 아버지를 만났다는 것이다. 정말이지 그렇게 고를래도 고르기 힘든 인연의 만남이고 숙명의 결정판일 수 밖에 없다. 하나님의 중재와 섭리가 절묘(?)하기까지 한 기막힌 만남이다. 이런 정도 되면 사람에게서 장래의 계획이나 인생의 설계 같은 것은 너무나 거리가 멀고 어쭙잖을 수밖에 없다.

다만, 하루하루 살아내는 게 관건이고 절대적 당면과제일 수밖에 없다. 그렇게 사신 우리의 아버지이지만, 내가 볼 때 그분은 너무 선하고, 너무 용하고, 욕심 없이 바르게 양심적으로 세상을 사셨던 것 같다. 땀 흘린 만큼만 열매를 가지려 했으며, 정직함을 비장의 무기로, 힘으로 여기는 분이셨다. 어렵고 힘든 일일지라도 참고 견디며 해보자고 순응하는 긍정적 사고의 소유자이셨다. 평생을 통해서 보고 들은 게 뭣인지는 몰라도 인간미가 물씬물씬 흘러나오는 참사람의 진국만을 닮고 사셨던것같다.

꾸밀 줄도 모르고 겉치레보다는 속이 차야 한다는 마음으로, 그리고 양심의 가책을 받는 생각이나 일은 아예 모르고 사셨다. 순수한 인간미 그 자체만이 묻어나는 삶을 사셨다. 그래서인지 나는 잘 배우고, 많이 배우고, 돈 많고, 벼슬 높은 아버지보다 때묻지 않고 가공되지 않은 천연적인 인간 그 자체로서의 우리 아버지를 너무나 존경하고 사랑한다. 솔직히 말해서 이순耳順이 된 나이지만 나는 아버지가 생전에 보여준 자연스런 그 미소를 아직도 흉내 내지도 못하는 것 같다.

정말 순수한 사람냄새만 진하게 풍기셨던 우리 아버지! 어떤 때는 목이 터져라 불러도 보고 싶고, 생전의 모습 그 품으로 안기고도 싶다. 부둥켜안고 실컷 울어도 보고 싶고, 살기 힘든 세상을 일러바치기도 하고 싶다. 꿈속에서라도 자주 보고 지금의 나 사는 모습도 보여드리고 싶다. 같이 밥 먹고 밤늦도록 얘기하고도 싶다. 가끔씩 아버지 생각에 가슴 저미어 오면 마음속으로 이런 편지를 쓰곤 한다.

그리운 아버님!
만면에 웃음띤 용안은 여유로움이 묻어났고
강인한 자태는 일곱 아들의 듬직한 버팀목이셨던 아버님!
오늘따라 너무 보고 싶습니다
어쩌다, 텁텁한 막걸리 한 사발로 당신 기분 좋을 때면
사알짝 금니 내보이며 비시시 웃으시던 아버님!
꾸밈없는 순수함이 너무 좋았습니다
"법 없이 울타리도 없이 살 사람" 이라고
동네 사람들의 찬사를 한몸에 받으시던 아버님!

저도 아버님처럼 노력하며 살고 있습니다
"수양산 그늘이 강동 팔십리를 간다"면서
잘된 한 사람의 영향이 얼마나 큰가를 말씀 하시던 아버님!
그 말씀의 의미를 이제야 알 것 같습니다
당신 연세 5세 때 할아버님 여의시고, 11세 때 할머님 여의셔서
적수단신 고아되신 우리 아버님!
평생 동안 얼마나 외롭고 서러운 삶이었습니까?
진자리, 마른자리 가릴 틈 없이 힘든 일로
자식들 호구지책에 편하신 날 없었던 아버님!
얼마나 고달프고 힘드셨습니까?
살다가 가끔씩 아버님 모습 떠오르면
아버님 냄새 맡고 싶어
눈가에 뜨거운 눈물 맺힐 때가 한두 번이 아닙니다
생전에 주신 진한 사랑과 끈끈한 잔정이
가슴 깊이 저미어 옵니다
북받쳐오는 애잔한 그리움을
속으로 달래려면 너무나 힘이 듭니다

제3부

일상을 벗어나

걱정되지 않은 이유

언젠가 교회에서 목사님의 설교 말씀 중에서 들은 게 생각난다.

한 초등학생이 소풍 가려고 정해진 날에 날씨가 좋아야 즐거운 소풍길이 될 것 같아 TV에서 보도하는 일기예보에 관심을 갖고 시청하는데, 그날따라 비가 온다는 예보였다고 한다. 그래서 걱정 끝에 열심히, 간절하게 소풍 가는 날 비가오지 않게 해달라고 기도하고 정작 소풍 당일에는 우산 없이 학교에 갔다는 것이다.

대다수의 학생은 혹시 비가 올지 몰라 걱정이 돼서 우산을 챙겨왔는데, 유별나게 그 학생만 우산을 안 가지고 왔고, 그럼에도 걱정의 기색이 전혀 보이지 않고 마냥 즐거워하더란다. 그 모습을 보고 담임선생님이, "일기예보에 오후에 비가 온다고 했는데 너는 왜 우산을 안 가지고 왔느냐?"고 물었더니 그 학생은 별거 아니라는 표정을 지으며, "아! 그

거요? 저는 제가 소풍 가는 날은 비가 오지 않게 해달라고 하나님께 기도 드렸거든요."라고 대답했단다. 그러더니 "하나님을 믿고 기도드려 놓고 우산 가져오면 안 되잖아요?"라고 선생님께 되물었다는 것이다.

또 인터넷을 검색하다가 이런 글을 발견했다. 영국의 한 장군이 가족과 함께 바다를 항해하게 되었다. 장군은 떠나기 전, 하나님께 무사히 항해할 수 있도록 해달라고 간절히 기도하고 항해를 시작했다. 얼마 안 가 큰 풍랑을 만났다. 가족들은 모두 다 거센 파도에 휩쓸려 죽을지도 모른다는 두려움에 떨었지만, 장군은 태연하게 그리고 침착함을 잃지 않고 당황하는 기색도 없이 가족들을 안심시켰다. 그러는 동안 얼마나 지났을까, 마침내 풍랑은 가라앉고 바다는 잔잔해졌다. 그러자 안정을 되찾은 부인이 남편에게 말했다.

"가족이 다 죽을지도 모르는데 어쩌면 그렇게 태연할 수 있죠?"

그러자 장군은 갑자기 칼을 빼어 들고 부인의 목을 겨누면서 말했다.

"이 칼로 당신을 찌를 수도 있소, 두렵지 않소?"

부인이 대답했다

"아닙니다. 두렵지 않습니다. 칼이 사랑하는 남편의 손에 있는데 어찌 내가 두려워하겠어요?"

장군은 말했다.

"나도 그렇소. 하나님께 무사히 항해할 수 있게 해달라고 기도했는데 풍랑이 어찌 두렵겠소?"

초등학생과 장군 모두 '하나님은 할 수 있다.' 라고 의심 없이 믿었기 때문에 걱정할 이유가 없었던 것이다.

위의 두 가지 예를 통하여 공통으로 시사하는 바는 하나님을 전능자로 믿는 마음이고, 다른 하나는 그러한 믿음이 있다면, 추호의 의심도 가지지 말고 믿되 전적으로 믿어야 한다는 것이다.

어떻게 해달라고 부탁할 때는 상대가 그렇게 해줄 수 있다고 믿기 때문에 부탁하는 것이고, 믿고 구했으면(바랐으면) 만의 일이라도 의심하지 말아야 함이다. 초대교황인 베드로는 원래 직업이 어부이고 자기가 고기 잡는 어장의 실정을 누구보다도 잘 아는 사람이다. 고기는 잡지 못하고 밤새도록 헛수고만 하고 돌아온 베드로에게 "바닷속 깊은 곳에 가서 그물을 던지라"는 예수의 말을 믿고 의심 없이 그물을 던졌더니 그물이 터지도록 고기가 잡힌 것이랄지, 앉은뱅이된 라사로가 "일어나 걸으라."라는 베드로와 요한의 외침에, 의심했다면 그는 일어나 걷고 뛰지 못했을 것이다. 믿고 따랐기 때문에 가능했다.

우주는 보이는 것과 보이지 않는 것들이 있다. 사람의 눈은 정확한 것 같지만 그렇지 못하고 볼 수 있는 것도 제한되어 있다. 너무 가까운 것도 너무 먼 것도 못 본다. 귀도 또한 마찬가지다. 아주 작은 소리도 못 듣고 반면에 아주 큰 소리도 못 듣는다. 이 세상에는 보이고 들리는 것만 있는 게 아니다. 보이지 않고 들리지 않는 것들의 실체가 있고 세계가 있다.

그것은 분명하다. 다만, 우리가 볼 수 없고 들을 수 없을 뿐이지 그것들의 존재는 분명히 있다. 우리의 마음도 보이지 않고 양심의 소리도 들리지 않는다. 그런데 묘하게도 보이지 않고 들리지 않는 것이 훨씬 더 소중한 것 같다. 사람의 정신상태, 심리상태, 가치관, 인생관, 믿음, 양심, 인격, 윤리의식 등이 그것이다. 그런데 우리는 평소 살면서 보이는 것, 들리는 것만 중시하여 집중하고 매달리는 경우가 너무 많다. 외형과 형식에만 치우쳐 겉치레에만 신경쓰고 관심 보이며 살고 있는 것은 아닌지 생각해볼 일이다.

보고 들어서 확인하지 않고는 믿을 수 없다는 사고는 옳지 않다. 우리 생활 속에서 우리가 매일 숨쉴 때 마시는 산소는 보이고, 또 바람은 보이는가 말이다. 분명히 보이지 않지만, 공기 중에 산소가 있다는 사실을 부정하는 사람은 하나도 없고, 바람이 없다고 주장하는 사람도 하나도 없다. 오히려 너무나 볼 수 없으면서도 자연스럽게 믿고 있다.

따라서 우리가 반드시 눈으로 확인하고 귀로 들은 것만 믿는다는 것은 한계가 있음을 알아야 할 것이다. 앞의 사례는 예수 그리스도가 전능하다는, 그리고 구세주가 된다는 전폭적인 믿음을 보여주고 있다.

믿음은 우리 의지의 행함이지 한낱 감정이나 느낌의 반응은 아니다. 물론 기독교적 관점에서 말한 것이 적절치 못할지도 모르겠다. 그러나 오늘날 우리 사회가 믿지 못해서, 또는 믿되 전적으로 믿지 못해서 일어나는 수많은 경우를 보면서, 믿음을 강하게 강조하려다 보니 이런 예가 떠오른 것이다.

부부간에도 믿음이 없으면 그 말로는 파멸이고 파탄이며 비극이다. 가정생활을 통해서 한순간이라도 부부가 신뢰가 없다면 어떻게 되겠는가? 같이 숨쉬고 먹고 잘 수 없을 것이다.

또, 부모 자식간의 믿음이 없다면 어떻게 되겠는가? 역시 불안하고 불편하고 충돌하고 의가 깨진다. 형제 자매지간에도 마찬가지고, 이웃끼리도 마찬가지다. 정부와 국민과도 믿음이 있어야 한다. 국가와 국가간에도 신뢰가 있어야 한다. 이와 같이 믿음이란 즉, 신뢰한다는 것은 어떻게 보면 인간생활의 가장 근간이 되는 것이며 인간 존재의 기본적

조건인지도 모른다.

믿음이 없을 때, 신뢰가 무너졌을 때 개인의 파멸은 물론 가정, 형제, 이웃, 사회까지도 파탄이고 몰락이다. 국제사회에서도 단절이고 고립이다. 이로 인하여 파생되는 부작용은 엄청나게 크다. 각종 불륜, 비리, 범죄 등 사회악이 만연되고 난무할 것이다. 상상하면 무서운 일이다.

진정한 믿음이란 '인정하는 마음'이 있어야 한다. 의심을 버리고 마음속으로부터 믿는 참믿음이어야 한다. 부부가, 부모 자식이, 형제 자매가, 이웃과 이웃이, 조직의 리더와 구성원이, 정부와 국민이 참마음으로 믿어야 한다. 믿을 때 성과를 내고 목표를 달성하고 탐스런 과실을 수확할 수 있을 것이다.

또한 가정 · 직장 · 이웃 · 사회 등 모든 분야에서 불신이 사라져 아기자기하고 오순도순 정이 넘치게 될 것이다. 걱정이 되지 않을 것이다.

소나기 단상斷想

폭염에 지친 탓인지, 피부에 와 닿는 새벽 공기에도 몸이 천근이나 되듯 무겁다. 곤히 떨어져 자던 어린아이가 오줌 싸러 일어날 때처럼, 그래도 그냥 눈을 비비고 대문을 나섰다. 새벽녘에, 스물네댓 정도 짐작되는 어떤 젊은 주정뱅이가 고래고래 소리 지르며 골목길을 가는 바람에 여기저기 개 짖는 소리로 단잠을 설친 탓일 것이다.

집을 나서니 당장 몸으로 느끼는 감각이 후텁지근했다. 늘상 다니던 공원의 기슭 쪽으로 기는 듯 몸 푸는 걸음을 재촉했다. 이따금씩 불어오는 산바람이 얼굴이며 아랫도리를 감미롭게 스치고 지나갔다. 한참을 올라 산중턱쯤에서 간단한 체조로 밤사이 굳어진 신체를 풀고, 고개를 들어 하늘을 보니 온통 먹구름이다.

올여름은 50년 만에 처음 있는 폭염이라고 한다. 한 달이 다되도록 비 한 방울 구경 못하고 연일 40°C에 육박하는 날씨가 계속되어, 땅이 온통 찜통이고 가마솥 그 자체이다. 실제로 체감온도가 50°C를 훨씬 웃돈다고 TV 등에서 신나게(?) 보도하고 있다.

중남부 지방의 가뭄 피해는 심각한 수준을 넘어 긴장 국면까지 왔다고 한다. 그 큰 저수지가 바닥을 드러내고, 논바닥이 쫙쫙 갈라져 어른 손바닥이 충분히 들랑거릴 정도라니, 온 나라가 피폐할 지경이다. 각종 작물은 말라비틀어지다 못해 차라리 타들어 가고 있다는 표현이 더 정확할 듯 싶다.

심어놓은 작물에 한 방울의 물이라도 적셔주기 위하여 5단, 6단 양수 작업을 하기도 하고, 혹시나 하는 생각에 물 괴어 있을 만한 곳이면 모두 파헤친다. 운반 수단이 될 만한 것이면 레미콘차건 소방차건 본래 용도와는 상관없이 모두 다 물차가 되고 있다.

농민들의 모습은 차라리 처절하기까지 하다. 하늘을 하도 많이 쳐다봐서 목이 다 아프다는 어떤 농민의 인터뷰도 TV에서 봤다. 대자연의 횡포(?) 새삼 놀라지 않을 수 없다. 온 나라 사람들이 밤낮도 없고, 일손 또한 노소가 없다. 그렇게 모두들 나서서 도전적(?)으로 발버둥치지만 역부족이다.

아침에 신문을 펼칠 때도 먼저 일기예보란을 살펴보고, TV의 저녁 뉴스시간에도 내일의 날씨와 주간 기상정보에 귀가 쫑긋해 있다. 하지만 화끈한 비 소식은 없다. 참으로 답답하고 숨 막히고 지루한 나날이다. 눈 만들고 비 만드는 과학기술이 있다지만, 실용화 단계는 요원하기만 한 것 같다.

그래서인지 요즘 세상 인심이 말이 아니다. 여기저기서 흉흉한 소식들이 난무하고, 충격적이고 끔찍한 사건사고도 늘어가고 있는 실정이다. 옛말에 가뭄 삼 년에 견뎌낼 것이 없다고 했는데 참으로 큰일이고 걱정이다. 이런 상태로 한두 달이 더 지속된다면 뭔가 큰 위기 상황이 올 것 같다.

'제발이지 그런 일은 절대로 없어야 한다.'고 중얼거리면서 푸석푸석 흙먼지 나는 땅바닥만 바라보며 산허리를 오르고 있는데 웬 말소리가 들려온다.

"뭔 생각을 그렇게 골똘히 허간디 사람도 몰라봐?"

가끔씩 아침이면 만나서 세상 이야기랑 주변 이야기를 주고받는 성실하고 인상 좋은 S선배가 앞을 가로막으며 따지듯 말했다.

"예, 벌써 다녀오십니까?"

부지런한 그 선배는 벌써 공원 순찰(?)을 다 끝내고 내려오는 길목인가 보다.

"이렇게 비가 안 와서 어디 살겠습니까?"

"그렇게 말이네. 어저께는 우리 집 앞에 파놓은 관정의 모타허고 양수기를 다 띠어 갔더라고……."

S선배와 인사 후 산등성이를 넘어 역전이 바라다보이는 언덕배기를 돌아 2~3분을 걸었을까, 갑자기 장대 같은 빗방울이 세차게 떨어지기 시작했다.

소나기! 바로 그것이었다. 그렇게 애타게 기다리던 그 비가 오고 있는 것이었다. 그것도 아주 많은 양으로 소나기가 되어서 말이다.

'이제는 됐다. 아— 이게 비로구나!' 하는 감격과 함께 들뜬 마음에 온몸으로 소나기를 맞으며 걸었다. 순식간에 온몸이 흠뻑 젖어 들었다.

비는 머리 속을 흘러 어깨 밑 겨드랑이랑, 야무지게 졸라 맨 등산화 속에도 모두 스며들었다.

세차게 내리치는 빗줄기에, 마음대로 때려라 하는 배짱 좋은 각오로 몸을 맡겼다. 얼굴을 하늘과 평행되게 치켜들고, 쏟아지는 단비를 만지기도 하고 원 없이 맞았다. 감사함, 벅찬 감격, 신비로운 하늘의 조화, 섭리, 그리움… 순간 이런 상념들이 번갈아 머리를 스쳐갔다. 몇 번이고 그렇게 얼굴을 쳐들고 소나기를 좋아라 맞이했다.

정말로 좋았다. 발가벗고 무작정 뛰고 싶었다. '이렇게 되는 것을, 이렇게 단번에 해결될 것을 그토록 애간장을 태웠던가.' 하는 생각에 왈칵 울음이 치밀어 올랐다. 목놓아 울고 싶고, 얼굴이 찢어져라 큰소리로 파안대소하고 싶었다. 그렇게 얼마 동안 미친 듯이 날뛰며 아무렇게나 걸었다. 문득 지난날 소나기 맞던 때가 생각났다.

교통수단이라고는 두 다리가 전부였던 시절, 책, 공책, 도시락을 한꺼번에 책보에 싸서 허리춤에 단단히 묶고, 바짓가랑이는 허벅지까지 걷어올리고, 고무신마저 양손에 들고 눈감고 뛰었다가, 뒷걸음으로 걷다가 하면서 쏟아지는 소나기에 맞섰던 초등학교 시절의 신작로가 생각났다.

늦가을 서리 내릴 즈음에 캐서 겨우내 늦은 봄까지 식량 대신 먹던 고구마는 하필이면 비 올 때 심어야 했다. 그때마다 소나기는 매양 쏟아지곤 했다. 가마니로 만든 거적을 머리부터 두르듯 걸쳐 입고, 그렇게 쏟아지는 소나기를 다 맞으며 어머니랑 아버지랑 고구마를 심었었다. 또, 어떤 때는 바닷가에 조개잡이 나갔다가 한나절이나 지나 허기진 판에 쏟아지는 소나기로 인해 기진한 적도 있었다.

이런저런 생각들에 잠겨 추억 속으로 빠져들고 있을 즈음, 어느새 공원 반대쪽의 내려오는 기슭을 걷고 있었다. 쏟아지는 소나기는 더욱 강도가 높아졌지만, 세찬 빗줄기를 맞는 몸뚱이는 오히려 마사지를 받는 듯 싫지 않았다.

마음이 포근하고 평화로웠다. 마치 일순간에 세상 모든 일이 술술 풀린 듯이 좋았다. 그렇게도 목마르게 갈망하던 비. 산도 들도 온통 타들어 갔고, 우리들 마음도 타다 못해 실신한 듯 지쳐 있던 때라 가슴이 시원스레 확 트이면서 후련했다.

그리고 하나님께로 향한 감사함이 지독하게 번지면서, 자연의 위력 앞에서 인간의 나약함과 무력함을 다시 한번 실감해야 했다. 비는 엄숙하게 머리 숙여 자연 앞에 순종해야 하는 숙연한 순간과 함께 세속의 복잡한 머리를 식혀 주고 있었다.

그런데 사람은 그렇게 간사하고 수시로 변하는 변덕쟁이인가? 여름비는 '잠비', 가을비는 '떡비'라고 했는데 제발 걱정 없이 낮잠이나 잘 수 있도록 피해 없이 조신하게 내렸으면 좋겠다는 욕심이 생겼다.

아니나 다를까, 내려오면서 보니 산 끝자락에 평퍼짐하게 생긴 밭이랑 논다랑이는 벌써 물줄기로 파이고 떠내려와 쌓인 흙더미로 경계도 알아볼 수 없이 되었다. 길 어깨도 무너지고, 담장 밑은 심하게 패어 달아났다. 우려했던 상황이 펼쳐지고 있는 것이었다.

한가하게 옛생각 따위나 떠올릴 정황이 아니었다. 다른 생각할 겨를도 없이 뛰다시피하며 걸음을 재촉했다. 여전히 반갑고 고마운 소나기는 굵어졌다 약해졌다 하면서 마음을 조이게 쏟아지고 있었다.

행복이란

“생활에서 충분한 만족과 기쁨을 느끼는 상태”라고 사전에서 행복을 설명하고 있다.

이 설명에서부터 행복은 사람마다 기준과 상황, 정도가 다를 수 있음을 말해주고 있다. 그런 측면에서 생각해 보면 행복이 무엇인지가 한없이 어려워지고 다양할 수 있다는 것을 알 수 있다. 똑같은 상황과 경우가 있을 수는 없겠지만, 사람마다 어떤 사안을 보고 파악하고 인식하는 것이 다를 테니 행복의 정도도 다를 것이고, 오히려 다른 사람의 행복이 자신에게는 불행으로 인식하는 경우도 있을 수 있을 것이다.

요즘은 학문의 발전으로 거의 모든 것들을 파악하고 인식할 때 ‘지수’라는 것을 개발해서 그 정도程度를 비교하곤 한다.

우선, 우리가 가장 많이 흔하게 듣고 있는 물가지수에서부터 감기지

수, 자외선지수, 세탁지수, 우산지수, 냄비찌개지수, 피부거칠어짐지수, 냄새지수, 체격지수, 노년화지수, 끽연지수, 생활불안지수 등 참으로 개발된 지수만도 수없이 많다. 이렇게 많은 지수 중에 사람들이 가장 중시하는 것이 행복지수다.

지수라는 것은 원래 기준시점을 100으로 잡고 각 시점의 값을 기준시점의 값으로 나눈 후 여기에다 100을 곱하여 나온 값이다.

그런 점에서, 행복지수를 보면 기준시점의 기준은 뭣이고 어디이며, 얼마 만큼인가 하는 것부터가 정답이 없고 기준이 없다. 또, 각각의 시점의 값도 계측이나 계량에서 다양하고 기준이 없고 정답이 없다. 그렇다면 행복지수는 처음부터 산출이 어렵고 지수로써 나타낼 수 없는 게 아닌가 싶다.

어쨌든지 나는 이 분야의 전문가는 아니므로 왈가왈부할 수는 없다. 어떤 사람이 행복한 사람인가? 나는 행복한가? 세상에서 가장 행복한 사람은 누군가?

영국의 런던타임즈지가 영국 국민들을 대상으로 조사한 '가장 행복한 사람'순위를 보면, 1위는 바닷가에서 모래성을 다 짓고 난 해맑은 어린이, 2위는 아기를 목욕시킨 뒤 맑은 눈동자를 들여다보고 있는 어머니, 3위는 오랫동안 작품을 완성하고 이제 막 손을 터는 예술가로 조사되었다. 매우 놀랄 만한 의외의 결과였다. 일반적으로 세상 사람들이 막연히 추구하고 있고 생각하는 행복의 기준과는 상당히 거리가 먼 것이다.

돈 많은 재벌, 학식과 덕목을 많이 갖춘 소위 훌륭한 사람들, 명예와 권력 있는 관료나 정치인, 아름답고 예쁜 아내와 매력 있고 능력 있고 건강한 남편도 아니었다.

영국 사람들이 뽑은 것이긴 하지만, 행복한 사람을 꼽으라고 묻는 설문에 대답한 것은 '사람들'이다는 데에 공감이 간다. 내가 감히 분석할 일은 못 되지만 이들이 인식하고 있는 행복의 기준은 대개 이런 것인 듯 하다. '천진하고 순수함', '뭔가 자기가 희망하고 열망하는 것을 얻고 완성한 성취감'그렇다면 사전에서 설명한 행복과 설문조사 결과가 맞아 떨어진 것이다.

인간 삶에 있어서 행복의 기준을 스탠퍼드대학의 가설적인 분석에서는 이렇게 보았다.

"최소한 냉장고에 뭔가 먹을 것이 있고, 몸에는 알몸을 가릴 만한 것을 걸치고 있으며, 머리 위에 지붕이 있는 잠잘 곳을 가진 정도의 사람이라면 이 지구상의 인류 중에 25% 안에 드는 상위층 삶을 사는 행복한 사람이다."라고.

이 정도라면 매슬로우(Abraham Maslow : 1908~1970)가 주장한 인간욕구 5단계 중에서도 가장 기초적인 단계인 제1단계의 생리적 욕구(Physiological Needs) 단계 정도에 해당하는 것이라고 볼 수 있다.

인간은 우선 기본적으로 춥고 배고픈 문제가 해결되지 않는 한 다른 욕구는 나타나지 않는다는 것이다. 그런데 이 문제만 해결돼도 지구상 인류의 4분의 1안에 포함되는 행복한 사람이라는 것이다.

매슬로우가 주장한 인간욕구 단계 중

제2단계는 안전욕구(Safety Needs), 제3단계는 소속감과 애정욕구(Belongingness Needs), 제4단계는 존경욕구(Esteem Needs), 제5단계는 자아실현 욕구(Self-actualization Needs)가 그것이다.

이와 같이 행복은 사람마다 처한 처지와 형편에 따라 그 척도가 다르고 느끼는 정도가 다른 것이다.

따라서 내가 행복한지는 비교하는 기준에 따라 다르다는 것을 깨달아야 한다. 부와 명예, 지위와 권력이 있다고 행복할까? 억지로 권위를 확보하려는 권위적인 조직의 수장이 행복할까?

오히려 양심의 잣대 때문에 내면으로는 불안과 초조 불행으로 가득 찰 수 있을 것이다. 비록 집이 없어 하늘 가리고 누울 곳은 없지만, 불날 걱정은 없는 못 가진 자의 행복(?)이 더 편하고 좋은 행복일 수 있을 것이다. 성경말씀 마태복음 5장3절 이하에서 예수님은 산상설교를 통하여 '심령이 가난하고, 애통하며 온유한, 의에 주리고 목마른, 긍휼히 여기는, 마음이 청결함, 화평케 하는, 의를 위하여 핍박을 받는 사람은 행복하다'고 하였다.

행복이란, 먼저, 자기의 기준치를 낮추고 자기를 겸허하게 비우는 데에서 자기만의 행복을 느끼고 발견할 수 있을 것이다. 자연의 순리나 이치, 하늘의 섭리에 순응하는 겸손함을 통해 행복의 기본 이치를 알고, 지극히 기초적이고 작은 것에도 자족自足할 수 있는 자세가 필요하다.

그런데 요즘 세상 사람들은 행복까지도 너무나 자만한 나머지 자신의 능력만으로 만들 수 있다고 생각하다 보니 자기만족의 끝을 몰라 하는 안타까움이 있는 것 같다.

사람의 욕심은 끝이 없다. 분수를 모르는 지나친 욕심은 반드시 화(죄)를 부른다.

독수리의 눈빛처럼 항상 닿을 수 없을 정도로 아득히 먼 곳만을 바라보는 것과 같을 수 있다. 진정한 '나'를 알아야 한다. 그리고 자기 자신을 믿어야 한다. 이것만이 진정 자신이 이룰 수 있는 욕망을 가진 행복한 사람일 것이다.

중국의 어떤 왕은 이런 말을 했다.

“산속에 있는 적 1만 명은 잡기 쉬워도 내 마음속에 있는 적 1명은 잡기 힘들다.”고 복은 찾아올 때 잡아야 하고 느낄 수 있어야 한다. 행복은 오기도 힘들지만 발견하고 느끼기란 더더욱 어려운 것이다. 지금 여기가 자신의 행복이 있는 곳이고, 자신이 행복한 것을 발견하고 느낄 줄 아는 사람만이 행복한 사람이다.

지금 우리는 행복한가? 우리는 살면서 행복을 잊고 산다. 이 순간 우리 자신을 둘러싸고 있는 주변을 살펴보자. 그리고, 우리가 지금 어떤 모습으로 어디에 어떻게 서있는가를 생각하자, 깊이 생각하지 말자, 어렵게 고민하고 따지지 말자, 지금이 바로 행복한 순간임을 알아야 한다. 자신이 존재하고 있다는 사실로도 행복해야 한다.

자신을 에워싸고 찾아주고 만나주고 대화해주는 그런 사람이 있다는 사실로도 행복해야 한다. 나에게 행복을 가져다주는 여러 가지 일과 조건들은 영원히 함께하고 싶고, 함께할 것 같지만 내 곁에 오래 머물지 않는다는 것을 알아야 한다. 이러한 행복의 조건들이 하나둘씩 사라져 가면, 우리는 그때서야 비로소 행복의 조건들을 소중히 여기고 안타깝게 후회하게 된다.

늦었다고 할 때가 가장 빠르다는 말이 있다. 지금도 늦지 않았다. 우리의 주변을 파악하고 나 자신의 처한 상황과 생활을 살펴보자, 분명히 크고 많은 그리고 분에 넘치는 행복을 찾아낼 수 있을 것이다.

행복을 발견할 줄 모르는 사람은, 아무리 큰 행복이 찾아온다고 해도 행복할 수 없는 사람이다. 행복은 항상 우리 곁에 가만히 찾아와 있다.

따라서 자신의 삶을 뒤적거려서 행복을 찾아야 한다.

그래서 행복의 실체를 만져보고 보듬아 보고 느껴보자.

그래야만이 미래에 다가올 행복도 맞아들일 수 있는 혜안慧眼이 뜨일 것이다.

마음 밭에 봄을 심어야겠다

2007년 한 해 동안, 나는 날마다 뭘 하는지 모를 정도로 정신없이 하루하루를 보냈다. 정말 눈코 뜰새 없이 바빴다. 맡겨진 일, 챙겨야 할 것이 한두 가지가 아니었다. 자칫 긴장을 풀면 어떤 것 하나가 펑크 날 수 있는 긴박한 상황의 연속이었던 것 같다.

공직생활이란 게 늘 그렇지만 작년 한 해는 유난히 세월이 가는지 오는지, 계절이 바뀌는지, 봄이 왔다 간 건지, 봄꽃들이 피었다가 지기나 했는지 본 기억도 없고 생각도 나지 않는다.

이른 새벽에 출근하고 밤늦게 귀가하는 일상이고, 주말 · 휴일도 없다시피 살았으니 그럴 수밖에 없었다. 그런데 요 며칠간은 사정이 좀 달라졌다. 아침 8시 이전까지만 출근하면 되고 주말 · 휴일도 가끔씩이나마 쉴 수 있게 되었다.

내가 사는 아파트는 전주시내에서 유일하게도 '아름다운 건축상'을 받은 좋은 아파트다. 동棟과 동棟을 지그재그로 배치하여 동간棟間에 바람 소통이 잘되고, 조경수나 각종 화초가 조화 있게 식재되어 있어 그야말로 아름답고 전원적이다.

아파트 현관문을 나와 왼쪽으로 막 돌아오면 몇 그루의 매화나무가 있다. 평소엔 별 생각 없이 지나치곤 했다. 그런데 며칠 전 출근하다가 우연히 활짝 핀 매화를 발견했다. 매화는 아마 많은 봄꽃들 중에 제일 먼저 피는 꽃일 것이다. 봄이 왔음을 알리는 봄의 전령이다.

원래 후각이 둔한 나는 코끝을 꽃에 바짝 대어 냄새를 맡는다. 아직 꽃샘추위가 채 가지 않은 3월 초순. 향기가 좋다. 매화의 꽃말은 고결, 결백, 정조이다.

예로부터 우리나라 여인네들의 표상이기도 한 꽃이다. 매화나무 바로 건너편에는 지조, 절개를 상징하는 대나무가 군식群植되어 있어 꽃말이 주는 의미가 매화와 함께 조화를 이룬다.

이렇게 매일 아침 매화를 보며 매화 향기를 맡으며 며칠이 지났을까? 어느새 샛노란 개나리꽃이 피기 시작한다. 가지가지마다 샛노랗게 피어나는 꽃잎을 보면서 저절로 봄에 거는 기대 같은 게 솟구쳐 온다. 짙은 노란 물감으로 점칠한 것처럼 꽃이 피어난다.

개나리는 꽃말이 희망이다. 새롭게 피어나는 개나리처럼 올해 우리나라는 희망이 넘쳤으면 좋겠다는 생각을 해본다. 외국에 나가보면 안다. 나라가 부강하여 힘이 있어야 국민이 대접받는다는 것을.

이번에는 사람들이 매화 향기에 취해 있는 동안 두고 보라는 듯이 참아온 목련이 순서를 기다리기나 한 것처럼 고운 자태를 뽐내며 꽃망울을 터트렸다. 진작 피었는데 미처 내가 발견하지 못한 것일까? 목련은 자목련, 백목련이 있다. 하얀 백목련을 쳐다보면 마음까지 하얗게 물들여진다. 목련을 주제로 한 가곡도 생각나고 내 마음도 자애롭고 숭고해졌으면 좋겠다고도 생각한다.

더 많은 봄꽃들을 보고 싶어 오후 퇴근길에 꽃집을 두어 군데 일부러 지나치면서 꽃들을 훔쳐봤다. 얼핏 봐도 수선화, 앵초, 동백, 철쭉 등이 보였다. 철쭉은 제철이 아니면서도 아내가 집에서 정성스럽게 가꾸고 있는 분재를 통하여 올해 제일 먼저 봄꽃으로 한동안 인사하며 보아왔다.

집에 있는 것 중에서 수형樹形이 우리나라 지도를 약간 닮은 것이 있는데 꽃의 색깔이 분홍색이다. 꽃나무가 건강해서 꽃이 살아 있다. 아내 손길이 배어 있어 더욱 정감이 간다. 솔직히 말해서 이것들이 나를 어색하게 하고 미안하게 한다. 물 한번 주지도 않고 가끔씩 들여다보고 훔쳐보기만 하니 아내에게 할말이 없다.

철쭉은 '사랑의 즐거움'이란 꽃말이 있다. 철쭉과 유사한 진달래꽃 꽃말도 비슷하다. 따스한 봄볕을 받으며 철쭉, 진달래꽃 속에 묻혀 꽃같이 향기 나는 사랑을 하고 싶어진다.

누군가 평생을 행복하려면 이웃을 사랑하라고 했다. 엔돌핀이 넘쳐나는 사랑을 하여 남은 생의 행복을 건드려 보고 싶어진다. 주는 기쁨이 받는 즐거움보다 크다는 것을 알아야겠다.

해마다 2월 중순경부터 남쪽으로부터 꽃소식이 전해 오는데 올해는 그 시기가 며칠 차이가 안 나는 것 같다. 금방 여기까지 전염되어 피어난다. 불과 일주일 전쯤에 진해에서 군항제와 벚꽃잔치가 열린다고 했는데 이곳에도 벌써 벚꽃이 꽃망울을 터트리기 시작한다. 전주천변에도 몇 해 전 심어 놓은 벚나무들이 상당히 자라 올해는 아주 장관을 이룰 것으로 기대되더니 역시 그 조짐이 보인다.

이제 며칠만 지나면 벚꽃으로 터널을 이룰 도내의 몇몇 유명한 도로는 몸살 날 것이다. 가지고 있는 에너지를 눈곱만큼도 남기지 않고, 있는 힘을 다 쏟아내어 수많은 가지 끝 마디마디마다 틈새 없이 시샘하듯 피어난 꽃잎은 뭐라 표현도 못할 만큼 자태를 자랑하며 꽃동굴을 만들어낼 것이다.

그뿐만 아니다. 병풍처럼 드리워진 산속을 보면 또 말문을 닫는다. 이곳저곳 조화 있게 피어나는 산벚꽃은 누가 또 어떻게 말해야 제대로 표현할 것인지 즐거운 걱정이다. 터져 나오는 탄성 때문에 넋을 잃고 배고픈 줄도 모른다. 생각만 해도 가슴이 콩닥거리고 설렌다. 들뜨기 십상이다. 올봄에는 만발한 벚꽃 구경을 기어이 해야겠다고 마음먹어본다.

진달래도, 개나리도, 철쭉도, 아주 맘껏 한번 봐야겠다고 한恨(?) 같은 작정을 한다. 그러면서 내 마음에도 계절을 담아야겠다고 다짐한다. 세월 때문에 몸도 마음도 봄 같지는 않지만, 생각을 바꾸고 마음을 고쳐서 마음속에 봄을 심어 봐야겠다.

내 마음밭에 봄을 심으면 어떻게 될까? 옥토는 아닐지라도 아직은 기름기 남아 있는 마음밭일까? 조금만 거름 주면 싹을 틔울 수는 있겠지. 파릇파릇 새싹이 돋아나게 하고 하얗고, 노랗고, 빨간 꽃들을 피어나게 해야겠다. 연록이랑 진초록을 조화 있게 섞어서 풀냄새 풍겨나게 하면서 파아란 하늘 사이로 간지러운 사랑의 훈풍을 불게 해야겠다.

또 하나, 마음밭에 만들 게 있다. 오솔길, 꽃길을 아기자기하게 만들어 놓고 겨울이 와도 오솔길이 스산하지 않게 하고, 꽃길은 꽃이 지지 않게 해야겠다. 그래서 마음밭은 언제나 봄날이도록 해야겠다. 항상 푸른 숲이고 아름다운 꽃길일 수 있게 만들며 살아야겠다. 그래서 내가 만든 오솔길, 꽃길은 힘없고 나약한 자와 사회적 약자들만 마음 놓고 걷게 해야겠다.

벚꽃 개화기에는 언제나 한두 차례 비가 온다. 그래도 며칠이라도 꽃과 더불어 지냈을 땐 모르지만, 꽃이 핀 지 얼마 안 돼 비가 내리면 걱정과 함께 서운한 마음이다. 바람을 동반한 비는 꽃잎들 얼굴에 와서 함께 비가 되자고 심술을 부리는 통에 벚꽃길은 꽃비 내리는 거리로 바뀐다. 실컷 맞아보고 싶은, 싫지 않은 비다.

세상에 꽃 보고 기분 나쁜 사람은 없을 것이다. 그럼에도 유별나게 세상 꽃은 다 내 것 같고 나만 좋아하는 것처럼 수다를 떨었다. 몇 주 후에는 어머니, 장모님께 꽃구경 시켜 드리겠다고 약속했는데 기실 내가 가고 싶은 마음을 양 어머니께 생색(?)낸 것이 아닌가 양심이 찔린다.

손녀孫女

작년 팔월 하순에 우리 가족은 스스로 자위(?) 여행 차 일본 북해도를 가기로 정했다. 왜 자위여행이냐면, 내가 영문 모르는 대기발령을 받은 상태여서 가족들은 스스로 모든 것을 잊고 모처럼의 해외여행을 하자고 큰 맘 먹었기 때문이다.

그때 큰딸 소연이만 사정상 못 가고 작은딸 소진이와 막내딸 소희, 그리고 아내랑 넷이서 가기로 했는데, 갑자기 출국 하루 전부터 막내딸 소희가 몸에 이상한 조짐을 보이면서 상태가 좋지 않았다. 그렇다고 여행을 취소할 수도 없어서 그냥 가기로 하고 예정대로 여행길에 올랐다. 여행기간동안 내내 소희는 여행은 고사하고 힘들어 혼이 났다.

사실 우리는 출국하면서부터 낌새를 알아차리고, 몸이 왜 그러는지를 짐작하고 있었다. 다름 아닌 임신 초기 증상이라는 결론을 얻었기 때문이다. 그래서 식구들 모두 아는 병이라고 놀라지 않았고, 힘들지만 참고 견디는 수밖에 없다면서 소희를 위로하고 부추겼다. 그 덕분에 언제 어디를 어떻게 갔다 왔는지 모두가 제정신으로 여행하지 못했다.

지금도 여행기억이 잘 나지 않는다. 정말 모처럼의 가족해외여행은 그렇게 망치고 말았다. 그럴 줄 알았더라면 처음부터 동반여행계획을 안했을 것이지만 아무도 예측하지 못했던 일이다. 그래도 큰 탈 없이 여행을 마치고 무사히 돌아왔고, 그동안 소희는 점점 불러오는 배를 가끔씩 나보고도 만져 보라면서 신기해 하며, 음식도 잘 먹고 건강관리도 잘해 왔다.

출산예정일이 다가오면서 온 가족은 기대와 설렘으로 가득 차 있었다. 2007년 4월 21일. 마침내 도저히 자연분만을 할 수 없다 하여 수술로 무사히 예쁜 공주를 낳았다. 아기도 건강하고 아무 이상이 없고 산모인 소희도 수술이 잘되었다고 했다. 감사하고 감격스러웠다. 마음껏 축하했다. 내게는 생애 첫 손녀가 생긴 셈이다.

새로운 가족관계에 하나씩 이름 붙여지게 되었다. 소희는 엄마가 되었고, 나와 아내는 할아버지와 할머니가 되었으며, 소연이와 소진이는 이모가 되었다. 처음엔 '내가 벌써 할아버지가 되다니…….' 하고 생각하니까 어색하고 이상했지만 분명한 것은 부정할 수 없는 사실이라는 것이다. 그렇게 해서 온 가족의 축복 속에 태어난 예쁜 아기공주가 벌써 70일이 지났다. 제 엄마, 아빠가 이름을 지어줬다 '태희'라고 부르겠단다. 제 아빠 이름의 가운데 자인 「태」자와 제 엄마 이름의 끝자인 「희」자를 따서 지었단다. 이름도 예쁘다.

요즘은 2~3일만 안 보면 보고 싶어진다. 어제가 금요일이고 태희 작은이모 소진이도 서울서 내려왔다. 소연이도 요즘 우리 집에서 지낸다. 원래 우리 식구가 다 모였다. 식구가 모이면 서로 태희를 차지해서 보려고 야단이다. 이 사람, 저 사람 번갈아 안아보고 얼러보며 정신이 없다. 태희를 두고 모두가 빙 둘러앉아서 서로 자기에게 태희가 시선을 주었으면 하고 난리를 피운다.

토요일 아침. 나는 식구 중에 제일 늦게 잤는데 제일 먼저 눈을 떴다. 태희가 자는 거실로 나와 옆에 앉아서 잠자는 모습을 본다. 왜 그렇게 예쁜지 모르겠다. 이렇게 애기가 예쁜 줄은 태희를 얻고 나서 처음 알았다. 신기하고 귀엽고 예쁘다. 예부터 우리 어르신들이 하신 말씀이 되살아난다.

제 자식 키울 때는 그렇게까지 예쁜 줄 모르는데, 손녀, 손자를 보면 진짜 애기가 예쁘다는 것을 안다는 것이다. 그런 걸 보니 나도 나이가 들었나 보다. 하기야 나이 60이면 적은 나이는 아닌 듯싶은데, 왠지 실감이 안 난다.

물끄러미 잠자는 모습을 보고 있노라니, 배냇짓을 하는 것인지 저 혼자 웃다가, 손을 빨다가 고개를 이리저리 젖히기도 하는데, 얼마나 귀엽고 예쁜지 도무지 눈을 뗄 수가 없다. 시간 가는 줄도 모른다. 질리지도 않는다. 하나님 섭리가 참으로 놀랍다. '어떻게 이런 일이, 어쩌면 이렇게 한 치의 오차도 없이 불가사의한 조화를 이뤄내는 것일까?'라고 생각하니 상상할 수 없이 세삼 신비로움을 발견한다.

태희를 보면 그와 눈을 맞추려고 온갖 고갯짓을 다한다. 환하게 웃는 모습을 보려고 온갖 광대 짓을 다한다. 나이도, 체면도, 모양새도, 품새도 다 필요없다. 내가 태희를 웃게 하려고 얼르고 유도하는 것인지, 태희가 내 재롱을 보고 웃는 것인지 모르겠다. 아마도 저를 얼르는 내 꼴이 우스워 웃는 것일지도 모른다. 태희보다 더 갓난아기 짓을 내가 한다.

어제부터는 거실 싱크대 쪽 진열장 옆에 걸려 있는 액자만 보면 태희가 소리 내어 웃는다고 해서 다들 난리다. 액자는 '신망애信望愛'라고 성경 고린도전서 13장 13절에 나오는 말을 한자로 바꾸어 붓글씨로 1995년에 내가 써서 제작한 것이다. 그런데 이상하게도 그 액자 앞에만 가서 서주면 그렇게 잘 웃는다는 것이다.

잠이 깨어 있을 때, 액자 앞으로 데리고 가서 액자를 보여줬다. 그런데 거짓말 같은 사실이다. 씽긋쌩긋, 싱글벙글, 소리까지 내면서 잘 웃는 것이 아닌가. 왜인지 그 이유를 모르겠다. 아무튼 신기할 뿐이다. 식구들은 무슨 이상하고 뜻 모를 뭐가 있는 게 아니냐고 하지만 잘 모르겠다. 사람 사는 재미 중에 인간 재미가 제일이다던데 사실인 것 같다. 하나님이 우리에게 가족이란 인간관계와 가족간의 사랑과 재미를 허락하지 않으셨다면 이 세상은 어떻게 되었을까? 인류사회의 존재가 불가능했을 것이다.

요즘 격무에 시달리면서도 밤에 가끔씩 태희만 보면 스트레스가 싹 가시는 것 같다.

나이가 사람을 가르친다고 했다. 틀림없는 말인 것 같다. 세월이 흘러가는 게 아니고 흐르는 인생 행복 속에 시간의 터널을 맞을 뿐이다. 나이가 시간과 세월을 뒤로 가게 하고 사람을 철들게 하고 실겹게 한다. 태희를 보면서 별별 소리를 다한다. "태희야! 왜 이렇게 예쁜거야? 그 이유를 말해 봐!" "어째서, 어떤 마력이 있길래 나를 이렇게 꼼짝도 못하게 묶어 놓는 거야?"

태희를 보면 시간하고는 상관없다. 바라보고 있노라면 잠시도 눈을 뗄 수 없고 끝이 없다. 아내와 같이 말한다.

"참 이쁘지? 이상하게 이뻐!" 물어볼 것 없이 말이 같다. 소진이도 서울에 있으면서 날마다 휴대폰과 컴퓨터에 올려진 태희의 동영상을 보면서 귀엽고 예뻐 죽겠단다. 그러면서 오늘은 또 얼마나 달라졌을까 하고 궁금해서 못 견디겠단다. 그래서 요즘은 일주일이 멀다하고 내려오고, 집에 오면 태희 보느라 쏙 빠져 있곤 한다.

젖 먹고 싶다는 표정을 다 아는 내가 되었다. 한참 동안이나 양팔, 다리를 흔들며 운동하더니 배가 고픈 모양이다 '제 어미젖을 먹여야겠다.'고 생각하면서 안고 일어서는데 또 한번 나를 사로잡는다. 고맙다는 듯이 함박웃음으로 할아버지께 답례하는 게 아닌가! 내 예쁜 손녀 태희가….

일상을 벗어나

보통 사람들에게는 별 다를 게 없는 특별한 날이다. 한 달여 전부터 벼르고 벼른 날. 행여 돌발변수가 있을는지, 예측하지 못한 일이 있을는지 조심스레 가슴 조이며 기다려온 수필문학 동인끼리 소위 문학기행을 하기로 작정한 날이다. 호국 보훈의 날이 엊그제이고 하여 나들이 나간다는 게 내심 걸리는 마음이다.

하지만 내게는 이런 목적의 기행이 생전 처음이어서 마음 한편으로는 잔잔한 파장처럼 설렘도 있는 게 사실이었다. 활동하기 편한 간소복 차림을 하고 약속한 장소로 늦지 않게 서둘러 나갔다. 처음 뵙는 분들도 계셨지만, 벌써 몇 차례 만났던 터라 대부분 낯익은 분들이다.

예정시간을 조금 지나서 일행은 봉고차에 올랐다. 올해는 여느해보다 달리 더위가 일찍 찾아와서 요즈음 여름 같은 유월을 겪는다. 그런데 한낮에는 어떠할지 모르지만 아침나절 날씨는 나들이에 안성맞춤이다.

오늘 행선지는 전남 순천에 있는 선암사와 송광사여서 전주시내를 벗어나 남원 방향으로 가는 국도 19호선 도로를 달린다. 차 창문을 열고 바깥바람을 맞으니 체증이 내려가는 듯, 속이 뻥 뚫린 것같이 시원하고 후련하다. 어디가 진원지인지 알 수는 없지만 푸른 산과 들을 거쳐 빨려 들어오는 바람은 싱그러운 풀내음을 가득 머금은 풀바람이다.

맑고 깨끗한 공기가 입 안으로 쏘옥 빨려 들어온다. 얼굴로 부딪히며 몸으로 맞는 바람이 너무 좋고, 바람 속에 고향 냄새, 농촌 냄새가 섞여 있어서 좋다. 정말이지 너무 오랜만에 갖는 여유다. 사십 년이 다되어 가는 공직생활이지만, 요즈음처럼 매일같이 긴장하고 동분서주하며 근무한 적은 없는 것 같다.

말 그대로 격무에 스트레스가 많은 일과다. 긍정적으로, 적극적으로 살자는 게 평소의 생활신조지만 힘겨운 게 사실이다. 이러던 터에 오늘 같은 나들이를 하니 말로 다 표현할 수 없을 정도로 기분이 좋다.

금방이라도 진초록 물방울이 떨어질 것 같은 산속의 각종 나무와 풀, 드넓은 들판은 농부들의 수고로 초록색으로 물들여져가고 있다. 계절은 어김없이 찾아오고, 우리는 그런 자연 속에 몸을 던져 살고 있고…….

잠시 달리는 차안에서 스쳐 지나가는 자연을 보며 나도 모르게 깊은 상념에 빠진다. 걸핏하면 습관처럼 어설픈 철학자(?)가 된다. 많은 생각들이 떠오르고 사라져 간다. 과거도, 현재도, 미래도 생각이 나고 생각된다.

센티멘털해진다. 어릴 적 꿈꾸던 파라다이스도, 지난날의 잘못과 무능도 회한으로 되살아난다. 고향의 옛 벗들과 자라던 시절이 한꺼번에 밀려와 진한 노스탤지어로 번진다. 지나온 공직생활의 역정도 돌아보고, 남은 공직생활과 다가올 미래에 대한 삶도 챙겨본다.

출발한 지 얼마 안 되어서이기도 하지만 아마 나 같은 생각에 젖어서인지 차 안은 약속이나 한 것처럼 한참 동안 모두가 말없이 조용하다. 차는 벌써 관촌을 지나 임실읍으로 향하고 있다. 산다는 게 대체 뭔지, 일상에 얽매여 교외로 소풍 나와 본 지가 정말 오래된 것 같다.

대자연 속에 나는 너무나 미미한 존재인데, 도대체 뭣을 알고, 뭣을 찾고, 뭣을 하겠다고 날마다 그렇게 정신없이 살고 있는지 참으로 안타깝고 답답하다. 무아無我의 경지를 생각해 본다.

이런저런 생각을 하고 있는데 모임의 회장님께서 일정 안내와 함께 동참해주신 회원님들에 대한 감사의 인사말씀을 하신다.

"관심을 갖고 참석해 주셔서 감사합니다. 오늘 하루만은 일상에서 벗어나 모든 것을 훌훌 털고 즐거운 시간 가졌으면 좋겠습니다."라고….

'그래, 그렇다. 그렇게 합시다.'라고 속으로 답하고 있는데 차내의 침묵을 깨며 안부와 관심사에 대한 얘기들이 오가기 시작한다. 봉고차가 맺어주어 짝을 이룬 회원끼리 여기저기서 세상 사는 얘기로 말문이 열린다. 날씨 얘기며, 옛날 모내기하던 시절 얘기며, 요즘 돌아가는 정치 상황이며, 들녘을 내다보면서 농촌의 미래와 어려운 농민의 생활이며, 자연과 환경 얘기며 화제話題도 구구각각이다. 글쓰기를 좋아하는 사람들끼리여서인지 몰라도 모두들 화기애애하고 내용이 문학적이다.

이따금씩 웃음소리도 여기저기서 간헐적으로 들린다.

그렇게 시간은 흘렀고 우리 일행은 어느새 송광사에 이르렀다. 송광사松廣寺는 순천시 송광면 조계산 자락에 아주 아늑하게 자리 잡고 있다.

신라 말 혜린慧璘선사에 의해 창건되었다고 한다.

창건 당시의 이름은 송광산 길상사吉祥寺였으며 나중에 수선사로 부르다가 송광사로 불리게 되었다고 한다.

창건 이후 정유재란, 6·25한국전쟁 등 숱한 재난을 겪으면서 소실되고 훼손되는 우여곡절 끝에 5차례의 중창, 중수가 있었다고 한다. 현존하는 대웅전과 30여 동의 전각과 건물은 1983년부터 1990년까지 8년여에 걸쳐 새로 짓고 중수하였다고 한다. 송광사는 전국 사찰 가운데서 가장 많은 문화재를 보유하고 있으면서 성보 박물관의 효율적 운영을 위한 각종 전시회를 기획하여 우리의 전통문화의 우수성을 홍보하고 각종 세미나, 사보寺報 발간, 홈페이지 개설 등 사이버 종찰이 되기 위해 정진하고 있다고 한다.

경내가 상당히 넓고 커서 이곳저곳을 다 살피려면 하루도 걸릴 것 같았다. 몇 시까지 절 입구에서 모이자는 약속도 있는 터라 일별하듯 건성으로 대웅전을 비롯한, 감로암, 불일암 등 몇 군데만을 둘러보고 절 아래로 서둘러 내려왔다. 산채비빔밥으로 점심식사를 마치고 한 삼십여 분쯤이나 차로 달렸을까, 순천시 조계산 동쪽에 자리하고 있는 단아한 사찰 선암사仙巖寺에 이르렀다.

선암사는 백제 성왕 7년(529)에 아도화상阿度和尙이 창건하고, 사찰명을 해천사海川寺라 하였다가 대각국사 의천이 대각암에 주석하면서 중창하고 선암사라 하였다 한다.

선암사도 다른 사찰과 마찬가지로 정유재란 때 큰 피해를 입어 모든 전각이 불에 타 버린 후 호암약휴護巖若休 스님께서 중창불사를 마무리한 바 있고, 오늘날에는 천태종을 널리 전파하는 호남의 중심사찰로 태고종의 유일한 총림인 태고총림太古叢林으로써 강원과 선원에서 수많은 스님들이 수행을 하고 있는 종합수도 도량이다.

불교에서는 참으로 귀하고 값진 보배로 소위 삼보三寶 라는 게 있다. 즉, 부처님佛, 가르침法, 승자僧이다. 불교인의 신앙은 영원한 세계, 진리의 세계에 다다를 수 있으며, 인간존재의 원천인 본래의 나, 참 나에 돌아갈 수 있다고 믿는 것이다. 그래서 삼보를 가리키는 삼대사찰이 있는데, 곧 경남 양산의 통도사通度寺, 경남 합천의 해인사海印寺, 그리고 전남 순천의 송광사松廣寺가 그것이다.

불교에 대하여 정말 아는 바가 없는 무식한 터라 감히 불교에 관한 어떤 것도 말할 수 없지만, 산속 깊이 자리하고 있는 산사에서 참선을 한다는 것 자체가 수신修身인 듯하다.

일행을 따라 사찰을 빠져나와 승암교를 거쳐 사찰 입구까지 내려오는데 좌우로 군식群植된 졸참나무, 굴참나무, 이팝나무, 자작나무, 삼나무, 산벚나무, 단풍나무, 비목 등이 섞여 어우러진 유월의 녹음이 그렇게 싱그러울 수가 없다. 진초록 수림 속에 연록으로 간간히 겹으로 드리워진 색깔이 너무도 아름답다.

언제 개나리가 피고 철쭉꽃이 만발했었는지, 봄은 정말 왔다 간 건지도 모르고 신문 한 페이지도 제대로 못 보는 일상에서 이런 자연 속에 묻히니, 하늘·산·공기·맑은 물 등 모든 자연 자원을 한꺼번에 다 독차지하고 싶어진다. 세상이 어떻게 바뀌고 달라져도 어김없이 철따라 구색 맞춰 제 역할을 다하는 자연이, 하잘것없고 보잘것없는 나에게 웅변雄辯으로 세상 살 방법을 조용히 일러주고 있다.

'이 사람아! 가슴을 펴고 고개를 들어 하늘을 보고, 드넓게 펼쳐진 산

야를 봐라! 그리고 바다와 강의 물을 봐라! 그것들을 바라보며 느끼는 느낌대로 세상을 크고 넓게 살아라.' 라고…….

못 지킨 점심약속

내가 어린 시절에만 해도 겨울이면 얼마나 눈이 많이 오고 바람도 세차게 부는지 무척 춥고 을씨년스러웠다. 그런데 언제부터인지 정확히 말할 수 없지만, 요즈음은 지구 온난화니 뭐니 해서 겨울에도 눈도 그렇게 많이 오지 않고 춥기도 덜하다. 더욱이 그 시절에는 산과 들이 구분할 수 없을 정도로 전국적으로 고르게 많은 눈이 왔었는데 근년에는 눈도 곳에 따라 국지적으로 내리고 양量도 적은 편이다.

2008년 무자년戊子年 설날이 2월7일이었으니까 그날부터 셈하여 꼭 일주일이 되는 2월13일. 며칠 전부터 전국에 강추위가 찾아와 맹위를 떨치더니, 그날도 옛 어릴 적 시절 북풍한설만은 못해도 바람이 매섭고 마른 강추위가 보통이 아니었다. 공무로 인하여 출장계획이 있어 아침 일찍부터 집을 나섰다. 출발한 지 한 5분 남짓이나 되었을까, 아내로부터 휴대폰으로 전화가 왔다. 큰딸의 시모媤母께서 운명하셨다는 소식이었다. 전화를 끊고 큰딸에게 전화했더니, 그냥 말을 잇지 못하고 울먹이는 통에 나도 한참 동안이나 따라 울었다. 슬픈 소식도 소식이지만, 딸과 나는 딸 내외와 관련한 안타까운 말 못할 공감하는 사연이 있기에 설움이 더욱 북받쳐 올랐던 것이다.

가까스로 감정을 가라앉히고 나서 달리는 차창 밖을 보니 세상이 빠르게 스쳐가고 있었다. 산도, 들도, 강江도, 논도, 밭도, 빌딩도, 아파트도, 나무도, 숲도….

마치 한 인생의 삶을 표현하고 상징하는 파노라마를 보는 것 같았다.

'그래, 그렇다. 우리 인생도 저렇게 스치며 지나가는 차창 밖 사물처럼 살같이 빠른 것인데….' 하는 생각을 하면서 지그시 눈을 감았다. 이윽고, 한 두어 시간쯤이나 지났을까, 과천에 있는 정부종합청사의 재정경제부를 방문하여 직무와 관련된 부서의 여러분들을 만나고 나니 점심시간이 다 되었다. 동행한 동료 직원과 함께 식사할 곳을 찾아가고 있는데 또 아내에게서 전화가 왔다.

이번에는 성남에 사는 손윗처남과 처남 댁이 전주에 모셔진 당신네 할아버지, 할머니 성묘 차 내려오는데 점심식사를 같이하기로 약속되어 그런다면서 홍어탕을 먹고 싶어 하니까 잘하는 좋은 곳을 알려달라는 것이었다. 그래서 모처가 괜찮을 것 같으니까 그리로 모시면 좋을 것 같다고 말하고 전화를 끊었다. 내가 전주에 있었으면 점심식사를 같이 할 수 있었을 텐데 그러지 못하는 것이 아쉬웠다. 얼마 후 점심식사를 마친 뒤 식사나 맛있게 잘했는지 궁금한 생각에 아내에게 전화를 했다.

그런데 이게 웬일인가? 수화기를 통하여 흘러나오는 아내의 목소리는 보통 때 전화를 받는 사람의 목소리가 아니었다. 전화가 오니까 수신만 했지 수화의 말은 하지 않고 긴박하고 흥분되고 긴장한 상황을 지휘하듯 말하고 있었다. 순간 놀란 나는 할말을 잃고 아내의 말만 경청하고 있을 수밖에 없었다. 그 순간이 아마 채 1~2분도 되지 안했을 것 같다. 그때서야 아내는 자기가 전화 받은 것을 의식했는지 상황을 설명했다.

처남 내외와 함께 점심 약속이 되어 있던 터라 처남 내외가 우리 집에 들렀다가 아내와 같이 식당으로 가기로 했다는 것이다. 그래서 기다리고 있는데 바로 현관문을 들어오면서 처남이 쓰러지더라는 것이다. 즉시 혈압 강하제를 먹고 응급조치를 하여 119구급차를 불러 병원으로 후송하는 중에 전화를 받았다는 것이었다. 점심식사는커녕 어처구니없는 황당한 일이 벌어진 것이다.

전북대학병원 응급실에서 응급 처치를 받았으나 상당히 어려운 상태여서 곧바로 서울 보훈병원으로 이송하여 그날 밤 11시경에 뇌수술을 받았다. 이튿날 병원을 찾은 그때는 이미 뇌사 상태로 봐야 한다는 의사의 진단 결과가 나온 후였다. 참으로 허망했다.

눈감고 말없이 누워 있는 처남의 모습을 보고 나는 가족들에게 이렇게 말했다. "내가 볼 때는 의식이 있는 것 같다. 우리가 말하는 것 다 듣는 것 같다. 희망을 갖자, 열심히 기도하고 간호하면 될 것 같다." 라고. 그리고, 그로부터 꼭 20일이 되는 날 새벽 4시 30분경 처남이 하나님의 부름을 받아 영면했다는 연락을 받았다.

힘들고, 지겹고, 고통스러웠고, 파란만장했던 이 땅에서의 그의 삶은 이렇게 해서 대단원의 막을 내렸다. 이제는 온갖 괴로움과 고통이 없는 저 세상으로 간 것이다. 인고忍苦의 인생 역정이 종지부를 찍은 것이다.

보통사람들이 다 그러하겠지만, 처남의 일생은 유별났다. 내가 알기로 처남은 고교시절부터인가, 우연히 신장병이 발병했다고 한다. 그 후 별별스런 처방과 치료를 다했고 온갖 단방약單方藥은 다 수소문해서 써봤지만, 치료는커녕 점점 더 악화되어서 그동안 병수발로 상당했다던 가재家財도 다 처분하다시피 하고 가족들도 여간 고생이 아니었다는 것이다.

그럼에도 불구하고 병세는 더욱 악화되어 마침내 신장이식 수술까지 받았으나 수술이 잘못되어 오래 전부터는 일주일에 세번씩 혈액을 투석하면서 살았다. 양 손과 발목의 혈관에 주사바늘 꽂을 자리가 마땅치 않고 혈관이 울퉁불퉁하여 정상이 아니었다. 사정이 이러다 보니 사는 게 사는 것이 아니고 생활이 말이 아니었다.

먹는 음식물도 짠것, 매운것 등 자극적인 것은 절대 안 되고, 활동도 제대로 할 수 없었다. 조금만 걷거나 움직이고 무리하면 다리와 온몸이 퉁퉁 부어오르고 피로가 쌓여 부작용이 이만저만이 아니었다. 그런 그가 쓰러진 그날도 혹한의 강추위 속에 공원묘지 성묘 길에 나선 것이 애초부터 무리였을 생각이 든다. 그렇게 산 삶이 수십 년이다. 그렇게 살아온 처남에게 인생의 황금기가 있었을 리가 없고, 기쁘고, 즐겁고, 행복한 날이 얼마나 있었겠는가.

그래서 친구도 없다. 아니 있었지만 없게 했다. 생각할 수 없고 거들떠볼 수 없었다. 심하게 말하면 친척도 몰라야 했다. 오직 그 자신의 몸 하나만 추스르기도 버거운 삶이었다. 솔직히 말해서 한평생이 한恨 많은 세월이었고, 고통의 세월이었고, 연명延命의 세월이었다.

그런 그의 삶을 감히 누가 안다고 말할 수 없을 것이다. 당해 보지 않고 겪어 보지 않고 어떻게 그가 살아온 역경을 이해할 수 있겠는가? 오직 그 자신만이 알 수 있을 것이다. 그러나 이제 그마저도 묻혀 버렸다. 다 끝났다. 촘촘히 박혀진 그의 고통의 인생역정도 뒤안길로 사라졌다. 투석도 필요 없게 됐다.

짜고 매운 자극적인 음식도 금할 필요도 없다. 혈압, 맥박도 체크 안 해도 된다. 이제는 산 사람들이 정한 의식과 절차에 따라 수순을 밟아야 하는 장례 절차만이 기다리고 있다. 3월 4일 오후, 한양대학병원 장례식장이다. 갑작스레 날씨가 꾸무럭하더니 함박눈이 한참 동안 쏟아졌다. 금방 바깥세상을 하얗게 덮었다. 덮여진 것들은 검은 것도 있고, 파란 것도 있고, 빨갛고 노란 것도 있지만 한 가지 하얀색으로 덮어 버렸다.

'하나님 조화가 이렇다니까.' 란 생각을 하니 마음이 포근히 가라앉는 듯했고, 모든 것이 속절없다는 생각이 들었다. 그것도 모르고 사람이 뭣을 알고 뭣을 할 수 있다고 교만하고 무례하게 사람들 마음대로 뭣을 계획하고 약속한다는 게 우습게 생각된다. 인간사를 주관하고 섭리하는 하나님께 사전에 물어 봐야 하는 것이 옳은 방법이고 최소한의 예의라는 생각이 든다.

적어도 기도라도 해서 알리고 이루어 달라고 간구해야지 왜 사람들 마음대로 주관자에게 허락받지도 않고 당사자들끼리 일방적인 약속이나 계획을 하는가 하는 생각이 든다. 아내와 처남도 결국 자기네들끼리는 약속했지만 약속이행 일보 직전에 영원히 지키지 못할 약속을 하게 된 셈이다. 정말로 인생이 한치 앞을 내다볼 수 없는 것이다. 아내는 예약한 점심식사 예약을 결국 취소하고 말았다.

내일이면 처남은 한줌의 재로 바뀌어 남는다. 그렇게 드라마 같은 한 인생의 막은 끝이 나게 된다. 인생은 무상하고 허무하다는 생각이 가슴 속 깊이 아리게 파고든다.

이색소풍消風

2008년 4월5일 토요일. 한식寒食이자 식목일이다.

한식은 우리나라 명절의 하나로 전래적으로 조상의 산소를 찾아 제사를 지내고 사초莎草하는 등 묘를 돌아보는 날이다.

한편, 이날은 내 기준으로 하면 '한마음회'(우리의 일곱 형제네 가족들의 모임)가 있는 날이다. 한마음회는 20여 년 전부터 매월 첫 번째주 토요일을 모임의 날로 정하여 형제네 가정들이 돌아가면서 주관하여 모임을 가지면서 형제애, 동기애를 돈독히 하고 있는 모임이다.

그런데 한 십여 년 전부터는 식목일에는 이 모임을 가족묘지(전북부안군 동진면 산월리에 있음)를 돌보는 행사로 4월 모임을 대체하기로 의견을 모아 시행하고 있다.

그 이유는, 지금은 아니지만 몇 년 전까지만 해도 식목일이 휴일로 정해져 있어 모이기도 좋고, 묘지의 잡초도 뽑고, 조경수 등 나무도 가꾸고, 잔디도 보식하는 일을 할 수 있기 때문이다.

며칠 전부터 형제 내외들이 전화로 챙겨야 할 연장이나 장비 같은 것을 서로 협의해서 분담하고, 먹을거리로는 누구네 집에서 찌개를 하고, 돼지고기 수육은 넷째네가 하고, 맛깔 나는 햇김치는 원래 음식 솜씨 좋은 둘째네가 하는 게 좋겠다는 등 역할 분담으로 부산을 떤다.

모두들 조금은 들뜬 기분이 된다. 거기엔 그럴 만한 이유가 있다. 매년 이날 산소에서 모이는 행사를 틀에 박히고 재미없는 산 일이나 하는 날로 생각하지 말고 한마음회 회원들이 '소풍가는 날'로 정하였기 때문이다. 그래서 매년 이날은 한마음회 회원들이 소풍 가는 날이 된 것이다.

소풍이라면 예나 지금이나, 어른이나 아이 할 것 없이 기분 좋은날이고 즐거운 날임에는 틀림없다. 거기다가 계절적으로도 진달래, 개나리 등 봄꽃들이 활짝 피는 봄날 소풍은 충분히 우리의 마음을 흔들고도 남는다. 가족묘지라고 해 봤자 채 백 평도 안 된다.

그렇지만 철쭉, 개나리, 백일홍, 옥향, 황금편백, 주목 등을 조화 있게 심어 놓아서 그런대로 보기 좋다. 묘표墓表도 1994년에 현대문으로 새겨서 누구나 쉽게 읽을 수 있도록 했고, 잔디도 몇 차례 보식을 해서 잡초가 별로 없어 포근한 느낌마저 든다. 작지만 아름답게 잘 가꾸자고 마음먹고 신경 쓰는 편이다.

나는 늘상 이렇게 말한다.

"묘지를 가꾸는 것은 조상님들의 음덕을 기리는 뜻도 있지만, 산 사람 보기 좋으라고 가꾸는 것이다."라고

아름답고 보기 좋게 잘 가꿔야만이 후손들이 찾아보고 싶어질 것이기

때문이다. 오전 열시까지 만나자고 약속된 터라, 늦지 않을 정도로 시간에 맞춰 출발했다. 전주에서는 둘째 동생네가 어머니를 모시고 오기로 해서 나는 아내와 둘만 같이 가면 되었다. 아내가 운전을 하기로 해서 옆자리에 앉아 내가 좋아하는 대중가요를 틀어놓고 차창 밖으로 스쳐 지나가는 들녘을 멍청히 한동안 바라보고 있었다. 여러 가지 상념들이 떠올랐다. 봄날이면 뒷동산에 올라 친구들과 뒤엉켜 뛰어놀던 시절, 해 긴 봄날에 찐 고구마로 끼니를 때우던 일, 함께 자란 친구들의 모습 등…….

그때도 개나리와 철쭉, 할미꽃들이 피었었는데 그것들을 바라보는 사람들은 그때 그 사람들이 아니다는 생각을 하니 인생이 새삼스럽게 허무하고 쓸쓸해졌다. 그런저런 생각을 하며 물끄러미 스치는 들판을 바라보고 있는데 아내가 말을 건넨다.

"소진이 결혼식 때 입을 한복을 양쪽 집 모두 집에 있는 것으로 입을 요량인데, 그쪽 집에 확실히 해둬야겠어."

잘 입지도 않는데 겉치레로 서로 돈만 낭비하지 말고 실속 있게 하자는 뜻이다.

"그것, 이미 다 그렇게 하자고 얘기 된 거잖아?"

"그래도 확실히 해야지. 차질이 생기면 오해가 있을 수 있으니까."

혼사라는 게 챙겨야 할 예의도 많고 조심스런 점도 많아서 염려 끝에 하는 말일 것이다.

그 외에도 큰딸 소연이 문제랄지, 나의 얼마 남지 않은 공직생활의 마무리 문제랄지, 이런저런 세상 이야기를 하는 동안, 차는 어느새 부안군 동진면에 있는 동진초등학교 모퉁이를 돌아가고 있다. 6년간 이

학교를 다녔다. 집에서 여기까지 3km도 채 안 된다. 그런데 어릴 적 그 시절에는 그렇게도 멀게 느껴졌는지 모른다. 물론 도로포장은 될 리가 없고, 군데군데에 푹 파인 웅덩이가 많아서 어쩌다 비라도 오는 날이면 심란했었다.

생각해 보면, 나는 이 학교에서 꿈과 희망을 키웠다. 유달리 꿈도 많았고, 해보고 싶은 것도 많았다. 지금은 학생수가 60~70명 정도라고 들었다. 격세지감을 느낀다. 언제나 고향만 오려고 하면 마음이 포근히 좋아진다. 오늘도 마찬가지다. 특별히 반겨줄 사람도 없다. 정든 고향이지만 정들었던 사람들은 많지 않다. 그냥 막연히 혼자 마음이 좋다

고향 산월리, 뒷동산 언덕배기에 우뚝 서 있는 산월교회.

그 교회에 딱 접해서 우리 가족묘지가 있다. 도착하고 보니 우리가 제일 먼저 왔다. 아내와 나는 묘지로 갔다. 언제나처럼 묘지에 오면 약속한 듯이 아버지 묘 앞에 서서 기도를 드렸다. 눈 감으니까 아버지 모습이 보였다. 금이빨 사알짝 보이게 비시시 웃으시는 모습이 보였다. 생전의 모습이다. 보고 싶었다. 눈가에 이슬이 맺혀 왔다. 진한 아버지 냄새도 나는 것 같았다. 기도를 마치고 아내와 나는 묘지를 한바퀴 둘러봤다. 묘지 둘레에 빵 돌아 심어 놓은 철쭉이 많이 죽어 있었다. 간혹 고사된 것이 눈에 띄었다. 어찌된 일인지 원인을 모르겠다. 이 다음에 보식해야할 것 같았다.

다른 나무들은 대체로 잘 자라고 있었다. 묘지 바닥이랑 봉분은 비교적 잔디가 잘 자라서 잡초가 그렇게 많지는 않았다. 이윽고 셋째네, 다섯째네, 넷째네가 차례로 도착했다. 가볍게 인사를 나눈 뒤 각자 도구를 챙겨서 잡초를 뽑고 전지를 한다. 남자들은 잡초제거와 전지, 꺾꽂이

등을 부지런히 하고, 여자 동서들은 대개 한군데 내지는 가깝게 거리를 두고 풀을 뽑으며 그동안 밀린 얘기를 한다. 그래서인지 풀 뽑는 것은 건성(?)인 것 같고 세상사는 얘기며, 아들딸들 얘기, 자기네들 남편 흉보는 얘기가 더 우선인 듯 하다. 그런 제수들을 보는 게 싫지 않다. 기분이 좋다. 모습이 아름답다. 그러면서 '그렇다. 내가 바라는 형제의 삶이 바로 이것이야!'라고 되뇌인다.

'돈 많으면 뭐하냐, 많이 배우면 뭐 하냐, 이것이 인생이고, 이것이 뿌듯하고 살찌는 아름다운 삶이지.' 아니나 다를까 한 삼사십 분이나 됐을까. 여자들은 점심 준비 해야겠다고 손을 털고 일어선다.

나는 '산소 일 하러 간다는 명분만 내걸었지, 언제는 풀 뽑으러 왔냐? 진짜 목적은 소풍온 거지!'라고 속으로 말하고 모르는 체했다.

준비해온 음식을 잔디위에 깐 깔판지에 놓으려니까 간이 천막이 있었으면 좋겠다고 제안했더니 금방 부안 읍내에 나가 사 오자고 한다. 차제에 준비하는 것도 좋다고들 했다.

태수, 경수가 곧바로 읍내로 나갔다. 넷째 동생네의 음식 솜씨는 우리 집안에서 정평이 나 있는데 오늘이 마침 넷째네 차례라 정말 잘된 일이다. 생김치, 미나리무침, 돼지고기 수육에 새우젓갈, 묵은 김치, 황태콩나물국 등 진수성찬이고 맛깔스럽다. 준비하느라 새벽부터 넷째네 내외가 애썼다고 했다. 다들 모였다. 그렇지 않아도 야외에 나가 하는 식사는 원래 맛있게 마련인데 먹음직스럽고 맛깔스런 반찬은 산해진미와 비교되지 않았다. 정말 맛있었다.

다들 기분이 좋은 듯 했다. 식사가 거의 끝나갈 무렵 간이천막이 도착했다. 즉시 조립해서 펼쳤다. 금방 멋있는 팬션(pension)(?)이 하나 생겼다. 어찌나 마음이 뿌듯하고 기분이 좋은지, 나는 이때다 하고 중대(?) 발표를 했다.

"빨리 끝내고 군산에 모두 같이 가자. 해산물 시장에 가서 내가 간단한 반찬거리라도 한 가지 집집마다 사줄게."

그랬더니 때마침 주꾸미 축제 기간이라는 것이다. 그래서 혼잡할 거라고 했다. 어느 정도 산일을 마무리 하고 나니 오후 3시가 조금 넘었다. 나는 '내가 선도하겠다.'고 하면서 차를 부안읍내 해산물 시장으로 몰았다. 비싼 것은 아니지만, 그곳에서 찬거리 한 봉투씩을 제수씨들 손에 들려주었다.

다들 기분이 좋은가 보다. 아무 말도 안했는데 모두 다 군산으로 가자는 것이다. 학수네가 하는 건재사로 다시 모였다. 소원이 엄마가 영업상 참석 못했었던 참이라 우리에게는 미안한 생각이고, 우리는 얼굴도 못 봤으니 서운한 생각이 맞아 떨어진 것이다.

마침 일거리가 생겨 모두가 달려들어 한참 동안 일을 마치고 어차피 늦었으니 저녁 식사까지 하고 헤어지자고 했다. 이왕이면, 산월리 고향에서 함께 살았던 고향사람이 하는 식당으로 가자는 것이다.

이동하는 식구가 2개 분대는 족히 된다. 저녁 식사는 학수네 경수네가 샀다. 결국 전주사람들은 밤 10시가 넘어서야 도착했다. 아침부터 기다려지고 설레더니 하루 종일 어찌나 기분 좋고 잘 먹고 행복했는지 모른다. 날마다 이런 소풍이나 다녔으면 좋겠다고 생각했다.

그런데 한 가지 분명한 것은 이런 소풍을 우리가 만들었다는 것이고, 앞으로도 얼마든지 이 이상의 소풍도 만들 수 있다는 가능성을 보았다는 것이다.

제4부

왜 이 지경이 되었는가

놀아도 월급 주는 직장

정부 산하기관이라 함은 정부조직 밑에 정부에서 해야 할 일을 위임·위탁받아 수행하기 위하여 설치한 기구로써 일정한 조직과 구성원을 갖춘 기관이다. 따라서 법률에 근거하여 설치되고 정부의 감시와 관리감독을 받는다. 이른바 '정부 산하기관 관리 기본법', '정부 투자기관 관리 기본법', '민영화법'에 따라 정부가 직접 관리·감독하도록 되어 있다.

우리나라에는 2006년 9월 현재 108개의 정부 산하기관이 있다고 한다. 이들 기관에서 근무하는 직원 수는 2005년 말 현재 11만 2,247명이고, 이들에게 지급되는 총 인건비는 연간 5조 6,706억 원이라고 한다.

정부 산하기관 가운데, 가장 많은 인건비를 지출한 곳은 KOTRA로 1인당 연평균 8,877만 원이었고 이어서 한국증권 선물거래소 8,833만 원, 사립학교 교직원 연금관리공단 7,930만 원, 한국인터넷진흥원 7,497

만 원 순이었다고 한다.

또 기관장 연봉은 한국주택금융공사가 4억 2,532만 원으로 가장 많았고 이어 신용보증기금 3억 9,654만 원, 한국증권선물거래소 3억 6,000만 원, 기술신용보증기금 3억5,786만 원, 한국가스안전공사 3억3,567만 원 순이었다. 직원 1인당 월평균 인건비는 421만 원이었는데 5인 이상 일반사업장의 240만 원에 비하여 181만 원(75%)이나 많은 것이고, 500인 이상 사업장의 354만 원 보다는 67만 원(18%)이 많은 것이다.

직장은 각 직장별로 존재의 이유와 목적이 있다. 그러므로 거기에서 일하는 사람들은 그 직장이 존재하는 공통의 목적을 달성하여야 하고, 그에 상응하는 보수를 받아야 한다. 또 공·사기업을 망라하고 정부투자기관 등 산하기관을 포함해서 모두 합리적인 경영은 필수적이다. 경영이란, 어떤 조직이든 그 나름대로의 방침이나 목적을 정하고 이를 실천하기 위하여 연구하고 일을 하는 것을 말하고, 조직에 따라서는 이익이 나도록 조직을 운영하는 것을 말한다.

그런데 우리나라 정부 산하기관의 실태를 보면 직장의 설립목적을 모두 다 충족하는 경영 최상위(?)의 직장이고, 꿈(?)의 직장인 것 같다. 또 근무하는 직원의 입장에서 보면, 푹신한 돈방석 의자에서 큰 걱정 없이 일하는 신선(?)의 직장인 듯싶다.

그 이유는 앞에서 언급한 인건비의 지급 통계에서도 짐작이 가지만, 2007년 6월 21일자 동아일보의 보도를 보면 알 수 있다. 보도내용에 따르면, 감사원은 2006년 3월부터 정부 산하기관 95개에 대한 '경영혁신 추진실태'감사를 벌였다고 한다. 그 결과 직원의 18%가 출근하지도 않고 월급(기본급의 75%)만 받는 사례 등 공공기관의 방만한 경영 실태가 드러났다고 한다. 감독 주무 관청의 승인 없이 편법으로 직원들의 인건비를 인상하기도 하고, 인건비 예산을 국회로부터 승인받은 후에 실행예산을 편성하면서는 승인받은 예산외에 추가로 인상분 예산을 주무 부처에 요구하였는데 주무 부처는 이런 내용을 모르고 승인했다고도 한다.

또한 기관 자체적으로 비자금을 조성하여 노조 집행부 등에 향응을 제공하거나 회사 간부의 개인 용도로 사용하기도 했다. 한편, 업무량을 분석해 볼 때 필요가 없거나 해외 주재원만으로도 충분히 감당할 수 있는 지역에 해외 지사를 설립한 사례도 있었으며, 어떤 기관에서는 국회의원, 사장 등 간부들이 지인들에게서 청탁을 받고 형식적인 인사위원회의 절차를 거쳐 신규채용한 일이 있고, 1급 승진 대상자가 심사위원으로 참여해 자신을 1급으로 승진시킨 웃지 못할 사례도 있었다. 또 기관 내에 직급별 정원 규정을 두지 않은 채 직원들을 과다승진시켰다. 거기다가 공기업의 평균 경영실적이 1년 전보다 거의 나아진 게 없음에도 기관별로 기본급의 200~500%를 성과급으로 지급하고 있는 것으로 나타났다.

이와 같은 사례는 한마디로 총체적인 부실이다. 만약 이러한 경우가 어느 한 개인의 일이라면 이렇게 되었을까.

지난날, 우리가 귀가 따갑게 들어왔던 의식에 관한 문제다. 그 중에서도 주인의식의 결여를 꼽지 않을 수 없다. 개인, 즉 나의 일이라면 이러한 결과가 나올 수 있었을까? 물론 아닐 것이다. 처음부터 나 개인의 일이라면, 별도의 조직(기관)을 설치해야 할 것인가부터 검토하게 될 것이다. 기존의 기구 개편이나 구조조정으로는 불가능한가를 신중히 따져볼 것이고, 합리적인 경영관리를 위해서 정원의 조정, 인건비의 기준 없는 인상, 하부조직의 필요성 등을 엄격히 따지고 고민하게 될 것이다. 왜냐하면 그렇게 하지 않으면 죽느냐, 사느냐와 직결되고, 흥망이 결정되고, 성패가 좌우되기 때문이다. 따라서 이렇게 중요한 문제를 별 고민 없이 결정하고 집행한다는 것 자체가 내 것이 아니라 남의 것이고, 나랏것이다는 의식 때문임에 틀림없다.

모두가 다 '내 것이고 내 일이다' 라는 주인정신, 주인의식이 투철하다면 이런 일은 벌어질 수가 없다고 본다. 만약에 사기업이라면 가능하기나 한 일인가 말이다. 아무 일도 하지 않고 집에서 놀아도 액수가 얼마든지 간에 월급을 줄 수 있겠는가 근로의 대가와 능력이 실제 산출로 얼마의 플러스로 연결되는가를 구체적으로 검토하지 않고 인건비를 맘대로 인상시켜 주겠는가, 적정인원 수를 직급별로 정하지 않고 과다 승진시키고, 엄격하게 심사하여 승진자를 결정하지 않고 승진대상자가 스스로 승진심사자로 참여하여 자신이 승진하는 일이 있겠는가 말이다.

기가 막히고 한심해서 말이 나오질 않는다. 공직자이건 공인이건, 회사원이건 할 것 없이 모두 다 사람이다. 우선 인간이면 누구나 양심이 있다.

사람마다 다른 사람 다 속여도 자신의 양심을 속일 수는 없다. 다른 사람은 다 몰라도 자기 자신은 자기가 안다. 아니, 정도도 유분수지 정말 이럴 수 있는가, 있는 사람의 한자리 술값도 못되는 돈으로 몇 식구가 한 달을 근근이 사는 사람들이 얼마나 많은데…….

정말 이래도 되는 것인가 묻고 싶다. 인간으로서 최소한의 양심도 없는 것이다. 내 돈이 아니고 나랏돈이니까, 내 일이 아니고 나랏일이니까, 그렇게 해도 되는 것인가.

답답하고 착잡하다.

정부는 정부 산하기관의 이 같은 방만하고 부당한 예산집행을 막기 위해 예산을 부당하게 잘못 집행한 기관에 대해서는 내년부터 예산 삭감을 추진하기로 했다지만, 아무리 좋은 제도와 장치가 마련된다 해도, 이를 지키고 운영하는 사람들의 의식이 바로서지 않고는 성과를 달성하기 힘들다고 본다. '내 일, 내 것'이라는 애착과 열정을 가지고 일하면서 세상을 살아갈 때 비로소 사회 각 분야에서 불미스럽고 부당한 일들이 발생하지 않을 것이다. 작은 나라 코리아지만, 국제사회에서 우리나라의 위상은 결코 작은 나라가 아니다.

특히, 우리의 교육수준은 그 중에서도 제일이다. 교육은 실천이 전제되어야 산교육이고 생활 현장에서 실천이 담보되지 않는 교육은 죽은 교육이다. 교육 강국 코리아의 국민답게 모든 분야에서의 의식도 선진강국 수준이어야 한다. 국가일도 내 일이고, 사회일도 내 일이고, 이웃의 일도 내 일이고, 직장의 일도 내 일이다는 주인의식은 아무리 강조해도 지나치지 않을 것 같다. 항상 가슴에 양손을 얹고 양심을 점검하는 삶을 살았으면 좋겠다.

코앞만 생각해서야

옛말에 도둑 한 사람을, 지키는 열 사람이 못 당해낸다는 말이 있다. 요즘 들어 새삼스럽게 그 말이 새로워진다. 감사부서에 근무하면서 어떻게 하면 감사수요가 줄어들 수 있을까 하고 많은 생각을 하는 때가 한두 번이 아니다. 물론 인구가 증가하고 도시화 · 공업화가 가속되면서 사회 전분야에 걸쳐 각종 기능이 복잡하고 세분화되어 감사수요는 증가할 수밖에 없다고 생각되지만 감사의 적출사례를 볼 때 아직도 비슷한 내용이 반복, 지적된다는 점에서 아쉬운 마음이 있다.

예를 들면 부실공사의 사례가 그것이다. 이 문제는 감사원에서 올해를 부실공사 근절을 위한 원년의 해로 정하고, 이의 예방과 대책에 온 힘을 기울이고 있는 줄로 안다. 건축 현장에 사용되는 레미콘을 시공의 편의만을 위해 추가로 물을 섞어 사용하는 사례, 물과 시멘트 비율을

측정하는 슬럼프테스트(Slump test)에서 불합격되어 반품된 것을 다른 현장에 사용하는 사례, 또한 콘크리트 속에다 각종 이물질의 혼입, 눈에 보이지 않는 지하매설물의 적당한 시공 사례들을 보면서 실로 한심하기 그지없다. 다른 공사현장에서도 비슷한 사례가 많다. 그렇다면 과연 이러한 일들은 왜 근절되지 않는가, 또 그 원인은 무엇이며, 어떻게 대처해야 할 것인가 하는 걱정과 함께 착잡한 마음을 금할 길 없다.

여기서 우리는 '감사'하면 감사전담기관이나 부서의 고유한 업무인 것처럼 생각하기 쉽고, 또 거의 무감각적으로 그렇게 인식하고 있는 게 일반적인 경향인 것 같다. 그런데 이러한 사고의 관행도 다시 한번 음미하고 재고해야 할 문제로 지적할 수 있다. 즉 우리 모두가 감사인이 되어야 한다는 것이다. 더욱이 공직자로서는 꼭 필요한 사고의 전환이라 하겠다.

이와 같은 문제에 대한 몇 가지 소견을 피력하고자 한다.

그 첫째는 의식의 대전환이다.

과거의 인식, 관행, 관습, 전통, 경험 등에서 과감히 고정관념을 탈피하여야 한다. 이를 위해서는 시대적, 역사적 현실과 미래의 밝고 아름다운 비전(vision)을 창조하는 마음으로 우리 모두가 스스로 깨어지고, 쪼개어지는 아픔을 감수하여야 할 것이다.

예를 들면 미국이나 일본 등지의 외국에서는 공공시설인 보도나 공중변소 바닥 등의 커브 부분에 대한 블럭포설, 타일붙임을 위하여 엄지손톱만큼을 커브 모양대로 잘라서 시공하는 세심함과 느긋한 여유가 있다. 그러한 완벽에 가까운 시공의 경우를 보면서, 왜 우리는 그렇게 못하는가를 생각해 봤다. 여러 가지 이유도 있고 또한 개선방법도 있지만 결론은 국민 모두의 새로운 인식과 함께 의식의 전환 없이는 결코 시정되지 않겠다는 생각을 하게 된다.

원도급자, 하도급자, 현장소장 등의 각급 시공(책임)자가 있지만 실제로 어떤 공사의 조형물들은 각종 기능공들과 인부들의 손을 통해서 비로소 최종적으로 만들어지고 완성된다는 것을 생각할 때, 이들 각급 시공책임자들이 과거의 타성적 잘못된 구태를 철저히 바꾸지 않는 한 작은 일인 것 같지만 각종 건설공사의 건실한 시공은 기대할 수 없을 것이다.

따라서 모두가 '할 수 있다', 아니 '해야 한다' 는 비장한 각오와 다짐을 전제로 한 우리들의 의식이 대대적으로 전환되지 않으면 안된다. 정말 이대로 가다간 '내 것이 아니니까', '내가 살지 않을 것이니까'라는 생각으로 적당히 시공한 아파트에 바로 자기 자신이 살고, 우리가 살아야 할 판이다. 얼마나 불안하고 위험한 그리고 어처구니없는 자가당착自家撞着인가 말이다.

둘째는 제도적 장치의 마련과 개선이 뒤따라야 한다.

보도나 변소바닥의 커브구간 시공을 위하여 손톱만큼이나 작은 타일을 오리듯 잘라 붙이는 것은 미국인이나 일본인이나 한국인이나 모두 다 할 수 있다. 문제는 그렇게 작업할 수 있는 시간과 경비에 대한 보전과 보장이 있어야 한다. 또한 그렇게 시공하여야 한다는 국민적 정서가 필요하다. 지금과 같은 우리의 사회적 제도와 체제하에서는 시정되기 어렵다는 생각이 든다. 만약에 블럭과 타일붙임 기능공이 커브 모양에 따라 타일을 일삼아 자르고 있다면, 우선 그 기능공의 작업광경을 보고 도급회사는 과연 잘한다고 칭찬하고 격려할 것인가 하는 회의와 함께 국민의 눈에는 어떤 모습으로 비춰질 것인가를 묻고 싶은 것이다. 물론 반드시 그렇게 비효율적인 작업을 해야 하는가라는 생각을 하게 될 것이다.

우리는 여기서 필연적인 모순을 발견하게 된다. 건실하고 아름다운 시공결과를 기대하면서도 그에 필요한 시간과 경비는 아까워하고 인색하다는 것이다.

"공든 탑이 무너지랴."라는 속담이 있다. 공을 들이려면 천천히 조심스럽게 정성을 쏟아야 한다. 그러기 위해서는 시간과 기술과 자금이 투자되지 않으면 안된다. 따라서 기능공이 이와 같은 사회적, 정신적 부담을 떨쳐버리고 소신껏 일할 수 있도록 각종 관계법령의 제(개)정 등 제도적 장치의 마련으로 작업환경을 보장하여야 할 것이다.

최근 들어 관련부처에서 이에 대한 노력이 강화되고 있는 일은 매우 고무적인 현상이다. 예를 들면 국민일보 '94. 6. 8자 보도내용에 따르면, 감사원이 지난 '86년부터 지난해 6월까지 공공공사에 대한 감사를 실시한 결과 총 3천6백57건 중 40.9%인 1천4백94건이 설계 부적정으로 나타난 데 대한 보도가 있었다. 그런데 설계(용역)부실에 대해서는 제재규정이 없다는 것이다.

이에 대해서 동아일보 '94. 6.16자 보도를 보면 건설부에서 앞으로 부실설계업자에 대해서는 재무부 등 관계부처와 협의하여 입찰제한 등의 제재를 한다는 방침을 정했다고 한다. 이와 같이 어떤 문제를 인식하면 그 원인을 면밀히 파악하여 그에 대한 대책을 제도적으로 신속히 보완, 개선해 나가야 할 것이다.

셋째는 문제의 새로운 인식과 국민적 합의가 있어야 한다.

현재 일선행정기관(특히, 도·시·군)에 근무하는 감독자의 실태를 예로 살펴보면, 감독자 거의 대부분이 기본적으로 주어진 일상업무 외에 공사 현장을 많게는 보통 3~4개소씩 맡고 있는 게 현실이다. 이와 같은 상황하에서는 철저한 감독기능의 수행은 물론 체재감독 등은 엄두도 못 낼 역부족인 것이다. 극단적으로 말하면 이런 경우 감독은 그 공사현장에 대하여 가끔씩 들르는 손님(?)에 불과할지도 모른다. 그럼에도 지금까지 우리는 이에 대한 새로운 인식 없이 '어쩔 수 없는 사정과 형편'이라고만 생각하고 무감각해 있다는 실정이다. 그러나 따지고 보면 매우 심각하고 중요한 일이 아닐 수 없다.

따라서 철저한 감시감독 체계를 위해서 감독자(관서)의 직무여건과 환경을 직시하고, 실질적이고 효율적인 감독이 이루어지도록 이 분야에 대한 새로운 인식과 함께 전담 감리감독제도의 발전방향도 병행해서 모색되어야 할 것이다.

한편, 국가의 백년대계와 우리 민족의 자존심을 걸고 다시금 우리 사회에서 부실이라는 단어를 되새기지 않도록 발주관서나 시공자는 물론, 이를 지켜보는 국민 모두가 자성해야 할 것이다. 지금은 당장 불편하고 어렵더라도 기필코 해내야겠다는 국민적 합의와 각오가 혁신적으로 조성되어질 때 마침내 이 땅에서 부실, 인재, 대형안전사고 같은 것이 사라질 것으로 믿는다.

복권福券인지 화권禍券인지

우리나라에서 복권福券 즉 복표福票가 발행된 지도 이십 년이 더 되는가 보다. 처음 발행 당시만 해도 국민 모두가 큰 기대로 들떠 있지도 않았고 관심도 적었던 것으로 기억된다. 그것은 한낱 '재수보기' '혹시나?' 하는 장난 내지 심심풀이 정도로나 여겼기 때문이다. 복권 한 장쯤 사는 정도가 사회적 문제로까지는 비화되지도 않았고, 반응도 별로였던 것으로 안다.

그런데 요즘은 정말 장난이 아니다. 그 종류도 무척 많아졌으며, 당첨금도 파격적이고 놀랄 지경이다. 몇 억도 아니고 아예 몇 십억, 몇 백억이다. 발매 금액도 백원, 천원 단위가 아니고 발매기관도 다양해져 이제 정부도 나섰다.

아예 복권수익으로 국가나 지방자치단체에서 수익사업을 하고 있을 정도다. 복표의 규모가 커지고 종류가 다양해지다 보니까. 이와 관련된 비리와 스캔들의 연결고리들도 심심찮게 드러나고 있다.

2002년도에 대통령의 아들이 연루됐다는 체육복표(스포츠토토) 사건 같은 경우가 바로 그것이다. 문제가 된 스포츠토토처럼 국가나 지방자치단체, 공공기관 등이 위탁 발매하는 복표도 계속 늘어나고 있으며, 이 같은 증가 추세는 그 규모를 확대하면서 지속될 것으로 보인다. 종류도 많지만 당첨의 유형도 가지가지다. 추첨식, 당첨식, 즉석식이 있다. 카지노, 경마, 경륜장의 승마나 승자투표권도 결국 기본적으로는 복표와 마찬가지다. 복표의 기원을 보면, 고대 로마시대로 거슬러 올라간다. 복표의 대명사처럼 세계적으로 통용되는 토토칼쵸(totocalcio)는 1960년에 로마올림픽의 재원 마련을 위해 이탈리아 정부가 발행한 것이 그 효시라고 한다. 이탈리아어로 '토토'는 도박을, '칼쵸'는 축구를 뜻하므로, 토토칼쵸는 곧 축구경기 도박이란 뜻이다. 그런 맥락에서 '스포츠토토'도 스포츠도박이라는 뜻을 외국어로 표기한 외래어라고 할 수 있다. 하여간 여러 가지 명분과 명목으로 재원조달을 위해 발행되는 복표의 수가 참 많아진 것만은 사실이다.

참고로, 현재 우리나라에서 발매되고 있는 복표의 종류를 살펴보면 대략 주택복권, 더블복권, 스포츠복권, 플러스복권, 찬스복권, 자치복권, 기술복권, 체육복권, 복지복권, 관광복권, 기업복권, 스피드플러스복권, 녹색복권, 로또복권, 스포츠토토복권 등이 있다.

정부 입장에서 보면, 강제성을 띠는 조세나 부담료, 부과금 등과는 다르게 복표는 구입자의 자유의사에 따라 판매하므로 전혀 저항이 있을 수 없다. 국가예산 확보와 안정적 재원마련을 위해 고민해야 하는 정부로써는 아주 쉽고 편하게 국가재정을 확충할 수 있기 때문에 복표 발행은 요긴하고 매력적인 방편일 수 있다. 그렇지만 복표 발행을 통한 재원조달은 행정편의주의에 입각한 정말로 무책임한 발상이며, 궁극적으로는 사회 전반에 미치는 악영향과 부정적 측면을 간과한 안일한 정책이고 수단이다.

자유의사에 의해 구입하는 것이므로 살 의사가 없고, 형편이 안 되면 안 사면 그만이지 않느냐고 할지 모르지만, 환상적이고 달콤한 엄청난 금액의 당첨금 유혹은 사람의 사행심을 자극하기에 충분해서, 모든 사람이 한번쯤은 기웃거려 보려고 하고 관심을 가지려고 하는 게 사실이다. 바로 이러한 인간의 심리구조를 잘 파악하고 이용하려는 것이 복표제도인 것이다. 따라서 우선 국민계층 중 저소득층일수록 복표 구입에 지출하는 금액이 자신의 소득 중 차지하는 비중이 높다고 한다.

왜냐하면 '어쩌다 잘되면 팔자가 늘어질 판'이라는 기대심리가 있기 때문에 별다른 노력이나 큰 투자 없이 일확천금의 기회를 얻고자 함이다. 이것이 곧 사행심인 것이다. 그러나 알다시피 당첨은 꿈같은 것이고 확률은 요원한 것이 사실이다. 그런 줄 알면서도 행운의 여신이 자기 손을 들어줄 것만 같은 것이 각 사람의 심리인 것이다. 이런 차원에서 보면 저소득층의 복표 구입은 오히려 소득분배를 악화시킬 수 있다.

일반적으로 투자라는 것은 위험(risk) 부담에 비례해서 기대수익률이 증가하는 게 사실이지만, 복표구입은 위험도는 높은 반면 수익률은 낮아서 평균적으로 볼 때 자본의 손실을 가져오는 불합리한 투자며 불공정한 게임일 수 있다.

이러한 사실을 알면서도 복표를 구입하는 것은 '내가 구입하는 것은 꼭 당첨될 거야.'라는 자기 자신의 당첨적중 확률을 스스로 과대평가하는 이른바 '도박근성' 같은 것이 있기 때문일 것이다.

복표를 구입하는 또 다른 이유는 복표를 구입하고 나서 구입자 스스로가 당첨에 적중될 것인지 아닌지를 기다리는 동안의 막연한 긍정적 기대심리와 긴장감을 갖기 위해, 또는 당첨에 적중했을 때의 성취감, 만족감, 희열 같은 것을 만끽하기 위함일 것이다.

이러한 복표가 갖는 특성 때문에 복표발행은 일반 국민의 건전한 근로의욕을 저해하고 사행심을 부추기는 작용을 한다. 특히, 스포츠 복표는 젊은이들 층에서 많이 구입하기 때문에 이러한 부작용이 더 심각하다.

마하트마 간디는 '일곱 가지 사회악' 가운데 '일하지 않고 축적한 부富'를 지적했다. 한창 땀 흘려 열심히 일하고, 근로의 건전함과 신성함을 체험하고 근로의 기쁨과 보람을 찾아야 할 젊은이들에게 정부가 쉽고 편하고 요행한 방법으로 들뜨게 하는 복표를 발행해서 사회악을 조장해서야 되겠는가 하는 생각이다. 정부가 나서서 앞장서야 할 바람직한 일도 가치도 아니다. 발매 수익의 쓰임새가 정당하다고 해서 재원을 마련하는 모순된 방법이 정당화되고 합리화 될 수는 없다.

또, 선진국을 비롯한 많은 나라에서 보편화 되었다고 해서 덩달아 무조건 따라하지 않고, 자위하지도 말았으면 좋겠다. 돈은 반드시 근로의 대가로 벌어야 가치가 있고 소중하다. 아껴 쓰고 헤프게 쓰지 않는다. 또한 부(富)는 정당하게 축적되어야 보람 있고 인정받는다. 정당한 부는 존중되어야 한다. 개인의 부나 국가의 자본과 재원조성도 모두가 정당해야 되고 건전해야 함은 너무나 당연하다.

국가의 먼 미래를 보자. 장래 지금의 젊은이들이 국가를 경영하고 사회를 이끌어갈 주인공들이란 걸 명심하자. 당장 코앞의 문제 해결에만 집착하지 말자. 보이는 것과 보이지 않는 것이 뭣이고, 가시적으로 나타나는 물리적인 것과 지표만을 생각하지 말자. 지금은 눈에 보이지 않고, 겉으로 드러나지 않으나 속으로 썩어져가고 병들어가는 암적인 요소가 있다면 정말 큰일이 아니겠는가?

젊은 계층이 사행심으로 만연되어 있다면 얼마나 큰 사회악이고 병폐인가 말이다. 공공사업의 재원이 필요하다면 정당한 예산으로 시행해야 한다고 본다. 그런데 심지어 복권 수익을 예산 이외의 수익으로까지 생각하는가 하면, 예상치 못한 수익이 별도로 불거진 것 같은 수익으로 생각하는 경향도 있어 안타까움과 함께 한심한 생각마저 든다.

지금 시점에서 오늘 한 마리의 양을 잃을지라도 먼 훗날 기름지고 살진 황소를 얻을 수 있는 방법이 뭣인지를 생각해 봤으면 한다.

인간생명의 보루다

인간의 존엄성과 삶에 대한 가치도 결국은 생명이 존속될 때 의미가 있다. 생명 존재는 안전이 확보되고 보장될 때 가능할 것이다. 다시 말해서 모든 재난과 위험으로부터 안전하고 자유로울 수 있을 때, 우리의 생명이 안전하게 지켜지고 존속되어 존엄성과 가치를 발할 수 있게 되는 것이다.

또한, 안전은 자신은 물론 사람들의 생명과 삶, 재산까지도 지켜준다는 사실을 명심해야 할 것이다. 그런 의미에서 나 하나의 작은 안전의식 · 안전의 생활화가 다른 사람의 생명과 재산을 소중히 여기는, 즉 남을 배려하는 조용한 공동체 삶의 실천이 되는 것이다.

이와 같이 더불어 사는 사회의 일원으로서 겸허한 마음으로 생활 속에 잠재해 있는 위험요인을 찾아 차분히 대처하는 노력과 실천이 선행

될 때 우리의 안전문화는 뿌리를 내리게 될 것이다.

언제부터인가 우리는 매사를 대충대충 처리하려는 적당주의와 나만은, 나 하나 정도는 괜찮겠지 하는 안전에 대한 안일한 타성이 몸에 배어 있는 게 사실이다. 그 원인이 무엇이든지 간에 이러한 우리의 생활태도는 그때마다 엄청난 재난을 불러왔음을 잘 알고 있다.

안전사고가 있을 때마다 번번이 원인을 규명하고 대책을 세우지만 얼마간의 시간이 지나면 해이해지고 느슨해져 또다시 엄청난 재난을 초래하는 누를 되풀이하고 있는 것이다. 평소 일상생활에서 늘 점검하고, 확인하고, 생각했다면 막을 수 있었던 것을 부주의하여 실로 어처구니 없고 안타까운 결과를 초래하는 것이다.

우리 생활 주변의 안전사고 위험요소는 주요 관광지, 경기장, 터미널, 백화점, 관광숙박업소, 호텔, 온천지, 음식점, 주유시설 등 실로 헤아릴 수 없이 많다. 주변 생활환경이 모두 다 대상일 수 있다.

우리 사회의 안전불감증은 일상적인 삶의 패턴에 기인한 구조적인 측면도 있지만, 그보다 정신적 측면인 안전의식의 결여와 지나친 방심에서 비롯된 경우가 훨씬 더 많다. 평소 조금만 신경쓰고 관심을 기울였다면 그와 같은 엄청난 결과를 가져오지 않았을 것이라는 데 우리는 견해를 같이한다.

따라서 최근 들어 안전에 대한 사회 전반적인 관심과 함께 안전의식의 확산과 안전의 생활화가 그 어느 때보다도 절실히 요구되고 있다. 왜냐하면 불의의 사고야말로 우리 모두에게 불시에 다가와 우리를 파멸과 불행의 늪으로 몰아넣기 때문이다.

또한, 어느 누구도 각종 재난으로부터 예외일 수 없고 자유로울 수 없는 것이 엄연한 현실이기 때문이다. 그러나 사고는 예측할 수 없다지만, 우리가 슬기롭게 대처한다면 사전에 예방할 수 있고, 설령 사고가 발생한다 하더라도 그 피해를 최소화할 수는 있다.

그러므로 무엇보다도 안전에 대한 의식이 사회 전반에 확산되어 뿌리내리는 것이 중요하고, 일상생활의 패턴이 안전을 먼저 생각하고 실천하는 "안전제일주의"로 변화되는 것이 시급한 실정이다.

안전한 사회환경 조성이란, 사회구성원 각자가 수행하는 업무영역에서 위험요인을 사전에 모두 찾아내어 대처할 수 있는 안전지식과 기능을 가지고 안전을 중시하는 것이 체질화되어 있음은 물론 항상 안전생활을 실천하는 것을 말한다.

이같은 환경 조성은, 자신은 물론 다른 사람과 이웃의 생명과 재산을 소중히 여기고 배려하는 마음에서 출발한다. 겸허한 마음을 가지고 사회 구석구석에 잠재되어 있는 위험요소를 찾아 대처하겠다는 의지와 노력에서 비롯된다고 하겠다.

아울러 안전의 중요성이 정치·경제상황에 따라 좌지우지되거나 소홀히 되어서는 안될 것이다. 평소 안전사고에 대하여 책임의식을 가지고 정해진 규정이나 규칙을 지키지 않으면 더 큰 손해가 있다는 것을 절실히 깨닫고 항상 긴장한 가운데 실천에 옮겨야 할 것이다.

이제 안전에 대한 중요성, 방심하고 소홀히 한 안전관리의 결과로 빚어지는 폐해, 평소 우리의 안전의식의 실태 등에 대하여는 새삼스레 거론할 필요조차 없을 정도로 우리 모두가 너무나 잘 알고 있으므로 지금 우리에게는 오직 유비무환有備無患의 자세로 안전의 생활화를 통한 실천만이 필요한 때이다.

안전은 한나라의 근간이며 대외적으로 국가 신인도 문제이고 나아가 일류국가의 최우선적 과제로 대두되고 있다.

'안전'은 더 이상 낭비와 거추장스러운 게 될 수 없고, 바로 '안전' 그 자체가 우리의 '생명'이라는 절박한 심정으로 우리 생활의 최우선적 이슈가 되어 생활의 한가운데에 중심으로 자리매김되어야 한다.

안전에 관한 각종 규정 준수는 눈에 보이는 손실(loss)이 아니라 보이지 않는 더 큰 보탬(Premium)이 된다는 사실을 깨닫고, 나아가서는 국가의 수준을 가늠하는 척도가 된다는 사실을 명심하여 '견소리대사불성見小利大事不成'하는 자세로 일상의 매사에 안전의식을 갖고 임해야 할 것이다.

안전이 확보되지 못하면 우리의 삶 자체가 위협받고 불안한 삶을 영위할 수밖에 없다. 왜냐하면, 안전, 그것은 인간 생명의 보루堡壘이고 보장保障이기 때문이다.

참 말만 하면서 살 수 없을까

'참말'의 사전적 의미는 "사실에 조금도 틀림이 없는 올바른 말. 정말. 진담"이다. 참말과 반대되는 '거짓말'은 "사실과 다르게 꾸며서 하는 말. 가언假言. 망어妄語. 허언虛言"이라고 씌어 있다. 거짓말에도 정도가 높은 새빨간 거짓말이 있다. 전혀 터무니없고 얼토당토않는 거짓말을 표현하는 말이다. 우리말이 참 재미있는 표현이 많지만 거짓말을 미화(?)한 말까지 있어 묘한 느낌마저 든다. 속담에 "거짓말도 잘 만하면 논 닷 마지기보다 낫다."라는 말이 있다. 이 말은 거짓말도 잘하면 처세處世에 도움이 된다는 뜻일 것이다. 어떻게 생각하면 세상 살아가는 데에는 거짓말도 필요하다는 말로 들린다. 외람될지 모르나 우리 민족의 정서에서 생겨난 말인가 하여 양심적으로 부끄러운 생각도 든다. 그러나 거짓말을 하는 것은 우리 민족만이 아니고 어쩌면 지구상에 살아가는 모든 민족의 속성일 수 있다.

거짓말 잘하는 사람 중에 히틀러의 거짓말은 역사적으로 아주 유명하다. 그는 바바리아 주州의 관헌 당국자들에게 소동을 일으키지 않겠다고 약속하고 나서 곧바로 소동을 일으켰고, 그가 구성한 최초의 내각을 절대로 개편하지 않겠다고 약속하고는 얼마 안 되어 내각을 개편했다.

무한한 그리고 무소불위의 권력을 휘두른 아돌프 히틀러. 1889년에서 1945년까지 세계 제2차대전을 일으킨 장본인. 그는 전쟁기간 중에 수많은 무고한 유태인들을 아우슈비츠 수용소와 같은 강제 수용소와 가스실에서 처참하게 학살하여 인류 역사상 가장 잔인한 사람 중의 하나로 남아 있다.

그가 거짓말에 능숙했다는 사실은 시사하는 바가 크다.

다름 아닌 '권력과 거짓말에는 어떤 상관관계가 있는 것일까.' 하는 것이다. 정치적으로 안정된 나라의 정치인들이나 관료들은 거짓말을 못한다. 사회 전반적으로 거짓말이 통하지 않는 시스템과 정서가 잘 갖춰지고 확산·보편화 되었다는 의미이다. 만약 거짓말을 했다가는 그날로 매장되고 만다. 미국이나 영국과 같은 나라를 대표적인 예로 들 수 있다.

일찍이 미국에서는 워터게이트 사건 때 거짓말이 들통나 대통령이 쫓겨난 일도 있었다. 성추문 청문회에서 클린턴 대통령은 숨기려들지 않고 솔직히 인정했다. 그러자 미국 국민들은 용서한 바 있다. "거짓말은 눈덩이 같아, 오랫동안 굴리면 굴릴수록 커진다." 라고 M.루터가 말한 바 있다. 거짓말의 속성을 잘 나타내는 말이다. 이렇듯 거짓말은 심각한 문제와 파장을 불러일으킬 수 있다. 애초에 거짓말의 시작은 큰 의미나 책임없이 출발되었지만, 사안에 따라서는 엄청난 사회문제와 폐해를 가져올 수 있다는 점에서 미치는 영향이 크다. 거짓말을 못하게 하는 제도적 장치도 나라마다 마련하고 있다. 우리나라에서도 과거에는 들어보지도 못했던 '청문회'제도랄지, 위증을 하지 못하게 하는 선언적 '서약'제도 같은 것이 그것이다. 이와 관련된 제도(法)를 위반하면 위증의 처벌을 받도록 하고 있어 인간의 양심과 사실에 입각한 참 말을 법으로 강제하고 있는 것이다.

이러한 제도로 인하여 옛날에는 상상도 못했던 대통령도 국회나 법정에서 선서하고 신문하는 시대가 되었다. 그뿐 아니라, 내로라하는 정·관계의 인사들도 이따금씩 거짓말 때문에 곤혹을 치르는 모습을 볼 수 있다. 거짓말로 인하여 불거지는 사안 때마다 단골처럼 따라다니는 말이 있다.

'축소, 은폐, 짜 맞추기, 조작, 대질…….' 대략 이런 용어들이다. 요즘은 이런 용어들이 언론에 보도되는 일이 예사롭게 여겨지기까지 하는 세태가 된 것 같다. 아예 거짓말이 상습(?)이고 보편화(?)된 대수롭지 않은 것으로 느껴지는 불감不感현상 같다.

우리나라 권력자들의 거짓말의 본거지는 수사기관인 것 같은 생각이 들 정도로 도가 지나친 면이 있다. 우리나라에서 대표하는 수사기관은 검찰과 경찰이라고 할 수 있다.

과거에 우리는 검찰을 뭐라고 불렀던가, 다 그런 것은 아니지만 일부 언론이나 여론은 '권력의 시녀侍女'라고 부른 지가 오래 전 일이다.

과거 검찰이 그럴 수밖에 없었던 시대적 배경과 정치 환경을 감안하지 않고 수사기관의 결과적 행태만을 비난해서는 안 된다. 공정하고 공평하게 잘해 보려는 대다수의 노력에도 불구하고 좋지 않은 닉네임(nick name)을 달아야 하는가 하는 불만도 있음을 동시에 인정하여야 하고, 말 못하고 속으로 삭혀야 하는 그들의 고민도 알아야 한다.

거짓말 때문에 온 나라가 뒤집히듯 한때 시끄러운 때가 있었다. 1999년말경의 일이다. 소위 '옷로비 사건'수사다. 호피 무늬 반코트를 산 것인지, 뇌물로 받았는지 하는 것을 놓고 한 거짓말이 나라를 발칵 뒤집어 놓았다. 수사기관들의 축소, 은폐, 짜 맞추기라는 여론이 비등했다. 그러다 보니 국민들의 의혹은 더 커지고, 수사에 대한 신뢰가 떨어질 수밖에 없었다. 당초부터 수사기관에서 명명백백하게 수사내용을 국민 앞에 밝혔더라면 그런 상황으로 치닫지는 않았을 것이다. 검찰의 오명을 씻고 체면을 세우는 계기가 되었을 판이다.

그러나 그런 기회를 놓쳤다. 매우 안타까운 일이다. '검찰이 바로 서야 나라가 바로 선다.'는 사실은 더 이상 설명할 필요가 없이 너무도 당연한 말이다.

유전무죄有錢無罪 무전유죄無錢有罪라는 말도 공공연히 쓰인다. 건성으로 알아듣지 말았으면 좋겠다. 권력 있고, 돈 있고, 연줄 있는 사람들에게 약한 모습을 보이는 행태가 있어서는 안 될 것이다. 모두 거짓말 판이 문제다.

수사기관인 검찰은 법과 정의를 실현하는 임무를 가지고 있다. 공정하고 공평하게 권한이 행사되어야 하고 임무를 수행하여야 한다. 정의를 실현하고 구현하는 최일선의 선봉장이 되어야 한다.

진실을 말하지 않고 거짓을 말했을 때 얼마나 큰 문제를 야기하는가는 재론의 여지가 없다.

거짓말에도 종류가 있고 질이 있고 정도가 있다. 세상 살아가면서 경우에 따라서는 거짓을 말해야 하는 때가 있는 게 사실이다. 그러나 그런 경우는 우리의 정서상 관습처럼 다 이해되고 수긍할 수 있는 경우이어야 한다.

솔직히 말해서 사람마다 거짓말을 안해 본 사람이 어디 있겠는가. 누구나 할 것 없이 거짓말 경험이 없다고는 볼 수 없다. 그러나, 거짓말도 가려서 해야 하고, 유익한 거짓말을 해야 한다.

그보다 더 좋은 것은 거짓말을 않는 것이다. 참말만 할 수 있는 경우만 있었으면 좋겠고 참 말만 할 수 있는 사회가 되었으면 좋겠다. 우리말에 '거짓말도 하면 할수록 는다.'라는 말이 있다. 버릇되고, 보편화되고, 일상화될 수 있다는 말이다. 가정에서, 학교에서, 직장에서, 사회에서, 거짓말을 안 하고 참말만 하면서 살 수는 없을까, 고민하고 노력하자. 그래서 진리와 정의가 살아 숨쉬는 아름다운 사회를 만들어 보자.

그 속에서 묻어나는 공정과 공평의 끈끈한 사람냄새를 맡으며 살자.

왜 이 지경이 되었는가

새로운 천년이 시작된다고 해서 뉴 밀레니엄(New millenium)이니 뭐니 하면서 한때 모든 게 새로워지고 다 좋아지는 줄로 알고 벅찬 기대와 감격으로 들떠서 야단법석이었던 때가 엊그제인 것 같다.

올해가 2002년이니까 새로운 천년이 시작된 지 2년째다. 좋은 일만 있을 줄 알았던 새로운 천년의 시작이 사회적으로 멍들고 있지나 않은지 답답하다.

최근 우리 사회에 만연되고 있는 총체적 사회악과 비리, 부정적 행태를 보면 도저히 참을 수 없는 분이 끓어 오른다. 지난 6월, 경기도 분당에서 발생한 모 유명대학 교수와 그의 노모에 대한 살해사건은 도덕적 해이와 반윤리적 사회현상의 극치라 할 수밖에 없다. 이들 모자의 살해사건의 진범은 대학 휴학생인, 피살된 교수의 아들인 것으로 밝혀졌다.

이런 충격 말고 더 큰 충격이 있겠는가? 경찰은 아버지와 할머니를 흉기로 찔러 살해한 뒤 불을 지른 혐의로 S대 3년 휴학중인 이 모(23세)씨에 대하여 구속영장을 신청했다고 밝혔다.

경찰의 발표에 따르면, 이 씨는 지난 6월 10일 오전 3시 30분쯤, 성남시 분당구 서현동 W아파트인 자신의 집에서 스키 폴대 끝에 흉기 2개를 끈으로 묶은 뒤 안방에서 자고 있던 아버지(48세, K대 교수)의 가슴을 5~6차례 찔러 숨지게 했고, 이 교수의 신음소리를 듣고 건넌방에서 잠자다 나온 이 씨의 할머니(73세, 유치원 원장)가 소리를 지르자 할머니의 왼쪽 가슴을 한 차례 찔러 살해했다고 한다.

그리고 이 씨는 범행을 저지른 후 범행 흔적을 은폐할 목적으로 당일 오후 1시쯤 아버지의 승용차를 운전하여 서울 송파구 일대 주유소 3곳을 돌아다니며 휘발유 3 *l* 를 구입한 후 아버지와 할머니의 시체와 집안에 휘발유를 뿌린 뒤 불을 질렀다고 한다. 또한 범행에 사용한 흉기 등을 스키용품 가방에 담아 집 근처 야산에 묻은 뒤 서울 강남에 사는 친구 집으로 몸을 피했다고 한다. 이것이 경찰이 발표한 엽기적인 사건의 전말이다. 온몸에 소스라치는 경련이 일고, 실로 경악을 금치 못할 사건이었다.

이렇게 참혹하고 처참한 일도 있는가, 너무나 어처구니없고 허탈하기 그지없다. 범인 이씨는 "명문대를 졸업한 아버지의 권위적인 엘리트 의식과 독선적인 행동에 평소 반감을 갖고 있었다. 올 초부터 아버지를 죽이려 했었다."라고 말했다고 한다. 그는 국내에서 검정고시를 통해 고등학교 졸업 학력인정을 받은 뒤 캐나다로 유학해서 그곳 전문대를 다니다가 지난 2000년에 국내 S대에 특례 입학하여 현재 휴학 중으로

6월 20일에 군대에 입대할 예정이었다. 또 이 씨의 어머니(46세)는 지난해 12월부터 둘째아들과 딸의 유학 뒷바라지를 위해 미국에 머물고 있는 것으로 알려졌다.

나는 소설 속이나 공상영화 속에서도 볼 수 없고 상상할 수도 없는 현실의 엽기적인 이 사건을 접하면서 무엇을 어디서부터 어떻게 말해야 할지 도무지 말문이 열리지 않는다.

이 씨는 범행을 위해 스키 폴대에 흉기 2개를 끈으로 묶었다. 그것은 자기가 자기 아버지를 살해하기 위한 도구인데 어떻게 그렇게 태연하게 준비를 할 수 있단 말인가. 정말 어디까지가 인간의 이성이 작용하는 것인지 보통사람으로는 이해할 수가 없다.

아버지와 할머니를 자기 손으로 살해한 후 날이 새는 7~8시간 동안 멀쩡한 정신으로 휘발유를 구입할 수 있었다는 것과 범행 도구를 챙겨 야산에 묻고 천연덕스럽게 친구 집으로 피신해 있었다는 것도 도저히 납득하기 어렵다.

보통 사람이라면 그 지경에 그렇게 태연한 행동을 할 수 있을까? 도저히 믿기 어려운 일이다. 정신이 돌아버리고, 미치광이가 되어야 마땅한데 어떻게 그런 짓을 하고 다닐 수가 있을까 안 믿어진다.

아버지의 권위적, 독선적 행동에 반감을 갖게 되어 살해 결심을 했다는데, 이 또한 부모 자식간에 그런 감정이 생겼다는 것 자체가 문제가 된다. 아버지와 아들의 관계를 떠나 독립된 개개인의 인격의 차이가 골 깊은 상처가 되어 마침내 천륜까지도 저버리는 끔찍한 결과를 초래한 것으로 보아진다.

외부에 알려진 바 대로라면, 이 가정은 확실히 우리 사회에서 상류층에 속하는 엘리트인 것 같다. 흔히 우리 사회에 비쳐지는 외형적인 모습이 이 정도면 누구나 부러운 상류층으로 분류하는 데 주저함이 없을 듯 싶다.

73세의 할머니가 노령임에도 유치원 원장을 하고 48세인 아버지는 명문대를 졸업하고 지성의 전당인 대학의 교수이다. 범행을 저지른 이씨도 검정고시로 고교 과정을 마치고 외국 유학 후 명문대에 특례 입학할 정도면 머리 좋고, 공부 잘하는 대학생이다. 또 둘째아들과 딸은 현재 미국에서 유학중이다. 이쯤 되면 충분히 세인의 부러움을 사고도 남는다. 그렇다면 이렇게 내로라하는 가정이고 가족이며, 모두 머리 좋고 잘 배웠는데 왜 이런 끔찍한 파멸에 이르게 되었는가 생각해 볼 일이다.

한마디로 말해서 나는 이렇게 생각한다. '이 교수의 가정은 가정과 가족은 있으되 가정교육은 없다.'라고. 물론 왜 가정교육이 없었겠는가마는 진정 도덕과 윤리에 입각한 기본적인 가정교육의 부재不在와 잘못된 교육 방법이었다고 생각한다.

'극도로 출세 지향적인 면만 강조한 나머지 인간의 기초적이고 기본적인 가치관과 전통적인 가정과 가족간의 도덕과 윤리는 등한시 한 게 아닌가.' 하고. 또 개인적인 인격 교육에는 시대에 뒤떨어지는 권위적으로 접근했다고 보아진다.

권위는 모든 사람에게 확보되어야 하지만, 권위적이어서는 절대로 안 된다. 자칫 엘리트 의식이 권위적인 작위나 무작위를 낳고, 때로는 사회에 크나큰 부작용으로 나타나는 병리현상을 불러옴을 인식해야 한다. 또한 권위는 실력과 능력을 바탕으로 인격을 통하여 확보하여야 하는 것이지 물리적 · 외형적 요소만으로는 권위가 확보되는 것이 아님을 알아야 한다. 진정 내실 있는 실력과 능력, 덕목들이 한데 어울려 밖으로 표출되는 권위야말로 존경받을만 하고 존중되어야 한다고 믿는다.

우리 사회가 이처럼 가정교육의 부재나 왜곡된 가정교육으로 말미암아 얼마나 알게 모르게 병들어가고 있으며, 피폐해지는지를 심각하게 고민해야 할 때라고 생각한다.

비단 이번 사건에서 뿐만 아니라 이와 유사한 사건 · 사고들을 심심찮게 목격한다. 그럴 때마다 결손가정, 왜곡된 가정교육이 언제나 그 뒤에 자리하고 있었음을 발견한다. 하루속히 바로 서야 하고 바로잡아야 한다. 올바른 가정교육 없이 건강한 가정이 있을 수 없고, 건강한 가정 없이 건전한 사회가 있을 수 없다.

신체가 멍들고 병들어 갈 때 나라 발전은 기대할 수 없다. 새로운 천년을 시작하는 뉴밀레니엄 글로벌 시대의 세계 속에 우뚝 솟은 대한민국의 미래는 보장될 수 없을 것이다. 경제적으로 풍요롭고 물질문명이 아무리 발달한다고 해도 인간 본연의 마음이 피폐해지고 썩어진다면 경제고 물질문명이고 모두 다 무의미함을 깨달아야 한다. 국가적으로 범정부적으로 건강한 가정과 건전한 사회 만들기에 최우선적인 힘을 쏟아야 할 때라고 본다. 또 국민 모두가 이 같은 일이 남의 일이 아니고 내일일 수 있음을 같이 인식하고 솔선하고 앞장서서 실천해야 할 일이다.

가정교육이 잘못되어 자녀를 잘못 키우면 훗날 그 자녀가 무서운 독(?)이고 악(?)일 수 있음을 이번 사건을 통하여 절실히 깨달았으면 좋겠다.

황금족·특금층

무심코 모 중앙 일간지를 집어든 게 화근이었다. 별 생각 없이 신문 기사를 뒤적이다가 '특금층 실체를 벗긴다'라는 제하題下의 기획취재 계획을 발견한 덕분에 3일 동안 연재한 내용을 읽었다. 기사를 다 읽고 난 후 나는 한참 동안 얼빠진 사람처럼 멍하니 하늘을 보았다. 눈의 동공은 초점을 잃은 채 넋을 잃었다.

글 쓸 생각은 애초에 없었지만 내 마음이 스스로를 용서하지 못하고 펜을 잡게 한다. 물론 글의 내용은 대부분 기사 내용에 의존할 판이다.

글을 쓰고 말할 가치가 있겠느냐는 생각도 들었지만, 혹시 이 글을 읽는 독자들에게라도 고발하고 싶은 심정이고, 글을 통해서나마 실상을 알리고, 미약하나마 계몽하고 싶은 소망이 있다.

특금층特金層이란 말은 물론 사전을 찾으면 나오지 않는 편의적 신조

어다. 이른바 돈에 대하여 특권적 계층을 빗대어 하는 말이라 생각된다. 최근 우리 사회에 일부이긴 하지만 새로운 계층이 생겨난 것이다. 이름하여 돈에서 자유로운 사람들이다.

누구나 돈이 많기를 원하는 것은 아무도 부인할 수 없다. 그러나 모두가 원하는 바이지만 돈은 결코 쉽게 가질 수 없다. 더군다나 부족함이 없을 정도로 갖는다는 것은 현실적으로 얼마나 힘들고 어려운 일인가.

그런데 그런 돈을 정말 물 쓰듯 하고, 가치도 없고, 기준도 없이 마구 쓰며, 만사를 해결할 수 있다고 생각하는 사람들이 있다. 어디서 났는지 모르지만 헤아릴 수 없는 돈으로 온갖 향락과 특권을 누리고 있다는 것이다. 심지어 돈으로 권력과 명예도 살 수 있고, 사회적 여론과 국가의 시책도 만들고 바꿀 수 있다고 생각하고 있는 사람들이다. 정말 얼마나 경악스럽고 무서운 일인지 모른다. 자칫하면 나라의 장래나 민족의 운명까지도 이들에 의해서 훼손되거나 결정될지도 모르기 때문이다. IMF이후 우리 사회에 중산층이 무너지고 빈부의 양극화가 심해지는 참에 이들이야말로 "IMF여 영원히!"를 외치며 성실한 사람과 정직한 노동의 가치를 비웃고 있다는 것이다. IMF 때 우리 국민은 장롱 속에 소중하게 간직했던 금·보석을 내다 팔거나 뭇 지어 모아서 무너진 나라 살림을 염려하고 일으키려고 함께 노력했다. 그럼에도 불구하고 우리 사회 한구석에 이런 부류가 있다니 얼마나 허망하고 힘 빠지는 말인가?

울분이 일고 노기가 솟아나지만 참고 실태를 좀 들여다보자.

현금만 4,000만 원 정도 들어간다는 돈 가방을 매고 다니는 사람, 최고급 외제 승용차 트렁크 안에 돈이 든 상자를 싣고 다니는 사람, 하루 저녁 술값으로 즉석에서 2,000만 원을 지불하는 사람, 하루도 안 빠지고 술집을 다니는 사람, 어떤 정치인의 아들이라는 사람은 한 달에 한 번쯤 일본으로 원정 향락을 간다는데 보통 100만 엔을 갖고 금요일 오후 일본으로 가서 2박3일 간 도쿄東京, 신주쿠新宿등 술집에서 즐긴다고 한다.

어떤 지방 모텔 대표 아들은 재규어, 캐딜락, 로터스 등 8대의 자동차와 요트 등을 갖고 있는데, 고등학교를 여덟 번이나 바꾸었지만 결국 졸업하지 못하고 미국으로 유학했으나 거기서도 졸업을 못했다고 한다.

유산을 상속받은 후 호텔이사로 있는데, 과시하기를 좋아하고 또, 호텔 레스토랑에서 300만 원짜리 레드와인을 마시는 등…….

이밖에도 많은 유형의 특금층들이 있는 듯하다. 특금층! 들어보지도 못한 말이지만 돈으로 세상사를 맘대로 좌지우지하려는 이들을 일컫는 이름이다.

당사자들이 들을 때는 불쾌하고 언짢을지 모르나 분명히 틀린 이름은 아니다. 이들의 이름을 또 다른 다양한 이름으로 바꿔 부르는 말도 있다. 뒤가 밝히는 수표나 카드보다 현금을 선호하고, 썼다 하면 뭉텅뭉텅 집어서 뿌리기 때문에 붙여진 '캐쉬(cash)족', 등에 지는 백 속에 현금을 넣고 다닌다고 해서 붙여진 '백패커(back packer)', IMF로 엄청난 환차익과 이자 소득으로 돈벼락을 맞은 일부 부유층이 고급 룸살롱에서 '이대로'를 외치며 술을 마셨다는데서 유래했다는 '이대로족'등이 그것이다.

특금층! 즉, 황금족은 또 그들만의 별천지인 황금족 아지트가 있다. 그들만의 성城, 그들만의 공간을 갖고 있다. 멤버십 형태의 카페, 술집, 헬스클럽, 놀이공간으로써의 아지트, 자신들만의 별장에서 웅크린채 바깥세상과 자신들의 문화를 구별짓는다.

이들은 또 그들만의 자격(?)요건을 갖춰야 한다. 특금층끼리 서로를 알아보고 동류의식을 느끼게 하는 카테고리와 기본이 엄존한다. 우선 복장으로 남성의 경우 조르지오 아르마니의 아르마니슈트가 가장 인기라고 한다(조르지오 아르마니가 어떤 상품인가를 알아보려고 사전을 검색했으나 알 수 없었고 정장슈트로 유명하다는 것을 알았음) 가격은 200~300만 원 정도, 여성은 프라다, 지아니베르사체, 제나보스 등을 입어야 하고, 시계는 필립파텍, 피아제, 카르티에를 차야 하며, 신발도 발리나 테스토니 정도는 신어야 하고, 여성은 프라다 숄더백을 어깨에 걸쳐야 한단다.

그야말로 머리끝에서 발끝까지 호화상태로 무장한 특금층 황금족은 퓨전 푸드(fusion food)로 배를 채운다고 한다. 서양음식을 비롯한 중식, 일식에 고추장 등 한국재료를 가미해 먹는 무국적 음식이다. 팁 문화도 저녁 한 끼 먹으면서도 기분만 좋으면 5~10만 원씩을 뿌린다고 한다.

특금층은 '90년대 초 10대 후반에서 20대 초반의 거품경기에 편승해 철없는 심정으로 사치 향락에 빠졌던 '오렌지족'과는 다르다. 특금층은 20대 후반에서 30대 후반으로 사치 향락을 삶의 양식으로 받아들인 사람들이다. 치외법권(?)지역에서 살면서 국내·외를 가리지 않고 언제나 최고의 대우를 돈으로 사서 받고 있는 셈이다. 정당하지 못하고 천박한 기형적 자본주의가 유래를 찾아보기 어려운 특수계층을 우리나라에 등장시키고 있다.

벌지 않고도 그야말로 물 쓰듯 돈을 쓰는 사람들, 직업을 가진 적도 없고, 사업도 하지 않는데 샘솟듯 계속 돈이 생기는 사람들, 돈을 버는 일에서는 자유롭고, 돈을 쓰는 데에서는 더더욱 자유로운 돈의 특권층이 형성되고 있는 것이다.

돈을 갖고 있는 것이 부러움의 대상이 될지언정 비난의 대상이 돼서는 안 될 일이며 돈 가진 사람들이 마음대로 돈을 쓰는 것은 완전한 개인의 자유일 것이다. 돈쓰는 자유가 없는 사회는 자유민주주의가 아니다. 그러나 돈을 버는 방법은 정당해야 하고 합법적이어야 한다.

또한 돈을 쓰는데도 도덕적이고 윤리적이어야 함은 민주시민의 양식이고 최소한의 양심이어야 하며 가치를 부여할 줄 알아야 할 것이다.

써도 써도 표 나지 않게 많은 돈을 갖고 있는 사람들, 수천만 원이든 배낭을 매고 유흥가와 호화 사치업소를 누비면서 정말 미친 듯이 돈을 쓰면서 타락의 극치를 보이는 젊은이들이 있는 한 분명히 우리 사회가 썩어가고 있다는 심각한 징조임에 틀림없다.

돈이면 다 된다는 믿음을 갖고, 어떤 규율과 질서도 돈으로 유린할 수 있다는 신념을 갖고 사는 사람들이 비록 많지는 않다고 할지 몰라도 그 생각의 뿌리가 상당히 깊게 뻗어나가 사회 곳곳에 독소로 스며들고 있다.

아들이 돈 많은 아버지를 죽이고, 어머니를 토막살인 하는 패륜범들, 보험금을 노리고 남편이 아내를, 아내가 남편을 죽이고, 지존파, 막가파가 나타난 지 오래다.

특금층의 잘못된 생각과 행태를 뿌리 뽑지 않으면 자본주의 시장경제는 건전하게 발전할 수 없으며 밝고 명랑하며 질서 있는 건전사회는 조성되지 못한다. 또한 권력도 명예도 지위도 국가시책도 제도도 돈이면 다 좌지우지할 수 있다고 믿고 있는 이들이 있는 한 그리고 이들의 세력이 확산되는 한 진정한 자유민주주의도 불가능할 것이다. 하루빨리 과거 성장위주의 우리 경제 발전과정에서 파생된 부패와 특혜의 산물인 이 같은 천민적 자본주의를 벗어나서 공평하고 공정한, 그래서 건강하고 살맛나고 일할 맛 나는 사회가 이룩되었으면 한다.

늘어진 개 팔자라더니

2002년 7월 31일자 대한매일신문 31면에 보도된 내용을 보면서 별의별 생각이 다 들었다.

보도내용에 따르면, 서울 강남구 역삼동에 '프티페티'라는 '애견유치원'이 국내 최초로 문을 열어 눈길을 끌고 있다는 것이다. 문을 연 기존의 애견카페나 호텔, 훈련소 등 일시적으로 머무르게 하는 시설과는 사뭇 다르다고 한다.

유치원 측에 따르면 각 가정의 '원견(園犬 : 유치원 다니는 개)'들을 매일매일 스쿨버스에 태워 안전하게 등·하교 시켜주고, 유치원에서 정한 유니폼과 빨간색 스카프를 머리에 묶고 이름표도 달아준다고 한다. 유치원의 입학조건도 상당히 까다로워서 각종 바이러스와 홍역 등의 예방접종은 물론 면역검사를 필한 증명서를 제출하여야 한다. 오전 9시부터 오후 5시까지 이뤄지는 유치원수업은 크게 3가지. 애견용 음악을 감상(?)하고, 동물이 주인공으로 등장하는 비디오를 시청(?)하며, '앉아!' '일어서!' 등의 명령어에 따라 행동하게 하는 훈련을 받으며 자율학습 시간도 주어진다고 한다. 개 주인들은 자기 개의 생활태도와 수업성적을 기록한 '생활기록표(?)'도 매달 받아볼 수 있으며 4개월 과정을 마치면 수료증(?)도 준단다.

한달 수업료는 25만 원이고 '훈련'수업을 받으려면 추가로 10만원을 더 내야 한다. 현재 네 마리의 견공犬公이 원견이 되어 유치원에 다니고 있고, 이들 고객 견공의 주인들은 모두 서울 강남 사람들이라고 한다. 유치원 측 홍보담당 이사의 말에 의하면 견공들의 유치원 입학 문의전화가 하루에 2~3통씩 걸려온다면서 애견유치원 개원의 이유를 이렇게 말했다고 한다. "맞벌이 부부의 증가로 낮 시간 동안 집에서 외톨이로 지내다 우울증과 스트레스를 겪는 애완견들의 사교성을 키워주기 위해 유치원을 개설했다."라고….

여기까지가 보도내용의 전말이다. 분명한 것은 이것은 세계적으로 경제 대국인 미국이나 유럽의 선진국가의 얘기가 아니고 대한민국 서울 강남의 얘기라는 것이다. 기사 내용을 읽으면서 너무나 기가 막히고 가관이었다. 오·육십년대의 '보릿고개'가 지금도 생생하고, IMF구제금융 신청으로 금융위기를 맞은 지가 몇 년이나 됐다고, 국민소득 수준이 어느 정도인데, 온 가족이 쪽방살이 하는 사람도 있는데, 견공의 한 달 교육비만큼도 안 되는 생활비로 한 달을 사는 사람들이 있는데, 그나마 집도 절도 없어 오갈 데 없이 길거리로 나앉은 사람들이 또 얼마나 많은데…….

솔직히 너무나 착잡하고 답답했다. 물론 자본주의 사회에서 가진 자는 가진 자의 마음대로 돈을 쓸 수 있다. 또 가진 자를 대상으로 돈벌이를 할 수 있다. 그러나 우리 인간에게서 도덕과 양심이 없다면, 다른 동물과 다를 바 없을 것이다.

윤리와 도덕과 양심이 없는 사회는 한마디로 아수라장이고, 무법천지이고, 아비규환일 것이다. 사람에게서 이 같은 의식과 양식이 없다면 스스로 인간이기를 포기하는 것이고, 존재의 가치와 의미를 잃는 것이 아니겠는가.

올해로 쉰다섯인 내가 겪었던 유·소년기 시절의 어려움은 비단 나만의 어려운 가정형편 얘기가 아니다. 그 무렵을 살아온 오·육십대 이상의 비슷한 세대의 대동소이한 삶의 얘기이다. 잘살고 못사는 상대적 차이는 있었지만 정도의 차이는 개컬간이었다. 대다수 우리 국민은 춘궁기春窮期, 보릿고개에 허기진 배의 허리끈을 졸라매야만 했다. 보리뜨물개떡, 삶은 고구마 한 개에 얼버무린 김치 한 가닥으로 끼니를 때웠고, 심지어는 쌀겨를 볶아 한 움큼씩 쥐어먹고, 송진松津으로 찌든 소나무 속껍질을 벗겨 먹기도 했다.

물론 극단적인 예일 수도 있다. 그러나 당시 나라 형편이 그러했고, 국민들의 삶의 모습이 그러한 절대빈곤의 상황이었다. 지금도 우리에게는 그 시절 보리개떡에 얽힌 정서를 잊을 수가 없다. '천생연분에 보리개떡'이란 말이 있다. 이 말은 비록 보리개떡을 먹을망정 부부의 의좋은 삶을 표현할 때 하는 말이다. 이처럼 우리 민족에게는 아직도 보리개떡에 대한 정서와 추억이 남아있다.

우리 민족의 끈기와 저력은 세계 어느 민족보다 월등하다고 한다. 못

살고 설움 받던 생활을 벗어나려고 그동안 무던히도 모질고 끈질기게 노력했고, 안간힘을 썼다.

쉴 틈 없이 숨 가쁘게 달려오면서 경제발전 5개년 계획을 몇 번씩이나 초과 달성했다. 그 결과, 세계 역사상 그 유래를 찾기 힘든 눈부신 경제발전을 일궈냈다. 참으로 높이 평가받아 마땅한 금자탑을 쌓은 것이다. 얼마나 감사하고 다행한 일인가. 세계 각국에서는 우리의 전략을 벤치마킹하려고 몰려들었고, 발 빠른 나라는 벌써 우리가 시행했던 방법을 그들의 환경에 맞게 접목하여 강력한 드라이브로 우리를 앞질러 무섭게 돌진하고 있다.

요즘 흔히 사용하는 말로 'X시대' 'X세대'라는 말이 있다. 잘은 모르지만 원래 'X'는 수학에서 미지수의 기호로 쓰인다. 따라서 'X'가 갖는 의미는 '불확실' '불명확'이다. 아닌게 아니라 다가올 미래에는 어떤 시대가 도래할 것인지 요즘 세상 돌아가는 것을 보면 예측하기 힘들다. 하지만 우리는 가상의 어떤 시대가 다가온다고 해도 이를 극복해야 할 것이다. 그러기 위해서는 대비와 무장이 필요하다. 조금 형편이 나아졌다고 쓰라린 과거를 잊고 샴페인을 일찍 터트리는 것은 생각해봐야 할 일이다.

미래가 어떠한 상황과 모습으로 우리에게 다가올 것인가도 염두에 두어야 한다. 'X세대'는 정말 의미하고 시사하는 바가 큰 말이다. 불확실, 불명확의 세대라고는 하지만 그것은 분명히 무한한 가능성의 잠재력이 있는 세대이기도 하다는 말이다.

젊은 세대가 주역이 되는 시대는 창의적이고 기발한 아이디어만이 필요할지도 모른다. 살아남느냐, 도태되고 낙오되느냐 하는 심각한 갈

림길의 연장선이 계속되는 미래일 수 있다. 사람마다 취미가 다양해서 요즘은 애완동물이 안 되는 것이 없을 정도다.

얼마 전, 일본을 방문했을 때 우연히 현지 TV에서 예쁜 아가씨가 침실에서 뱀을 애완동물로 기르고 있는 것을 본 일이 있다. 나무랄 수는 없다. 하지만, 왠지 혐오스러워서 떨떠름했던 게 솔직한 심정이었다.

개는 오래 전부터 사람들의 사랑을 받아오면서 사람과 더불어 살아왔다. 영악獰惡하기도 하지만, 워낙 영리하고 눈치 빠르고 총명하기까지 하여 흔히 사람다운 행실을 제대로 못하는 사람을 빗대어 '개만도 못한 사람'이라고 하기도 할 정도였다.

또, 실컷 뭔가를 배부르게 먹고 봄날 따뜻한 양지 쪽에 아무렇게나 축 늘어져 자는 개의 모습을 보면서, 세상 부러울 게 없고, 아무 시름 없이 보인다 하여 '늘어진 개 팔자'라고도 했다.

적절한 표현인지는 모르지만, 대우로 보면 원견보다 못한 사람도 있고, 팔자로 치면 개 팔자보다 못한 팔자를 타고난 사람도 있는 것 같다.

사람은 우선 사람과 더불어 살아야 한다. 사람은 저마다 처지와 형편이 다르다. 사람들 속에서 더불어 살면서 어렵고, 힘들고, 고통 받는 이웃을 의식하지 않고 외면한다면 사람들로부터 비난받고 외면당한다. 약자의 삶을 통하여 묻어나고 새어나오고, 흘러나오는 애환의 소리를 들어야 한다. 뜨겁고 진한 피와 눈물을 보아야 한다. 그래야 진정 삶의 가치와 의미를 알 수 있다. 참된 인생을 살게 되는 것이다.

돈은 비록 사람의 생활을 좀더 편리하고 수준 높게 하는 방편이 될 수는 있을지 몰라도, 그것이 인생의 참의미와 가치를 최고로 높이는 대체일 수는 절대로 없을 것이다.

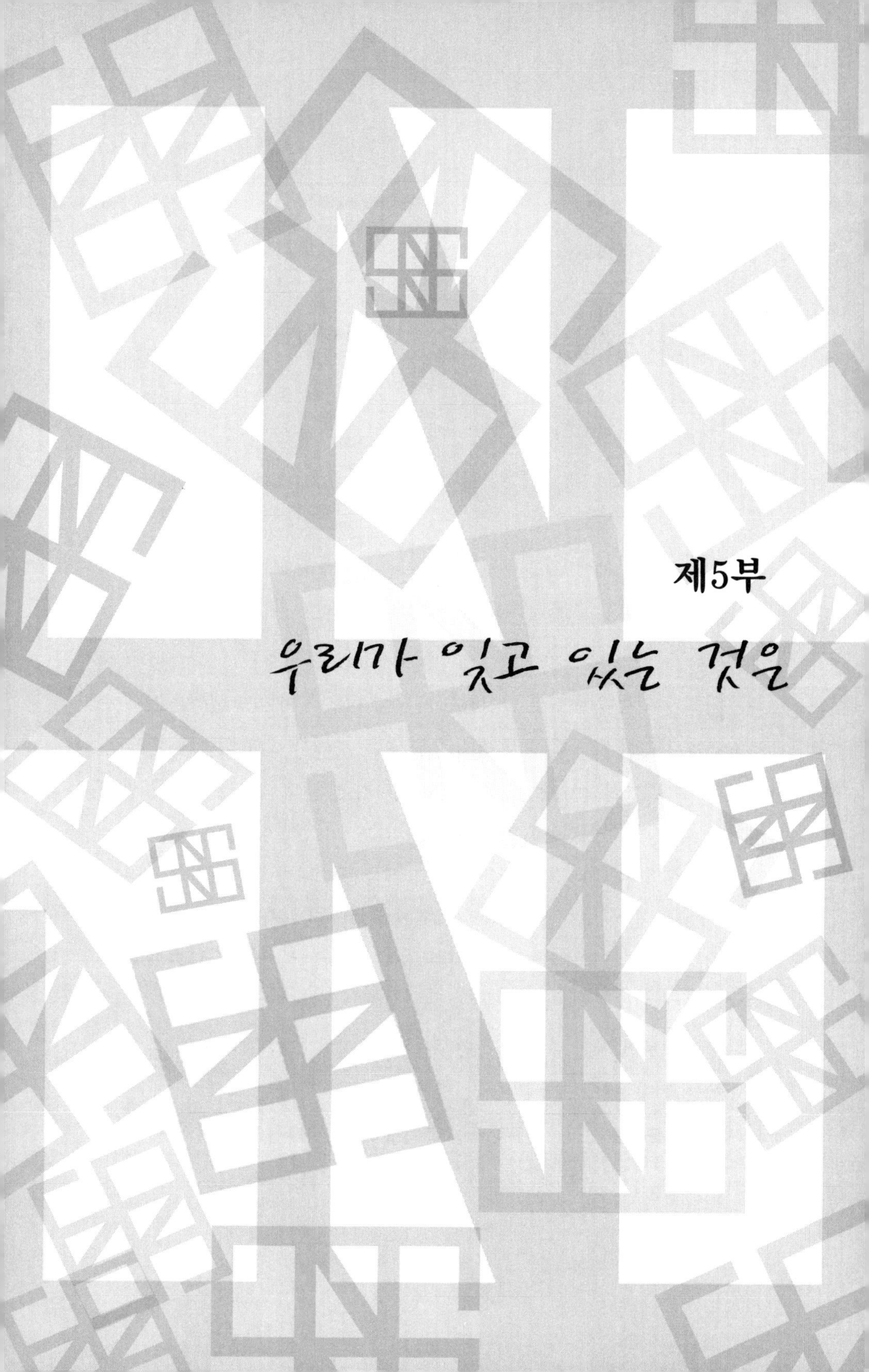

제5부

우리가 잊고 있는 것은

사라져가는 것들을 생각하며

사회가 엄청난 속도로 발전하고 세상이 너무나 빠르게 변하다 보니까 요즈음 같아선 도대체 뭐가 뭔지 온통 혼돈 속에서 살고 있는 듯한 느낌이다. 흐르는 물같이, 필름처럼 스쳐 지나가는 일상 속에서 무엇이 생겨나고 무엇이 없어졌는가조차 모르고 있는 게 현실이다.

이 글을 써야겠다고 제목을 정하고 펜을 잡으니까 잊혀져가고 사라져간 것들이 많이 떠오른다. 처음엔 우리가 자라던 1950년대 시절에 훈요처럼 새기고 외웠던 속담들이 사라져간 것에 대한 아쉬움 때문에 글을 써야겠다고 마음먹었다.

생각해보면 지난 수세기 동안 우리 인류사가 그래왔지만, 특히 20세기에는 변화무쌍했고 사라져간 것들이 너무나 많았던 것 같다. 유용하지 않고 불필요해서, 거추장스럽고 복잡해서, 까다롭고 어려워서, 힘들고 버거워서, 너무 멀고 높아서, 너무 많은 기간과 시간이 걸려서…….

그 원인과 이유가 어떻든 변화와 발전이란 이름 아래 많은 것들이 사라져 갔고 지금도 사라져 가고 있다. 지난 세기는 사라져간 것들에 대한 매립의 역사도 함께 안고 있다. 필요한 것은 남아 있고, 강한 자는 살아 남아 있다. 불변의 철칙 같은 것도 정연한 논리도, 사상도 거대한 변화의 물결 속에 묻혀져 버렸다. 약한 것들은 모두 사라져 갔다. 약한 민족은 강한 민족의 틈바구니 속에서 많은 것을 어쩔 수 없이 양보하며 밀리며 생존을 위해 몸부림쳐야만 한다. 세계화 · 글로벌화는 강대국에겐 축배고 풍요일 수 있지만 약소국에겐 죽음과도 같은 사약이다.

오늘날 발달한 과학기술은 여러 민족의 고유한 관습을 잊혀지게 하고 있다. 여러 나라의 풍속, 스포츠, 게임은 그 나름대로 고유의 놀이문화를 사라지게 하고 있고 그것들에 대한 가치와 보전을 배려하지 않고 있다. 마침내 유네스코는 2001년 11월에 세계화 과정에서 소멸되어 가는 소수민족과 원주민 문화를 위해 '문화다양성 선언문'을 채택했다.

서문, 12개 조항의 본문, 실행계획으로 구성된 이 선언문은 "문화의 다양성, 관용, 대화 및 협력을 존중하는 것이 국제 평화와 안전을 보장하기 위한 최선"임을 강조하고 있다.

정말 다행스럽게도 인류 문화의 다양성이야말로 신이 내린 인류의 축복이고 유산이다. 우주공간, 대자연의 산하, 바다, 맑고 푸른 하늘, 생태계의 순리 · 순환, 어김없이 나타나는 계절, 생물 서식공간에서의 질서 등과 같은 물리적인 것 외에 깨끗한 공기는 분명 인류 모두의 공동유산임에 틀림없다.

그럼에도 불구하고 이런 것들을 사라지게 하는 것은 분명 죄악이고 오만이다. 따라서 존재하고 남아있고 살아 있는 것들의 이해와 화해, 발상의 전환만이 이들을 지키고 가꾸는 지름길이요 유일한 대안일 수 있다. 정말로 무심코 방심하는 사이에 우리에게서 사라져가는 물리적인 것들이 오늘날 우리에게 얼마나 큰 재앙으로 되돌아오고 있는가는 재론의 여지가 없이 심각한 차원을 넘어 인류의 생사와도 직결된다는 것을 알아야 할 것이다.

솔직히 말해서 우리가 잘 알다시피 1980년대 초반까지만 해도 우리 주변에서 멀어져 가고 사라져 가는 것들에 대한(특히 자연적인 것) 관심은 미미했다. 꼭 있어야 할 것들, 꼭 필요한 것들에 대한 보존과 관심, 그리고 관리에 지혜와 힘을 모아야 한다.

우리는 그동안 어렵고 힘든 역경 속에서도 무수히 사라져 간 것들에 대한 매립의 무덤을 넘어 20세기를 뒤로하고 남아 있고, 살아 있고, 또 새로이 생겨난 것들을 알고 험난한 파고가 일렁이는 21세기로 들어왔다. 역시 시대의 조류는 21세기를 넘어서도 새로운 도전과 강한 자의 압력이 판을 치고 있다.

오랫동안 맥을 이어온 것들이 우리 곁을 떠나고 있다. 생명이 있는 것들이, 언어와 문자가, 전통이, 풍속이, 생활의 도구가 사라지고 있는 것이다. 하나님은 인간의 오만과 사악함이 극치를 이룰 때 모세, 사무엘, 요한을 보냈고, 인류의 재앙을 막고자 하나뿐인 아들 예수를 이 땅에 보냈다.

이제 인류가 이를 깊이 인식하고 자신들의 안위만을 위한 근시안적인 훼손을 멈춰야 할 차례이다. 설마와 혹시나 하는 사이에 행여 돌이킬 수 없는 사라져가는 것들에 대한 후회와 통곡을 자초해서는 안된다. 지금까지는 주로 자연적인 것과 물리적인 것에 대한 사라져서는 안될 것을 생각해봤다.

이제 눈을 돌려 우리의 의식과 정신 속에 자리하고 있었던 사라진 것들과 사라져 가는 것들을 살피려 한다. 앞에서 말했듯이 먼저 속담을 생각해 보자.

"천릿길도 한 걸음부터", "티끌 모아 태산이다", "하늘은 스스로 돕는 자를 돕는다" 등등…….

참으로 질리게도 많이 들었고 새겼던 속담이다. 그러나 지금은 사라져간 옛말이다. 요즈음 사람들이, 특히 젊은이들이 이런 말을 하는 것을 들어보기란 쉽지 않다. 물론 언어도 시대에 따라 소멸되고 생성되겠지만 어쩐지 그냥 지나치기엔 아쉬운 대목이 많다. 외국인이 바라볼 때 '한국인'하면 떠오르는 언어가 '빨리! 빨리!'라는 용어라고 한다.

세상만사가 대부분 순서와 절차가 있는 것이고 일정한 시간이 필요한 것인데, 요즈음 사람들은 첫술에 배부르려고 한다. 외국 속담에도 'Show but steady'라는 말이 있다. 천리나 되는 길도 결국은 그 시작은 한 걸음부터 걸어야 갈 수 있고, 티끌을 모아 쌓아야 결국은 태산만큼 쌓고 만들 수 있다는 것은 변할 수 없고, 사라질 수 없는 진리이고 이치인 것이다. 그럼에도 불구하고 이 같은 사실을 무시하고 건너뛰려고 한다. 그로 인한 부작용도 만만찮다. 성급함은 졸속을 낳고, 범죄의 근원으로 작용한다.

다음으로 애정관을 살펴보자. 과거에는 다분히 서정적이고 로맨틱하고 순수하고 욕심이 없었다. 숨겨야 할 것, 지켜야 할 것, 몰라야 할 것을 공감하는 애정관이었다. 그러나 요즈음 세태를 보자. 이런 것들은 사라진지 오래인 것 같다. 다분히 직선적이고 타산적이고 감정적이고 즉흥적인 면이 더 많은 것 같다. 쉽게 결정하고 경솔함이 없지 않다. 그로 인한 사회적 문제도 상당하다.

또 결혼에 대한 입장이나 부부관을 들여다보자. 앞서 지적한 것처럼 진정한 사랑이 바탕이 되지 못하고 사려 깊지 않게 성립된 결혼은 성스럽지도 엄숙하지도 신성하지도 못한 면이 많다. 또 겉치레와 형식이 부각되는, 마치 통과 의례적인 행사성 경향이 짙다. 가정의 핵심멤버라 할 수 있는 부부의 관계는 또 어떤가? 최근 들어 이혼율이 급증하고 있다.

특히 젊은층의 이혼이 늘고 있는 것을 보면 걱정이 많다. 다 그런 것은 아니겠지만 혹시 쉽게 뜨거워져 쉽게 식는 게 아닌가 하는 생각도 든다. 한편 황혼이혼이란 말도 생겨났다. 옛날 같으면 생각지도 못할 말이다.

걸핏하면 헤어지는 부부. 이유야 여러 가지가 있겠지만, 분명히 사회가 병들어 가고 있는 것만은 틀림없다. 참지 못하고 견디지 못하는 것은 삶에 대한 면역이 그만큼 예전보다 떨어져 있다고 봐야 한다. 가정이 무너지고 파경에 이르면 사회적으로 심각한 위험으로 작용한다. 과거에 있었던 많은 정신문화 유산 중 사라져 가는 것들을 이 시점에서 다시 한번 잘 추슬러 보자.

시대적 조류나 무심결에 사라지는 것들에 대한 관심을 가질 필요가 있다. 그리고 지금 우리는 사라져서는 안 될 것들을 지키고 관리하고 발전시키는 지혜가 절대적으로 필요하다. 분명히 사회가 변해도 없어져서는 안 될 것들이 있음을 알아야 한다.

순사巡査도 바랑도 무서워하지 않는다

우리가 어릴 때(1950년대 즈음)만 해도 우는 어린아이를 달랠 때, '저기 순사 온다.', '중이 바랑에 너를 담아 간다.'고 해서 울음을 그치게 하던 때가 있었다.

말할 것도 없이 그런 말을 아이에게 하는 것은 공포와 두려움의 대상을 상기시켜 강제로 울음을 그치게 하기 위함이다. 원래 순사는 일제강점기에 우리나라에 있었던, 오늘날 경찰관의 가장 낮은 계급이며 지금의 순경에 해당하는 계급이다.

이미 여러 사료와 증언을 통하여 잘 알려진 바와 같이 당시 일본은 우리 민족을 얼마나 학대하고 혹사시켰고 짓밟았는지 모른다. 대표적인 탄압이 경찰관을 통하여 나타났고 그들의 행동이 극악했고 잔인한 점이 많아 우리 국민에게는 거의 공포의 대상으로 공감되었다.

불교에서 일종의 사찰 재정확보 수단의 일환으로 중이나 절에 물건을 바치는 시주施主라는 게 있다. 바랑은 그러한 목적으로 중이 등에 매고 다니는 자루 모양의 큰 주머니(지금의 배낭처럼 생긴 것)이다. 그런데 이 바랑이 왜 공포의 대상이 되었는지 그 연유가 분명치 않다. 아마도 바랑 안에 넣어 부모를 떠나 멀리 떨어지게 된다거나, 캄캄한 자루주머니에 들어가면 일종의 질식사 같은 극적인 상황을 연상시켜 바랑에 대한 이미지를 공포로 부각시킨 것이라 생각된다.

어쨌든 간에 당시 순사와 바랑은 어린아이들에게는 두려움의 대상이었다. 따라서 무서움, 공포심을 떠올리게 하여 울던 아이를 달래곤 하였다. 비합리적이고 극적인 방법이기는 하지만, 일종의 충격요법으로 사용되어 온 게 사실이다.

그런데 요즈음은 어떤가? 요즘 아이들이 순사와 바랑을 알 리가 없다. 그 자체를 모르니까 공포의 대상이 되지 못한다. 따라서 울음을 그치게 하는 처방으로 사용할 수 없다. 그렇다면 요즘시대에 맞는 뾰족한 대안이 있느냐다.

요즘 아이들은 아예 두려움의 대상이 없는 것 같다. 도대체 뭘 무서워하고 뭘 두려움으로 생각하는지 모르겠다. 그저 거침이 없고 막무가내기다.

모두가 그렇다는 것은 아니지만 대부분의 아이들이 그렇다. 어리광, 응석부림도 도가 지나친 경우가 많다. 그러다 보니 버릇없는 행태도 습관처럼 되어버려, 잘하는 건지, 잘못하는 건지 아니면 '잘못'이라는 것조차 모르는 거나 아닌지 걱정될 때가 있다.

요즈음 아이들의 그러한 자유분방함을 어디까지 긍정적으로 볼 것인가.

공공장소에서, 관광지에서, 유원지에서, 식당에서 등 우리 생활주변에서 많은 사례를 접하게 된다.

얼마 전, 가족이 함께 기뻐해야 할 기념일이라서 품위 있는 음식점에서 저녁식사를 할 요량으로 모 음식점을 찾았다. 메뉴를 골라 주문을 하고 있는데 난데없이 왁자지껄 왜장치며 큰소리로 떠들어 대는 대여섯 살 정도 되는 아이들이 눈에 띄었다. 떠들고 노는데 장난이 아니었다. 모두 셋이었는데 뒹굴고, 넘어지고, 뛰고, 소리지르고, 울고, 웃고…….

정말 거침없이 맘대로였다. 한 10여분 쯤이나 지났을까, 주문한 음식이 나와 식사를 하려는 참인데 천방지축으로 떠들어대던 어린이들이 우리 테이블로 몰려와 밑반찬이니, 수저니, 젓가락을 마구 집적였다. 우리는 속이 상했지만 애들을 달래고 다독거려 보호자가 있는 곳으로 가라고 사정(?)했다.

그러나 말을 들으려고 하기는 커녕 고집부리며 막무가내였다. 솔직히 한 대 때려주고 야단치고 싶었지만 그럴 순 없었다.

그 순간 화가 난 것은 도대체 이 아이들의 보호자는 어디에 앉아 있는지 궁금했다. 식당 안을 살펴보니 아이들의 부모될 만한 사람을 얼른 찾을 수가 없었다. 하는 수 없이 식당 종업원을 불러 애들의 보호자를 물었다. 그제서야 종업원이 "저기, 네 분이서 맥주 마시는 분들입니다."라고 말했다. 그 순간 나는 화가 머리끝까지 치밀어 올랐다. '아니. 이럴 수가 있는가?' '어쩌면 저렇게도 태연하게 자기네들끼리 즐기고 있는 것일까?' 말이 안 나왔다. 생각 같아선 당장 쫓아가 응징하고 싶었지만 화를 가라앉히고 어린애들을 데려가도록 했다. 그런데 이번엔 이 애들이 문제였다. 달래는 부모의 말을 듣기는커녕 주저앉아 울고불고 고집

부리면서 심한 욕설도 서슴지 않고, 쥐고 있던 장난감도 아무렇게나 내팽개치는 것이다. 아무리 어린애라지만 너무 심했다. 참으로 난감했다.

그 덕분에 그날 밤 우리는 완전히 기분을 망쳤다. 비록 우리네뿐이 아니라, 그 식당 안에 있었던 다른 사람들도 마찬가지였을 것이다. 이 일을 계기로 지난날 우리가 그만 때는 어떠했는지를 생각하게 되었고, 이 같은 일이 적어도 나의 정서에 반하는 것으로만 치부하기에는 좀 떨떠름하다는 생각을 하게 했다. 세 살 버릇 여든까지 간다고 어린이는 어릴 때부터 잘 훈육하고 양육해야 함은 말하여 뭐 하겠는가를 또 한번 실감하는 순간이었다. 내 품안에 있는 예쁜 자식이 남의 눈에는 예쁘지 않을 수 있다는 사실을 알아야 한다. 어느 누구든 자기 자식이 예쁘고 사랑스러운 것이다.

그러나 그렇다고 해서 공·사를 분별하지 못하고 다른 사람에게 폐가 되는 행동을 하는데도 간과하고 좌시하는 태도는 독선이고 오만이고 철저히 자기중심적인 그릇된 사고이다. 남이야 어찌됐던 철없이 잘못 길들여진 애들을 식당에 통제 없이 풀어놓고 자기네들끼리만 기분 내는 행동이야말로 민주시민으로서 마땅히 지탄받아야 한다. 내가 기분 좋은 분위기에서 멋있는 시간을 가지려면 다른 사람들도 나와 같은 입장이고 권리가 보장되어야 한다는 사실을 알아야 한다.

지금 우리는 극도로 발달한 개인주의적 사고 속에서 살고 있다. 나의 프라이버시가 보장받고 존중받으려면 상대방의 사생활도 인격도 동시에 인정되고 보장되어야 한다는 것을 알아야 한다. 그러한 의식이 확산되고 보편화 될 때, 비로소 선진 시민으로서의 자격이 인정되고 글로벌 시대를 사는 오늘의 세계인이라 할 수 있을 것이다.

21세기에는 지구촌이 한가족이다. 서울에서 아침식사하고 점심은 일본이나 중국에서 하고 저녁식사는 다시 서울에서 하는 시대에 살고 있다.

과거, 우리 민족을 바라보는 세계인의 시선은 그리 곱지만은 않았다. 더 이상 어글리코리언(ugly korean)의 닉네임을 유지해서는 안 된다. 국민소득이 높고 정보기술이 발달하여 부와 과학기술이 세계수준에 이른다고 해도 의식이 후진국 수준을 맴돌고 있다면 세계 속에 선진 한국으로의 발돋움은 상당히 요원할 뿐이다. 남을 존중할 줄 알고 상대를 배려하고 인정할 줄 아는 의식이야말로 세계속의 선진 민주 시민임을 직시하여야 한다.

우는 아이의 울음을 순사와 바랑으로 달래던 하드웨어적인 방법은 이제 더 이상 통하지 않는다.

논리와 순리에 입각해서 어릴 적부터 가정에서부터 착하고 바르게 훈육하고, 부모는 몸소 어린이들이 자라면서 보고 느끼고 배우는 모범적인 교과서로, 교본으로서의 몫을 다하는 노력이 필요하다.

육아의 최고 교본은 부모라는 사실을 잊지 말아야 할 것이다.

남아 있는 코리언 타임

핸드폰의 모닝콜 소리에 눈을 떴다. 전날 밤, 자정이 다되어 잠자리에 들면서 알람 시각을 오전 5시로 맞춰 놓은 터였다.

몹시 피곤하고 나른했지만, 억지로 몸을 일으켜 세웠다. 최근에 신경이 곤두세워지는 일들이 많아서인지 피로가 쌓이고 심신이 지쳐있다.

요즘 '새만금 특별법' 제정 관계로 하루가 멀다 하고 국회로 출장가는 게 일과다. 오늘도 국회로 출장 가는 날이라서 이른 아침부터 채비를 서둘렀다. 전주에서 서울까지 소요시간을 3시간 넘게 계산하고 준비해야 한다. 승용차 소요시간이 그렇게 많이 걸리는 것은 아니지만, 서울 입구에서 차량 행렬로 지체되는 것을 미리 생각해 두어야 하기 때문이다.

국회상임위원회의 법안 심사가 있는 첫날, 법통과의 첫 관문이라 내게는 매우 긴장되고 중요한 날이었다. 서울까지 가는 동안 차안에서 이것저것 준비한 자료를 보고 또 보았다. 의사일정이 오전 10시로 잡혀 있어서 개회 30분전 도착해 개회를 기다리고 있었다.

회의실 밖 복도에는 정부 부처 관계자들로 북적였다. 상임위원회에 상정되는 각종 의안에 대한 국회의원들의 질의에 답변을 해야 하기 때문이었다.

마침내 개회시간이 다 되었는데도 회의는 열리지 않았다. 이유는 뻔하다. 국회의원들이 회의장에 나타나야 되고, 참석해서 성원이 되어야 회의를 열 수 있는데 대부분이 시간 안에 도착하지 않았다. 10분이 지나고 20분이 지나도 회의는 열릴 기미가 보이질 않았다. 성원미달이기 때문이다. 눈치를 보니까 소관 전문위원실 직원들은 조바심에 안절부절 못하고 있다. 가만히 속내를 살펴보니 어떤 의원은 어제까지는 분명히 참석하겠다고 해놓고는 갑자기 못 온다고 하는 것 같고, 어떤 의원은 앞으로도 몇 분 정도 더 늦겠다고 하는 모양이다. 그러니 준비하는 쪽의 입장에서는 당연히 당황하고 안절부절 할 수밖에.

조금 먼저 도착한 의원은 빨리 회의를 열지 않는다고 채근한다. 참으로 진땀나는 상황이다. 시나브로 도착한 의원들로 가까스로 성원을 채워 회의를 열게 되었을 때는 이미 예정시간이 30분이나 지나서였다. 가끔씩 국회로 출장 올 때마다 본회의를 비롯한 의원들이 참석하는 각종 회의를 볼 때가 있다. 으레 회의가 있을 때 마다 안내방송이다. 몇 시부터 무슨 회의가 열릴 예정이니 속히 회의장으로 입장하여 달라는 방송이다.

하지만 회의장은 예정시간이 다 되어도 대부분 성원이 안되기 일쑤다. 물론 회의마다 다 그런 것은 아니라고 믿는다. 사실 내가 국회에 근무하는 사람도 아니면서 실태를 단정해서 말할 처지는 아니다. 따라서 모든 국회의 회의 실태를 싸잡아서 폄하하려는 의도는 전혀 없다. 다만 무슨 회의든지 몇 시에 어디서 열린다는 것은 이미 당사자 의원들께 사전에 알려줬고, 당연히 그 시간에 맞춰서 그 회의장소에 나와야 하는 것은 두말할 필요가 없는데도 안내방송을 몇 번씩이나 해야 하고, 성원이 안 되어 쩔쩔매야 한다는 것은 짚어봐야 할 일이다.

명색이 최고 엘리트들이라고 해도 과언이 아닌데 일일이 안내방송을 해야 하고, 전화를 해서 참석을 권하고 확인해야 한단 말인가. 또 지금이 어떤 시대인데 아직도 이와 같은 행태가 용인되고 묵인되는지, 그리고 언제까지 이런 상태가 지속될 것인지, 참으로 답답하고 한심한 일이다. 앞에서도 말했지만 회의 예정시간 훨씬 전부터 대기하고 있는 많은 공직자들은 불평도 못하고 아까운 시간을 보내고 있는 것을 의원들도 뻔히 알면서도 버젓이 이런 경우가 심심찮게 벌어지고 있다. 코리언 타임이 새삼스럽게 실감난다.

우리 민족에게는 자랑스럽지 못한 부끄러운 말이다. 과거 1960년대를 전후해서부터 80년대까지만 해도 우리나라 사람이 약속시간에 늦으면 '코리언타임!'이라고 외국인들이 비하해서 하는 말이었다.

요즘 젊은 사람들은 시간 지키는 것을 칼이라고 한다. 칼로 자르듯이 정확해야 한다고 해서 그런 표현을 쓰는 모양이다.

과거에 우리나라 사람들이 약속시간을 잘 안 지킨 것이 사실이다. 한때는 '코리언타임'이라는 말이 무비판적으로 마치 유행어처럼 번지면서 약속시간에 늦어서 상대방이 화를 내거나 토라지면 '코리언타임인데 조금 늦은 것 같고 뭘 그리 화를 내느냐!'고 오히려 적반하장 격으로 성을 내는 경우도 있었고, '코리언타임인데 좀 봐줘. '하면서 늦은 것을 당연시하기도 했었다.

심지어 약속시간에 늦게 나타나는 것이 권위를 갖는 것이라 여기고 주인공은 반드시 늦는 것이 미덕으로 여기던 시대도 있었다. 그래서 그 무렵 이러한 관행을 없애려고 생겨난 말이 '시간은 돈이다'라는 말이다. 한때 이 말을 국민 계몽운동 구호로까지 번지게 한 적이 있다. 우리 민족의 치부를 도려내려는 노력이었다.

지금은 시대가 변하고 사회가 선진화되면서 시간이 돈이라는 인식이 자리 잡아 '코리언타임'이라는 용어가 우리 주변에서 잘 사용하지 않는 말이 되었다. '코리언타임'과 비슷한 뜻으로 인도네시아에는 '짬 가렛(Jam Karet)'이라는 말이 있다고 한다. 짬(Jam)은 시간이고 가렛(Karet)은 고무를 뜻하는 것으로 고무줄처럼 쭉쭉 늘어나는 고무줄 시간이란 뜻이라고 한다. 인터넷을 검색하다 발견한 내용인데 버스 출발시간이 5시로 되어 있는데 별도로 붙어 있는 안내표찰이 '5시부터 7시 사이에'라고 쓰여 있었다. 다시 말해서 버스 안에 좌석이 다 차면 5시에 출발하고 손님이 없어 다 차지 않으면 7시까지 기다린다는 뜻이라는 것이다. 이 경우는 정말로 심한 경우인 것 같다.

또 인터넷 '네이버'에서 본 내용이다. TV드라마 제작발표회를 열기로 했는데 행사 시작시간이 오후 3시였는데 주인공인 톱스타 아무개가 한 시간이나 늦게나와 제작발표회가 끝날 무렵에야 도착했다고 한다. 그는 한 회당 출연료가 수천만 원이나 되는 톱스타라고 한다. 그런데 그의 이런 지각 사례가 한두 번이 아니라고 한다.

그뿐만 아니라 어떤 연예인은 자기가 주관하는 자선행사에서조차 늑장을 부린다고 한다. 이밖에도 각종 시상식에 누가 가장 늦게 도착했느냐를 놓고 신경전을 벌인다고 한다. 늦게 도착할수록 스포트라이트를 많이 받는다는 미디어의 속성을 계산하고 행동한다고 하니 참으로 기가 막힌다.

심지어 일부 홍보대행사나 방송사 관계자들은 제작발표회 같은 행사를 준비하면서 예정시간보다 한 시간에서 30분 정도 빠르다고 속여서 제 시간에 오게 하는 잔꾀(?)를 쓰기도 한다고 한다. 오죽하면 그러겠는가

걸핏하면 지성인이고, 공인이라고 자칭하는 이들이 정작 공인으로서의 모습은 보이지 않고, 지금이 어느 시대냐고 다그치는 이들이 여전히 구태를 버리지 못하고 아날로그적 사고와 의식에 쩌들어 있다. 시간을 지키는 일은 이미 거의 모든 분야에서 엄격한 비즈니스의 문제이고, 사회생활에서 반드시 지켜야 할 상호 기본적인 문제로 현대인의 중요한 제일의 덕목이다. 공인은 공인다워야 국민의 신망과 존경을 받는다. 약속하고 예정한 시간에 늦게 도착하는 것이 세인의 관심을 갖게 한다는 왜곡된 꼼수(?)는 더 이상 지성인이 할 일이 아니다. 공인의 일거수일투족이 나라와 국민에게 어떠한 영향을 미치는가는 그들이 먼저 안다. 이러다가 겨우 사라져간 '코리언 타임'이 다시 되살아나는 것은 아닌지 걱정스럽다.

질서유감秩序有感

생각해 보면 우리는 질서를 벗어나서는 한순간도 살 수 없다. 왜냐하면 우주의 섭리와 자연의 생태 또한 정연한 질서 속에서 순환하고 있기 때문이다. 이러한 질서가 지켜지지 않으면 대혼란을 넘어 파멸이나 종말이 올 것은 뻔한 일이다. 그러므로 질서는 생명을 유지하는 가장 기본적인 요소다. 따라서 질서란 엄격히 지켜져야 할 철칙이고 법칙이다.

생물생태계의 서식 공간의 순환(Life Cycle)을 들여다보아도 규칙적인 질서 속에서 거의 기계적, 자동적으로 생태순환을 하는 것을 알 수 있다. 이렇듯 대 자연의 질서는 시공時空을 초월하여 어김없이 잘 지켜지고 있다.

그런데 인류사회는 어떤가? 그 중에서도 우리가 몸담고 있는 지역사회의 작금의 실태는 어떤가를 겸허하게 생각해 보면 실로 가관일 수밖에 없다. 솔직히 말해서 우리는 질서에 대한 인식부터 잘못된 것 같다. 질서는 모두가 다 지키고 공유할 때 진정으로 편하고 유익하다는 사실에 쉽게 동의하지 않는 것 같다.

최근 여러 분야에서 질서와 규칙을 위반하여 일어나는 크고 작은 사건사고들을 수없이 경험하면서도 질서불감증에 중독되어 있는 듯하다. 다중이 모이는 관람집회 시설에서의 무질서, 눈만 뜨면 접하는 도로교통 문제 등은 차라리 무질서가 자연스럽게까지 느껴진다.

우리 주변에서 가장 손쉽게 접할 수 있는 무질서의 전형은 두말할 것도 없이 교통문제다. 날마다 우리는 오합지졸의 교통현장에 그냥 팽개쳐져 살아가고 있다. 한목소리로 이래서는 안 된다고 공감하면서도 같이 휩싸이며 부대끼고 있다. 오히려 무질서한 교통문화에 친숙해져 있는 듯한 착각마저 든다.

아무데서나 멈추고, 좌·우로 무작정 끼어들어 미친 듯이 질주하고, 곡예사처럼 종횡무진 운전하고, 마구잡이로 울려대는 클랙션 소리 등 이루 말할 수 없을 정도다.

외람된 말이지만 외국의 사례는 우리를 감동케 한다. 신호등이 없는 교차로에서 자동차들이 자의적 순차적으로 교차하는 모습이랄지. 일방통행로에서 수없이 늘어서 정차해 있어도 클랙슨 소리 하나 없이 기다리는 모습은 정말 우리가 본받아야 할 질서의 전형적인 모습이다.

우리 주변에서 많이 볼 수 있는 또 다른 무질서의 예로 관람집회에서의 질서를 들 수 있다.

크고 작은 이벤트나 대중이 모이는 각종 행사에서의 무질서 관행은 이미 어제, 오늘의 얘기가 아니다. 그런데도 아직까지도 끼어들고, 뛰어

넘고, 한꺼번에 밀려들고……. 이외에도 사회 전반에 걸쳐 만연되어 있는 무질서에 관한 사례는 헤아릴 수 없이 많다. 유원지에서의 무질서, 경기장에서의 무질서 등. 언젠가 해외여행에서 공연 관람을 위해 줄을 서서 한 시간 이상을 기다린 적이 있다. 아마도 그때 늘어선 기다리는 줄이 줄잡아 200여 미터는 되었을 것이다. 그런데도 전혀 대열이 흐트러지지 않고, 누구 하나 소란피우지 않고 끝까지 기다리는 모습을 보고 정말 속으로 놀라지 않을 수 없었다.

공연시간이 한 시간 정도밖에 되지 않았다. 그 짧은 공연의 관람을 위하여 질서정연하게 두 시간 정도를 기다리고 있었던 것이다. 그때 문득 이런 생각이 들었다. 우리는 왜 안 될까? 우리는 왜 할 수 없는 것일까? 저 사람들은 어떻게 저렇게 잘 하는 것일까? 비결이 없을까? 등등.

그러나 그때 내린 결론은 '우리도 할 수 있다.'였다. 노력하면 되는 것이다. 마음먹고 질서를 지키면 가능한 일이다. 인내를 갖고 선진 시민의식을 함양하면 못할 바 없는 것이다.

따져보면, 우리가 살아가는 과정 모두가 어느 것 하나 질서가 아닌 것이 없다. 그 중에서도 자연의 질서와 함께 인간 삶 속에서 일어나는 질서가 매우 중요하다.

우주를 비롯한 자연계의 질서는 우리가 염려하지 않아도 마치 하나의 법칙처럼 유기적으로 잘 지켜지고 있다. 그러나 문제는 인간생활 속에서 일어나는 질서다. 특히 우리나라의 실태는 반드시 바로 잡아져야 할 점이 많다. 정치권의 무질서, 각종 단체와 제도권의 무질서, 공중도덕이 실종된 무질서, 심지어 가정에서의 무질서 등은 오늘날 우리 사회가 안고 있는 심각한 폐해가 아닐 수 없다.

질서는 하나의 사회계약이고 약속임과 동시에 규칙이고 법이어야 한다. 그렇기 때문에 철저하고도 엄격하게 지켜져야 함은 물론이고 인간생활의 정상을 위해서도 시급히 회복되어야 하는 과제이다. 다시 말하면 인간 생존의 문제와 직결되어 있다는 것이다. 사람이 살기 위해서 질서를 지키는 것은 필수적이어야 한다. 오늘날 가정 내에서의 가족관계의 무질서로 인해 충격적인 사건사고들을 심심치 않게 접하는 것도 모두 질서가 무너진 데서 기인한다.

가족간의 위계질서, 상하간의 위계질서, 각종 인연으로 연결된 관계질서가 확립되지 않고는 정상적인 사회생활과 삶을 영위할 수 없다. 정말로 이제는 정신차리지 않으면 안 된다. 마치 무질서가 질서인 것 같은 착각과 오류를 더 이상 범해서는 안 된다. 우리 사회가 다같이 유익하고 살기 좋고 편안하기 위해서는 더 이상 무질서를 좌시해서는 안 된다.

질서를 지키지 않는 개인이나 단체를 용인하거나 이해하고 관대하게 대해서는 안 된다. 그동안 우리는 질서에 대해 강조할 만큼 강조했고 알릴 만큼 알려왔고, 경험할 만큼 경험했고, 시행착오도 겪을 만큼 겪었다. 더 이상 미루거나 방치할 수도 없다. 이제는 질서를 지키는 것이 개개인의 선택일 수 없다. 모든 분야에서 필수여야 하고 생존의 기본을 위해서, 공동생활을 하기 위해서 꼭 해결해야 할 과제이다. 따라서 이제부터는 강력한 제도적 장치와 이의 실천을 위한 가능한 모든 조치를 취하여야 한다. 우리 사회 전체가 나서야 한다.

그리하여 지금까지의 잘못된 질서문화를 반드시 바로 잡아야 한다. 그래야만 정상적인 삶을 보장받을 수 있고, 우리 모두가 편안하고 유익한 삶의 가치를 창출해 낼 수 있을 것이다. 질서를 지킨다는 것이 얼마나 우리 스스로를 편하게 하는 것인가를 깨달아야 한다. 질서가 지켜지고 법과 규칙이 잘 지켜질 때만이 진정으로 인간다운 삶을 영위할 수 있다는 사실을 깊이 인식하여야 한다. 우리가 세계 속에서 선진 한국으로 가는 길 또한 모든 분야에서 질서가 확립되지 않고는 불가능하다. 외형적인 경제지표만으로는 진정한 선진국일 수 없다는 사실을 명심하여야 한다.

우리가 잊고 있는 것

새삼스럽게 민주주의를 논의하자는 것은 아니다. 정치학을 연구하고 정치에 관심과 조예가 깊은 것도 아니다.

민주주의 하면 마치 미국이 세계에서 가장 앞서가는 것처럼 생각하기 십상이지만, 사실은 1860년대까지만 해도 미국의 민주주의는 결코 자랑할 만한 것은 아니었다. 남북전쟁이 한창이던 1863년에 노예 해방이 선언되고 북부의 승리와 함께 노예에게도 참정권이 부여되면서 흑인에게도 비로소 참정권이 인정되었다.

그러니까 진정한 미국의 민주주의 역사도 130여 년 정도밖에 안 된다는 사실이다. 그뿐만 아니라 영국에서도 여성에게 참정권을 인정한 것이 1930년대라고 한다. 이 또한 놀랄 만한 사실이다.

이처럼 세계사 속에서 민주주의에 대한 역사도 따지고 보면 매우 일천함을 알 수 있다. 미국이 흑인에게 인정한 참정권은 자연인으로서, 주민으로서의 자유로운 분위기 속에서 주권을 행사할 수 있었던 게 아니고, 인두세를 지불하고서야 투표용지를 받을 수 있었다.

전쟁 속, 그 격동의 시절에 흑인들은 더 많은 권익을 얻기 위해 수많은 인두세를 지불하고 투표권을 얻었다. 즉, 흑인 세력을 확보하기 위하여 투표권을 얻을 수 있는 인두세를 되도록 많이 납부한 것이다. 이에 위기감을 느낀 어떤 백인후보는 아주 유명한 서커스단을 유치하여 곳곳으로 돌아다니며 흥행을 돋우었다.

흑인들이 관심을 갖고 관람할 수 있도록 환심을 사기 시작한 것이다. 이윽고 그의 전략은 맞아떨어졌다. 흑인들이 곡예 관람을 위하여 입장권을 사려고 몰려들었다. 이때 흥행주인 곡예단은 이상한 조건을 제시했다. 그 조건은 인두세 영수증을 제시하고 그 영수증을 주면 입장료를 받지 않고 입장시키겠다는 것이었다. 그러자 우선 눈앞의 즐거움과 흥행에 현혹되어 흑인들은 인두세 영수증과 입장권을 맞바꿨고, 어렵게 노력하여 얻은 인두세 영수증은 백인 후보의 손으로 들어가 마침내 흑인후보가 선거에서 낙선함으로써 선거를 통해 자신들의 인권을 회복하고 신장하려던 흑인들의 희망도 물거품이 되었다. 그리고 그들이 다시 그들의 꿈을 이루기 위해서는 또다시 임기 4년이란 세월을 기다려야 했다.

코앞에 닥친 달콤한 흥행을 억제하지 못하고 깊이 있게 생각하고 분석하지 못한 한동안의 방심이 그들에겐 조소의 냉대어린 4년의 퇴보를 가져오게 한 것이다.

이처럼 민주주의에 있어서 선거란 그 지역 주민의 장래를 결정하는 운명의 산출물이라고 말할 수 있다. 또한 한 민족의 미래를 결정짓고 나라의 장래를 가늠하는 방편이 될 수 있는 것이다.

그런데 지금 우리는 수많은 역사가 입증하고 있는 선거 결과에 대한 준엄한 심판이 어떤 것인지를 잊고 있다. 그것은 다름 아닌 최근 몇 년 동안에 치러진 각종 선거에서 나타난 투표율을 보면 그냥 보아넘길 예사로운 일로 보기엔 우려되는 바가 크다. 아마 정치권에 대한 국민들의 실망과 환멸이 선거에 무관심으로 나타난 것으로 짐작된다. 선거 때마다 난무하는 인물론, 공약은 매번 그 인물이 그 인물이다는 실망을 안겨줬고, 공약公約은 항상 번번히 공약空約으로 그친 게 너무나 많았던 탓에 선거에 대한 무관심이 팽배해져 있다고 할 수 있다.

우리는 지금 풀뿌리 민주주의를 한다고 엄청난 비용과 시간을 투자하고 있다. 전국적으로 기초와 광역별로 단체장과 의회 의원을 동시에 뽑고, 지방자치를 한다고 얼마나 많은 시간과 비용을 들이고 있는가.

각급 자치단체마다 재정자립도가 극도로 빈약한 실정인데도 민주주의 대가를 톡톡히 치르고 있다는 사실을 생각하면, 선거야말로 주민의 생명이고 희망이어야 한다. 왜냐하면 선거를 통하여 선출된 단체장과 의원들은 지역주민을 대신해서 그 지역의 살림을 책임지고 발전을 담보해야 할 막중한 책임자이기 때문이다. 이처럼 중요한 인물을 선출하는 선거의 투표율이 저조하다면 참으로 한심한 일이다.

민주주의란 결국 얼마나 긴 역사적 경험을 갖고 있느냐에 따라 질적으로 정도의 차이가 있다. 즉, 정치적 경험의 축적이 관건일 수 있다.

그런데 우리의 경우는 어떠한가. 우리에게 지방자치는 겨우 10여 년 남짓한 자치 역사다. 솔직히 말해서 시작에 불과한 연조다. 앞으로 진정한 풀뿌리 민주주의의 뿌리를 내리려면, 지금부터 정성스럽게 잘 가꿔야 한다. 다 그런 건 아니지만 곳곳에서 가끔씩 잘못 뽑아진 당선자들이 말썽을 일으켜 사회적 물의를 빚어내고 중도에 하차하는 일들을 목도한다. 정말 볼썽사납고, 비난받아 마땅한 사람들이 속출하고 있다.

그럴 때마다 선거가 얼마나 중요한지를 알면서도 정작 선거 때가 되면 다시 무관심으로 돌아가는 것은 민주주의 발전에 더 이상 기대할 수 없을 뿐더러 역사적 퇴보만이 되풀이될 수밖에 없을 것이다.

잘못된 정치를 바꾸려면 다른 방법이 없다. 민주주의의 선거 방법인 투표라는 수단 외에 다른 길이 없다. 정치적으로 부패와 타락은 음지에서 자라는 식물같이 아주 교묘하게 국민의 눈길을 피하며 독버섯처럼 자란다.

그러나 주민과 국민이 적극적으로 정치에 관심을 갖고 참여를 하게 되면 잘못 뽑아진 인물도, 잘못된 정치도, 부패도 타락도 없을 것이다. 정치의 과열 현상도 그리 바람직한 것은 아니지만 국민이 정치에 무관심할 때 정치가 부패하거나 독재로 변한 역사적 예는 수없이 많다.

우리는 짧은 정치 역사 속에서 보아서는 안 될, 겪지 않아야 할 정치의 일탈된 모습을 많이 보아왔다. 그 결과 정치적 환멸을 느끼고 있는 지금의 우리 현실이 안타깝기만 하다. 그렇지만 앞에서 지적했듯이 홍행에 눈이 어두워 투표권을 얻을 수 있는 인두세 영수증을 곡예단 입장권과 바꿔버린 흑인의 예처럼 정치적 환멸과 무관심, 그리고 투표일을 휴일로 착각하여 스포츠나 레저에 빠져버린다면 결국 우리도 그 흑인들과 뭐가 다를 수 있겠는가 말이다.

일반 국민이 정치에 참여할 수 있는 유일한 방법은 투표이다. 투표에 참여하지 않고, 올바른 인물을 선택하지 않고는 우리에게 밝은 미래와 희망을 보장받을 수 없다는 사실을 지금 우리는 잊어서는 안될 것이다.

남북한이 아니라 코리아다

볼 만한 프로가 있는가 하고 TV채널을 뒤적이다 북한 소식을 전하는 채널에 눈길이 멈췄다.

마침, 헐벗고 못 먹어 병색이 가득한 어린아이들이 치료받고 있는 광경이 보였다. 말 그대로 피골皮骨이 상접相接한 모습들이었다. 측은하고 안타깝고 답답한 생각이, 마치 속에서 뭔가 뜨거운 김을 내뿜는 것 같은 느낌으로 치밀어 올랐다. 울화가 터질 것 같았다.

TV를 보면서 순간 '북한도 코리아인데, 옛날에는 하나였는데….' 하는 생각이 들었다.

정말이지, 하루 빨리 어떤 조치가 있어야 한다는 막연한 생각이 조급하게 들면서 뭔가를 해야지 이대로 가만히 있어서는 안 된다는 마음이 일었다. '도대체 뭣 때문에, 누가 어쨌길래 저 아이들이 오늘날 저 지경이 되어야 하고 저렇게 살아가야 하는가?'라고 생각하니 화가 치밀어 왔다.

지구상에 있는 2백여 나라 중 한국이 유일한 분단국가라니, 참으로 기구한 운명의 나라다. 나라의 과거사를 보면 외침과 내란이 천 번에 가까운 전력이 있는 나라다.

우리 민족이 정말로 정신차려야 한다. 땅덩어리가 큰 나라의 한개 주州만도 못한 나라인데 그나마 분단되어 살다니….

더 말할 것 없이 이것은 남의 탓이 아니다. 내 탓이고 우리민족의 책임이다. 우리 민족이 정말로 진지하게 통일에 대하여 고민할 때가 왔다. 무슨 정책이든지 될성 싶은 정책은 다 써봐야 한다. 그리고 여러 분야에서 머리를 맞댈 수 있어야 한다.

1990년의 동독과 서독이 통일된 후, 우리의 남북한도 통일되어야 한다는 논의가 많이 있었다. 당시 국내 여론에서는 통일 비용이 너무 많이 들기 때문에 점진적인 통일을 해야 한다는 입장이 대세였다.

지금까지 담담하게 여러 분야에서 남북간에 접촉이 이뤄지고는 있지만 시원스런 또는 만족스런 결과가 없는 실정이다. 날이 가고 해가 거듭될수록 통일에 대한 비용은 더 많이 늘어날 것인데 걱정스러운 마음이다.

1990년 이후로는 남북한의 경제규모도 놀랄 만큼 큰 격차를 보이고 있다. 당시 남한 경제는 북한 경제규모의 10배 정도였던 게 지금은 30배가 훨씬 넘는 격차를 보이고 있다. 이제 북한 경제규모는 남한의 한 개 도道의 경제규모 정도에 지나지 않는다. 남북한 각각 국내 총생산량이나 대외무역량 등을 비교하지 않더라도 양 체제의 경제비교는 큰 격차를 보이고 있어 상대적 비교는 더 이상의 의미가 없게 되었다. 17년이 지난 지금의 남한 경제규모는 능력면에서 북한을 지원할 수 있는 정도가 세 배나 늘었다고 봐야 한다. 그런 가운데 아직도 북한은 세계에서 가장 폐쇄적인 국가로 최고로 낙후된 경제체제를 가지고 있고 스탈린 식의 철저한 중앙통제방식을 고수하고 있다.

게다가 경제적인 규모 뿐만 아니라 질적인 면에서도 보잘 것 없다. 국가의 대외적 수준을 나타내는 거의 모든 자료. 즉, 국민의 삶의 질, 모든 분야에서의 기술수준, 경제제도(폐쇄경제), 환경, 국가경영의 투명성(부패수준 등) 등이 세계에서 최하위권임은 이미 잘 알려진 대로다.

북한에서 기아로 굶어죽은 사람만 해도 지난 십수년 내에 수백만 명이 될 것이라는 게 해외 언론의 추측이다. 우리는 오래 전부터 이미 북한의 정책은 실패한 것이고 오래갈 수 없다는 것을 알고 있다. 오늘 TV에서 본 것 말고도 북한 유소년들의 신체 발육상태가 저조하다는 것은 널리 알려져 있다. 국민생활이 비참하다는 것도 다 안다. 이러한 북한 동포를 더 이상 좌시해서는 안 된다고 생각한다. 북한도 한국이고 코리아다.

북한 동포도 한국인이고 코리언이다. 말이 같고, 문화가 같고, 한나라 한민족이라는 것도 다 아는 사실이다. 더 이상 통일에 대하여 소극적이어서는 안 된다. 헐벗고 굶주리는 동포의 모습을 안타깝게만 바라보아서는 안 된다. 모른 척 외면해서도 안 된다.

최근 북한의 태도를 보면, 국가적 체면이나 양심도 없는 것 같다. 몰염치하고 국가 위신도 땅에 떨어진 것 같다. 남한과의 몇몇 분야에서의 협상과정을 지켜보면서 북한의 절대빈곤 상황을 감추지 못하는 점이랄지, 갈수록 늘어나는 북한을 탈출하는 난민들이 이같은 사실을 반증하고 있다. 북한 체제도 내부 통제의 힘이 점차 약화되고 있는 듯하다. 실패한 북한체제에 대한 북한 동포들의 인식도 조금씩 바뀌는 것 같고, 참는 것도 한계가 있다고 생각하고 있는 것 같은 느낌이 든다.

이런 즈음에 더 이상 통일을 요원하게만 생각해서는 안 된다. 여러 분야에서 보다 더 적극적이고 구체적이고 실효성 있게 접근할 필요가 있다. 통일은 빠를수록 좋다. 기아에 허덕이는 북한 동포들을 생각해야 한다. 영양이 결핍된 채, 발육부진으로 저능아가 되어가는 수많은 북한 아이들을 나중에 허약한 동포로 안아야 할 생각을 해서라도 통일은 미룰 수가 없다. 시간을 끌면 통일비용보다 분단비용이 더 많아지게 된다. 분단비용은 분단이 계속되는 한 분단유지비용이 불필요하게 들기 때문이다.

소위 체제유지를 위한 국방비, 국가적 위험부담, 남북한 당사자 및 주변국가와의 협상·교섭 등이 분단 유지비용이랄 수 있다. 통일 비용이랄 수 있는 북한 경제를 남한 수준으로 끌어올리는 데도 만만치 않지만, 분단체제가 유지되는 만큼 분담비용을 우리가 더 부담해야 한다.

이제 이러한 당위성 외에 인도적이고 경제적·전략적인 면에서 살펴보아도 통일은 빠를수록 좋다는 데에는 별다른 이론이 없을 것이다. 그렇다면 이쯤해서 국민적 합의를 이끌어 내고 일관된 정책을 강구하고 유지시킬 필요가 있다. 통일에는 어차피 불가피하게 비용부담이 따를 수밖에 없다. 그리고 그 비용의 부담은 우리가 지불할 수밖에 없다. 이를테면 통일예산도 편성하여 국가적으로 재원을 축적해 나가야 한다. 동·서독의 통일 후 동독 부흥과 재건과정에서 서독 국민들의 일시적

부담과 불만의 사례를 거울삼아야 한다. 통일 후에 우리가 끌어안아야 할 동포라면 지금부터 북한동포들을 직·간접적으로 지원하여야 한다고 본다.

처참한 그들을 방치해 두면 통일 후에 복지비용은 크게 증가할 것이다. 한편으로 정치, 문화, 사회 모든 분야에서 남북한이 통합된 후의 국가적 관리 역량을 남한이 주도적으로 키워 나가야만이 통일 후의 혼란과 어려움을 줄일 수 있을 것이다.

다시 한번 강조하건대 초롱초롱한 눈망울을 하고 있는 깡마른 수많은 북한의 어린아이들의 모습을 잊어서는 안 된다. 이들을 돕고 지키고 끌어안을 지혜와 힘을 모아야 한다.

이공계理工系로 보낼 수 있어야

IMF 구제금융으로 온 나라가 경제 파탄에 빠져 모든 분야에서 한바탕 큰 소용돌이가 일어난 지도 10년이 되었다. 지금까지도 우리나라의 실물 경제는 그다지 개선되지 않고 있는 듯하다. 우리나라의 외환위기 실상은 대략 이런 것으로 풀이할 수 있다. 원래 한국경제는 그렇게 나쁘지는 않았다. 중앙은행의 외환 준비액의 보유액이 부족했기 때문에 일어난 외환위기였고, 간접적으로는 미국으로부터 지나치게 많은 돈을 빌린 데에 원인이 있었다.

미국이 한국에게 돈을 많이 빌려 준 후, 상환능력이 없다는 것을 알고 IMF의 구제 금융을 통하여 그 돈으로 미국에 빚을 갚게 한 것이다. 한마디로 미국으로부터 빌린 돈을 IMF로부터 빌려 그 돈으로 부채를 갚은 재원의 대체이고 모습의 탈바꿈이다. 따라서 우리나라로서는 빚을 갚을 대상만 달라졌을 뿐, 결국은 우리 국민이 갚아야 하는 빚은 그대로인 셈이다.

우리 경제는 대미 · 대일 의존도가 높아 미 · 일의 조건 여하에 따라 번영과 쇠퇴가 좌우되는 숙명적인 구조를 안고 있다. 엔화가 하락하면 우리의 경제가 나빠지고, 엔화가 상승하면 우리의 경제도 좋아지는 나라다.

우리나라가 생산하고, 수출하고 있는 제품의 90% 이상이 일본과 동일하다. 조선, 철강, 자동차, 가전제품에 이르기까지 거의 일본과 수준이 같다. 따라서 엔화가 떨어지면 한국은 경쟁력이 떨어져 수출할 수 없게 되고 반대로 엔화가 상승하면 경쟁력이 강화되고 수출도 살아나는 것이다.

일본 경제의 경쟁력은 어디에서 나오는가를 살펴봐야 한다. 일본이 생산비용을 절감하여 국제 시장에서의 가격 경쟁에서 이길 수 있는 비결은 과학기술의 육성과 발달이라고 본다. 자동차나 가전제품을 현지에서 생산해도 거액의 무역 흑자를 유지하고 있는 이유는 이들 제품의 중요한 핵심이 되는 전자부품이나 기계부품을 수출할 수 있는 국가가 됐기 때문이다.

그렇지만 우리나라는 이러한 전자 부품을 생산할 수 없다. 제품이 소형, 경량화하면 할수록 현지에서는 만들지 못한다. 모든 산업의 기반이 되는 부품산업의 유무가 일본과 우리나라와의 최대의 차이다. 그러기 때문에 우리나라는 부품과 공작기계를 일본에서 수입하여 조립해서 수출하는 부가가치가 낮은 산업 수준이다. 이러한 상황이 오랫동안 지속되고 있는 것은 국가적 정책을 진지하게 추진하는 노력이 부족했기 때문이라고 할 수 있다. 국가의 미래나 장기적 안목에서 시간과 노력이 요구되는 부품산업에 치중하지 않고 겉만 보기 좋은 반도체, OA기기, 휴대전화 등을 생산하는 것을 반복했고 눈앞의 매출이나 무역수지만을 추구한 결과라 할 수 있다.

무역수지의 균형을 유지하는 가장 중요한 요소가 부품산업인데 그런 것을 소홀히 하여 육성하지 않았기 때문에 환율의 등락에 따라 나라 전체의 경제가 흔들리는 외부의존형 경제 주도를 벗어나지 못하고 있는 것이다.

10여 년 전에 스위스를 방문한 적이 있는데, 그곳에서 이런 말을 들었다. 아직까지도 미국 등 세계 여러 선진국에서 국방장비나 기계, 정밀 산업의 부품은 스위스에서 생산되는 제품이 제일 좋다는 평가를 받고 있어 모든 첨단 장비의 부품은 스위스로부터 수입하여 사용하고 있다는 것이다. 예부터 가내 수공업의 발달과 함께 정밀 부품산업의 육성에 국운을 걸고 투자하고 노력한 결과라고 했다. 또 이 나라에서는 이미 초등학교 시절부터 상급학교의 진학여부를 일찌감치 결정한다는 것이다.

우리나라처럼 대다수가 대학가고 문과를 선호하는 게 아니다. 우리나라는 전통적으로 문과계가 강해 엔지니어를 중시하지 않는 경향이 있는 것과는 대조적이다. 우리는 예로부터 사농공상士農工商이라 하여 기술자나 장사하는 사람을 천시하는 풍조가 팽배하였다. 그러한 인식이 국민적 정서로 자리 잡고 있는 게 큰 걸림돌이다. 그러나 장인匠人을 우대하지 않고, 과학기술을 소홀히 하는 나라는 절대로 경제적으로 강국이 될 수 없다. 국력신장의 원동력이 과학기술이고 과학기술인들의 지원과 육성은 경제 대국의 밑거름이다.

몇 년 전 대학 진학자 중 이공계 진학 희망자가 30%를 밑돈다는 보도를 접하고 참으로 안타깝고 한심한 마음이 들었다. 나는 이러한 결과를 자업자득으로 받아들이고 싶다. 평생을 기술직 공직자로 몸담아 오면서 기술직이기 때문에 겪었던 수많은 불이익과 멸시를 봐도 짐작할 수 있다. 기술자 우대나 처우의 개선까지는 아닐지라도 멸시와 천대만하는 분위기는 30여 년 전과 그다지 다를 바가 없다. 조금이라도 국가의 장래를 생각하는 사람이라면 이러한 정부의 안일함과 사회 정서나 세태에 열을 올릴 것이다.

정부 차원에서 이공계로 학생을 유치하기 위한 여러 가지 안을 내놓고는 있다. 늦게나마 다행스런 일이다. 그런데 정부 정책을 마련하고 과학기술의 발전을 인식하는 대다수 사람들조차 자기 자식을 이공계로 보내겠다는 사람은 드물다는 것이다. 그렇다면 뭔가 제도적으로 모순이 있다는 말이다. 직업적으로도 안정적이고 부富도 창출할 수 있고 사회적으로도 인정받고 우대받고 부러움의 대상이 되는 것이라면 왜 사회지도층 인사들이 먼저 앞 다퉈 자기 자식들을 이공계로 보내려 하지 않겠는가 말이다. 여기에는 분명히 이유가 있다. 솔직히 말해서 기술자로서는 출셋길이 보이지 않기 때문이다.

이공계 쪽의 사람들은 힘들게 고생하는 것에 비하여 대우가 좋지 않고 권력에 가까이 갈 수도 없다. 즉 자기만족과 행복지수가 낮은 데 원인이 있는 것이다. 과학기술자로서의 자부심과 명예를 생각하는 사람은 극소수일 뿐이다. 이공계를 기피하는 진정한 이유가 바로 이런 것들인데 핵심을 피하여 지엽적인 것들만 나열해 놓고 획기적인 유인책 마련은 하지 않고 있으니 이공계에 대하여 아무도 감동하지 않는 것이다.

요즈음 국가나 지방자치단체에서 경제를 살리자고 아우성이다. 경제가 죽었거나 죽어가고 있는 모양이다. 죽어가고 있는 경제를 살리고 잘 사는 자치단체와 국가가 되려면 그 원인을 분석해야 한다.

고질적인 병폐가 무엇이고 원인 해소를 위한 처방이 뭣인가를 진솔하게 털어놓고 국가의 미래를 위한 실질적이고도 장기적인 대책을 강구해야 한다. 또 적당히 정치적이거나 임기응변식의 땜질 처방은 절대로 안 된다. 지금까지의 과학기술 정책이나 제도로는 안 된다는 것을 국민들은 알고 있다. 인기 있고 매력 있고 입맛 당기는 대책들을 내놓아야 한다. 그리고 적어도 국민이 납득할 만한 장치를 제도적으로 보장해야 한다.

첫째로, 처우를 대폭 개선해야 한다. 과학기술자들의 사기를 올리는 인센티브에 신경 써야 한다. 연구개발비의 비중도 중요하지만, 과학기술자의 개인적 보수 수준을 인상해서 그들이 안정적으로 상대적 우대를 받고 있다고 느끼게 해야 한다.

둘째는, 국가적 차원의 공직 임용 패턴을 달리해야 한다. 모든 행정 분야에서 기술과 접목되지 않는 분야는 거의 없다. 그럼에도 불구하고 아직도 사법, 행정, 외무고시는 많은 사람을 뽑는 데 반해 기술고시의 임용은 미미한 정도다. 이처럼 국가 시책 방향에서부터 기술자의 홀대가 나타나고 있는데 기술자가 우대받는다고 할 수 있겠는가.

그뿐 아니라 앞에서도 언급했지만 공직 내부에서도 기술자의 홀대는 개선되지 않고 있는 게 현실이다. 그래놓고 무슨 기대를 할 수 있겠는가, 진정 나라를 생각하고 위한다면 정책의 입안자는 자기 자식이 이공계로 가기를 바라는 제도, 이공계로만 보내야 한다는 생각을 가질 수 있는 가치 있고 매력적인 제도를 만들어야 할 것이다.

그렇게 될 때만이 진정으로 나라경제와 지방자치단체의 경제가 탄력을 받고 발전하게 될 것이고 죽어가고 있는 경제도 살아나게 될 것으로 믿는다.

운전면허를 딴 것은

우리나라의 1980년은 불안과 격동의 한 해였다.

1979년 10월26일 박정희 전 대통령의 갑작스런 서거와 함께 국내의 정치 불안이 극에 치닫고 있었다. 밀고 밀리는 권력의 암투와 물밑 경쟁으로 정국은 심히 혼미한 상황이었고 국민 생활도 안정되지 못하여 날마다 좌불안석이었다. 소위 서울의 봄이라고 일컬어지는 1980년은 정치 · 사회적 대혼란기였다.

5월 17일에 비상계엄 전국 확대 조치와 함께 5월 18일 광주민주화운동을 무력으로 진압하고 6월에는 국가보위비상대책위원회가 설치되었으며, 8월 27일에는 통일주체국민회의의 간선으로 전두환 국보위상임위원장이 제11대 대통령으로 선출되는 등 숨 가쁜 정치 상황이 불안 속에서 진행된 한 해였다.

한편, 공직사회에도 칼바람이 몰아쳤다. 그동안 우리나라는 정권이 바뀌고 새 정부가 들어설 때마다 쇄신이니 뭐니 하면서 공직자에게 밀어닥치는 바람이 항상 있었지만, 이번에는 상당히 오랜 기간 동안 정권이 유지되다 바뀌는 바람에 예전과는 그 강도가 사뭇 다르다는 것을 감지하게 한다.

사회 여러 분야에 걸쳐 정화 차원이라는 명분 아래 낡은 구습과 행태를 떨쳐 버리고 새롭게 출발하려는 몸부림이라고 해야 할지, 새로운 정권과 체제에 동참케 하려는 의도된 조치라고 해야 할지는 후에 역사가 증명하고 판단해야 할 일이다. 어쨌든지 간에 공직 내부에도 살얼음판에 불어오는 찬바람의 냉기류가 흐르고 있었다.

서울의 봄과 함께 계절의 봄도 왔다. 산과 들에는 매화와 벚꽃 등이 봄을 알리는 신호처럼 피고 지며 스쳐 지나가고 개나리 · 진달래 · 철쭉 등이 만개하여 그야말로 동양화 같은 풍경을 자아내고 있는 4월 어느 날, 갑자기 옆자리에 앉은 동료가 청廳내 모 부서로부터 불려갔다 오더니만 시무룩한 표정으로 하는 말이

"나, 그만둬야 할 것 같아."였다.

그러면서 한참 동안 몸둘 바를 몰라 허둥대는 모습이었다. 나는 순간 어떻게 해야 할 바를 몰랐다. 할 말이 없어서 그냥 동료의 얼굴만 바라보다가

"나가서 커피 한잔 합시다." 하고 동료를 잡아 끌다시피 하여 구내식당으로 갔다.

"이유가 뭐대요? 왜 그런데요?"

앉자마자 다짜고짜로 물었다. 그랬더니 대답 대신 호주머니에서 담

배를 꺼내 물고 불을 붙이면서

"나 참, 기가 막혀서……"

"왜요? 어째서 그러는데요?"

나도 어처구니없어서 재차 다그쳐 물었다.

"몇 년 전에 ○○군청에 근무할 때 징계 먹은 게 하나 있거든. 이유가 그거라는 거야. 뭔가는 잘못했으니까 징계 먹은 것 아니냐는 거야."

어이없다는 표정이었다. 어이없고 기막힌 것은 나도 매한가지였다. 어떻게 해서 시작한 공무원인데, 한 사람의 평생 운명을 바꿀 수도 있는 직장을, 합리적인 기준과 원칙도 없이 과거의 한 가지 잘못을 탓하여 오늘의 추출이란 잣대로 들이대는 것은 어느 경우인가 말이다.

불만 섞인 말도 못한다. 내색도 못한다. 그냥 그렇다면 그런가 보다 하고 물러가야 한다. 그게 현실이다.

'세상에 이런 법이 다 있는가.' 하는 생각이 들었다.

이 무렵, 우리 공직 내부에서는 이 같은 일이 심심찮게 있었다. 일단 타겟(target)이 되면 못 버텼다. 털면 먼지 안 나느냐는 식이고, 어떻게든 그만두게 만들었다. 결국 그 동료도 그를 지목한 일이 무산되고 철회되기만을 기다렸던 과課·계係 직원들의 바람과는 달리 공직을 울면서 떠나고 말았다.

나는 한동안 가족을 잃은 초상집 같은 허망함과 쓸쓸함에 잠겨 있었다. 내 나이가 서른셋이었다.

'아! 세상살이란 게 이런 것이구나. 살다보면 이런 일도 있겠구나!' 하는 착잡함에 사로잡혔다. 억울한 일도 있겠고, 자기 뜻과는 전혀 다른 예측하지 못한 일도 당하겠다는 생각이 들었다. 만약의 경우를 대비해서 미래를 준비해야겠다는 마음을 먹었다. 이번 일이 옆에 있던 동료의 일이라고만 치부하면 안 된다는 생각이 번쩍 들었다.

내게도 차례가 돌아올 것 같은 위기감 같은 게 밀려왔다. 나 역시 요즘 세태로만 비춰 본다면 발버둥도 치지 못하고 꼼짝없이 당할 수밖에 없다고 생각됐다. 왜냐하면, 이 땅에 내편이 되어 옹호하고 감싸고 나설 사람이 어디에도 없기 때문이다. 우선 내 성姓만 봐도 너무나도 보기 드문 희성稀姓이지 않는가? 그러니 일가가 어디 있고 소위 말하는 배경이 어디 있겠는가.

그렇다고 해서 재산이 있는 것도 아니고 가진 것이라고는 몸뚱이와 동생이 여섯이나 되니…. 아직은 집도 절도 없는 단칸 셋방 신세이니 기댈 데가 없는 형편이었다. 눈앞이 캄캄했다. 큰일 났다. 긴박감이 들었다. 가진 게 아무것도 없는 처지여서 혹시라도 다음 타겟이 나이면 당장 어떻게 해야 할 것인가 며칠 동안 고민에 빠졌었다.

이윽고 나는 묘안(?)을 생각해 냈다. 우선 당장 급하게 할 수 있는 건 운전인 것 같았다. 왜냐하면 운전면허는 비교적 쉽게 딸 수 있고 일자리도 있을 것 같아서였다. 운전만 할 수 있어도 밥벌이는 할 수 있다고 생각해서 주저 없이 운전학원에 등록했다.

조건은 한번 등록하면 면허를 취득할 때까지 학원 교습을 하는 것이고, 교습시간은 토요일, 일요일에만 하는 것으로 했다. 그렇지 않아도 동생들 일자리가 걱정돼서 두 동생을 미리 운전학원에 등록시켜 학원에 다니게 하고 있는 터였다.

특별한 기술은 없고 배움도 적어 일자리 구하기가 여간 고민되지 않았기 때문에 운전면허라도 따면 일자리가 생기지 않을까 하는 생각에서였다. 이윽고, 한동안 말 못하고 참아온 결심을 아내에게 털어 놓았다.

"여보! 나 운전학원에 등록해야겠어. 요즘 보니까 여러 가지 잣대를 들이대어 상당수의 공무원이 짤려 나간다. 혹시 그게 나이면 어떻게 해. 별수 없잖아? 만약 당장 그만두게 되면 뭐하냐? 운전이라도 해야지."

아내도 걱정인 듯했다.

"그래 그럼 그렇게라도 해야지. 허지만, 너무 걱정 하지마. 내일이라도 리어카 맞춰가지고 나가면 되지 뭐" 라고 덤덤해 했다.

"젊지 않아? 떳떳하게 살면 돼."

이번엔 오히려 아내가 당당했다. 그러나 말 속에는 그럴 수 있느냐는 불만이 깔린 듯했다. 하지만 내겐 힘과 용기를 주는 말이었고 감사했고 고마웠다. 아무튼 그렇게 해서 운전 학원을 다니던 10월 어느 날, 면허를 따게 되었다. 아직까지는 자가용도 흔치 않고 운전면허도 크게 관심이 없기 때문에 결과적으로 운전을 직업적으로 하는 사람 외에 일반인으로서는 면허를 일찍 취득하게 된 것이다.

미래를 예측하는 것은 어려운 일이다. 언제 어디서 어떠한 일이 닥칠지 모르는 불확실성의 시대다.

갑작스런 대통령의 죽음, 그 여파가 몰고 온 시대적 상황, 그것이 국민 개개인에게 미치는 숙명적 영향을 누가 예측이나 했겠는가 말이다. 생각하면 솔직히 두렵고 힘겹다. 하지만 이것이 인생살이 아니겠는가!

미래는 항상 준비된 자의 것이다. 한평생 사는 동안 얼마나 모진 비바람이 언제 어떻게 불어 닥칠지 모른다.

제6부

생각이 머무를 때면

변화가 발전이다

흐르는 물은 썩지 않는다. 한군데에 정체되어 있어 흐르지 않는 물은 그 속에 함유된 유기물과 불순물이 침적되어 부패하지만, 끊임없이 흐르는 물은 머무를 겨를이 없기 때문에 썩을래야 썩을 수가 없기 때문이다.

사회변화(social change) 역시 흐르는 물과 같은 맥락에서 이해될 수 있으리라 생각한다.

변화란, 현 상태를 유지하려는 힘과, 현 상태를 깨려는 힘의 균형이 깨어질 때 시작되는 것이다. 생각해 보면 변화는 살아있는 것이다. 살아있는 모든 것은 변화하기 때문이다. 따라서 변화하지 않는 것은 죽은 것이나 마찬가지다. 만약, 우리가 1년 전과 똑같은 생각을 하고, 똑같이 생활하고 있다면 우리는 1년 동안 죽어 있었던 것이다. 지금 이 시간 우리가 어제와 똑같은 생각과 생활을 하고 있다면 (그럴 수는 없겠지만), 지난 24시간은 우리에게 있어 죽어 있었던 시간임에 틀림없다. 이와 같이 우리는 끊임없이 변화하는 속에서 살고 있는 것이다.

앞서, 변화를 물 흐름에 비유해서 언급한 바 있는데, 물은 위에서 아래로 흐르는 것이지 아래서 위로 흐르는 법은 없다. 이것은 하나의 진리인 것이다. 아무리 세상이 바뀌고 변한다 해도 거기에는 일정한 원칙과 기준과 순서와 절차가 있게 마련이다. 이 같은 순리가 존중되지 않는 변화는 바람직한 변화로 볼 수 없을 것이다.

그러나 변화는 계속되고 또 계속되어야 한다. 변화야말로 모든 것을 발전시키는 근본이고 원동력이기 때문이다. 또한 변화가 없다면 자연생태계나 사회 전반이 정체되고, 정체되면 부패하게 되기 때문이다. 하지만 급격한 변화, 특히 기준과 원칙과 순리를 무시한 강제적 · 인위적 변화는 오히려 퇴보만을 초래할 뿐이고, 각종 부조리를 양산 시키는 결과를 가져오게 될 것이다. 따라서 변화는 차분하고 조용한 가운데, 그리고 순리와 원칙, 기준과 절차가 존중되는 가운데 합리적으로 진행되고 계속되어야 한다. 그러기 위해서는 변화의 속성을 알아야 변화에 능동적인 대처와 동반하는 마인드를 가질 수 있다.

변화의 속성은 첫째로 속도가 빠르다는 것이다.

특히 요즘처럼 사회 모든 분야에서 변화가 이렇게 빠른 속도로 진행된 적은 일찍이 없었다. 정말이지 어제가 옛날인 시대에 살고 있는 것이다.

그 예로써 우리 생활주변에서 접하는 자동차의 홍수를 보자. 불과 한 삼십 년 전쯤만 해도 오늘날과 같은 상황을 상상이나 했는가 말이다.

또한 컴퓨터의 등장을 생각해 보자. 오늘날 컴퓨터는 우리 생활에 필수품이면서 이제는 모든 분야에서 컴퓨터 없이는 생활이 불가능하게 됐다. 특히 첨단과학기술의 발달은 그 속도와 내용에서 우리를 신비롭게까지 해주고 있다. 이외에도 우리 생활의 행태, 방법, 수단, 여러 가지의 가전제품들, 주변의 환경, 기상……. 실로 헤아릴 수 없을 정도로 많은 것들이 변화하는 속도와 내용을 예측할 수 없게 하고 있다.

둘째, 변화는 예측하기 힘들다.

그야말로 요즈음 변화의 모습을 보면 어디로 튈지 모르는 럭비공이다. 지금의 이 모양, 상태, 기능 등이 앞으로 어떤 모양으로 얼마나 뛰어나면서도 다양한 기능을 갖는 것으로 변화할 것인지 도무지 상상하고 예측하기 힘들다. 과거에는 적어도 몇 년, 몇 십 년 정도는 변화의 예측이 가능했다. 그래서 변화에 대응할 만한 대책의 강구가 어느 정도 가능했었다. 그러나 오늘날에는 도대체 어떻게 변화할 것인지를 전혀 예측하지 못하는 시대가 됐다.

셋째, 변화에 적응하지 못하면 살아남지 못한다.

자기 혼자만이 옛것을 고집한다고 해서 말과 뜻이 통하는 시대가 더 이상 아니다. 앞에서도 지적했지만, 시대와 상황에 걸맞게 변하지 않는다면 그것은 곧바로 죽음을 초래하는 것이다. 따라서 살기 위해서 변화하는 것이고, 그런 의미에서 변화는 최소한 죽지 않기 위한 몸부림 일 수밖에 없다. 따라서 날로 새로워지고 달라지는 '새로움'속에 자기를 묻지 않으면 도태될 수밖에 없다. 도태는 죽음이며 영원히 사라진다는 사실을 잊지 말아야 한다.

넷째, 변화는 선택의 문제가 아니다.

자기가 필요해서 따르고 불필요해서 동참하지 않는 선택의 재량이 아니라, 반드시 동참해야 하는 필수이고 의무이다. 내가 하기 싫고, 좋아하지 않는다고 해서 변화를 선택하지 않을 수 없다. 우리가 살아있는 한, 살아가야 하는 한 어쩔 수 없이 자기 의사와는 상관없이 변화를 맞이해야 한다. 어떻게 보면 그만큼 산다는 것 자체가 선택이 아니고, 자의가 아니라는 것을 깨달아야 한다.

다섯째, 변하지 않으면 죽는다.

표현이 너무나 살벌한 표현인지 모르지만, 엄연한 사실이다. 앞에서도 여러 번 언급했지만 분명한 것은 변하지 않으면 죽는다는 것은 실증적 사실임을 부정할 수 없다. 모두가 변화의 대열에 동참하여 전진하고 있는데, 자기만이 대열에서 이탈하여 낙오된다면, 그건 두말할 것도 없이 죽음만이 기다리고 있을 테니까 말이다.

여섯째, 변화는 관리할 수 있다.

앞서 말한 것처럼 원칙과 기준, 절차를 존중한 변화를 유도하고 실천한다면 얼마든지 우리가 열망하는 변화로 관리할 수 있을 것이다. 행여, 우리가 살아가는 과정에서 변화는 필연적이기 때문에 아무런 노력이나 준비를 하지 않아도 자연적으로 거쳐 가는 것이겠지 하고 방심하고 대비하지 않는다면 우리 앞에 엄청난 대가가 돌아온다는 사실을 명심하고 늘 준비하고 관리해야 한다.

지금까지 살펴본 것처럼 이와 같은 속성을 지닌 것이 변화다. 이제 우리는 이러한 속성을 지닌 변화를 어떻게 맞이하느냐에 따라 우리의 미래가 결정된다는 사실을 직시해야 한다. 따라서 긍정적이고, 적극적으로 변화를 맞아야 함은 물론 변화의 주체가 되어야 한다. 특히, 세상

살이 중에서 배움의 과정은 더욱 그러하다.

항상, 새로운 것을 향하여, 미지의 어떤 것에 대하여 끊임없이 연구하고 노력하고 개척하는 자세야말로 날마다 변화의 삶을 사는 것이고, 한층 더 격조 높은 단계로 발전하는 것이며 차원 높은 비전을 갖는 것이다. 따라서 우리가 변하려면 사고(인식)의 틀을 바꿔야 한다. 과거의 전통적인 관행, 습관, 불변의 진리처럼 굳어져버린 사물의 이치, 원리, 생각, 관점 등 사람이 느끼고 행동하고 사용하고 적용하는 모든 분야를 총 망라해서 다시 생각하고 의문을 갖는 자세가 필요하다. 그것만이 변화와 발전을 꾀하는 것이기 때문이다.

인생은 연습이 없다

—청소년에게 고告함

"청운의 원대한 꿈을 가져라"

누구에게나 학창시절은 즐겁고 재미있고 가슴이 부풀고 뭔가 추억거리가 많은 것이 사실이다. 천하를 다 휘둘러 주무를 것 같기도 하고, 모든 것이 다 내 손안에 잡힐 듯하고, 뭐든지 마음먹으면 다할 수 있을 것 같은, 자신과 의욕에 불타는 시절이다. 가장 꿈 많고 희망(소망)하는 것도 많은 때이다.

그러므로 청소년 여러분은 여러분이 가능한 갖가지 아름다운 청운의 푸르고 원대한 꿈을 많이 가져야 한다.

학창시절 거침없이 많은 꿈을 갖지 못하면 일생을 통하여 그럴만 한 시절도 별로 없다는 것을 알아야 한다. 따라서 지금이야말로 여러분의 미래에 대한 아름다운 꿈을 마음껏 가져 볼 수 있는 절호의 시절이다.

"소질과 적성을 일찍 발견하고 개발하라."

사람이 자기 소질과 적성에 맞는 일을 하면서 평생을 산다는 것같이 행복할 수는 없다고 본다. 직업을 선택하고 생(삶)을 영위하는 과정에서 자기가 잘할 수 있고, 하고 싶은 일을 하면서 산다는 것은 정말 보람이고 성취고 행복이라고 할 수 있다.

더구나 평생을 그렇게 산다는 것은 환상적인 삶을 산다고 할 수 있을 것이다. 그렇게만 살 수 있다면 그 사람은 최상의 삶을 사는 것이다. 그러나 불행하게도 대다수의 사람들이 그런 삶을 살지 못하는 게 현실이다. 따라서 지금부터라도 가능한 빨리 자기의 소질과 적성이 뭣인지를 발견하는 데에 우선적으로 애쓰고 노력하여야 한다.

"목표를 정하고 치밀한 전략을 세워라"

자기의 소질과 적성에 맞는 일이 뭣인가를 찾아서, 적어도 그 분야에 어느 정도 최고의 전문가가 되기 위해서는 목표를 정해야 한다. 목표를 정할 때는 자기 자신에게 보다 솔직해야 한다. 자기의 능력·여건·환경 등 긍정적·부정적인 모든 면을 직시하고 자기 자신을 인정하는 자세가 필요하다. 터무니없이 거리가 먼 황당한 목표지향적인 목표설정은 목표달성은 물론 인생 자체를 실패로 가져갈 수 있다는 것을 잘 생각해야 할 것이다. 또한 성공적인 목표달성을 위해서는 치밀한 실천전략을 세워야 한다. 전략이 치밀하지 못하고 방향이 어긋난 잘못된 전략은 우리의 수고를 무모하게 만들고, 목표달성을 어렵게 하는 것은 물론이고 인생을 실패로 이끄는 불행한 결과를 낳을 수 있다는 사실을 명심해야 한다.

"천천히 그러나 끊임없이 노력하라"

사람이 태어나면서부터 어른이 될 수 없듯이 모든 일은 일조일석에 이루어지는 게 아니다. 일정한 순서와 절차·과정이 꼭 있어야만 이루어지고 만들어진다는 사실을 알아야 한다.

마찬가지로 모든 사람이 자기가 정한 인생의 목표를 실현시키고 달성하기 위해서는 수많은 세월 동안 피나는 노력 없이는 불가능한 것이다.

사람도 갓난아기에서부터 어린아이, 소년소녀시절, 청년시절, 장년시절 등을 거쳐 오랜 세월이 흘러야 비로소 어른이 되는 것이다. 따라서 자기가 자기인생의 설정한 목표를 달성하기 위해서는 때로는 하기 싫고, 질리고, 지칠지라도, 꾸준히 변함없이 줄기차게 노력하지 않으면 안 된다는 사실을 명심해야 한다.

말이 그렇지, 이렇게 산다는 게 얼마나 힘들고 어렵겠는가? 그렇지만 그래도 이 과정을 반드시 겪어야 성공한 인생으로 살 수 있는 것이다.

나는 가끔 이런 생각을 해본다. '사람이 이 땅에 태어나 무엇이 되느냐가 중요한 게 아니고 어떻게 무엇을 하며 살았느냐가 더 중요하다.'고. 이 말은 결과보다는 과정이 더 중요하다는 말이다. 오늘날, 과정이야 어쨌든 결과만을 중요시하는 세태 속에서 한번쯤 새겨 보아야 할 말이라고 생각한다.

수단과 방법은 아무래도 괜찮다고 과정을 경시하는 풍조는 엄청난 파장과 위험한 결과를 초래할 수 있다. 늦고 더디지만, 천천히 그리고 착실하게 단계적인 과정을 밟아가는 것이 절대로 필요하고 중요한 것이다.

"차별화된 노력으로 꿈(소망)을 실현시켜라."

누구나 하는 것이고 할 수 있는 일을 하면서는 다른 사람보다 다른,

그것도 월등히 뛰어나게 다른 삶을 살 수 없고 자기가 설정한 인생의 목표를 달성할 수는 없을 것이다. 또, 그 목표를 달성하기 위하여 준비하는 삶의 자세가 아닐 것이다. 따라서 분명히 차별화된 전략과 노력이 없이는 자기가 이루고자 하는 바를 이룰 수 없다는 사실을 확실히 알아야 한다.

인생에 있어서 말이 꿈이고 희망이지, 그것은 분명 자기 자신의 인생 목표를 환상적으로 설계하려는 것이다. 그렇기 때문에 환상적인 꿈을 실현시키기란 여간 어려운 게 아니지 않겠는가?

수많은 장애와 난관을 물리치고 줄기차게 한걸음으로 꾸준히 정진하는 자만이 자신의 미래 비전을 현실로 바꿀 수 있을 것이다. 남들이 하는 것 다하고, 즐길 것 다 만끽하고, 누릴 것 다 누리면서 남들보다 월등하거나 다르기를 바라는 것은 형평에도 맞지 않을 뿐만 아니라 허황된 망상이고 과욕일 것이다. 분명한 것은 노력 없이는 꿈도 희망도 없다는 것이다

"정도正道가 아니면 가지마라."

사람이 한평생 살아가자면 온갖 희로애락을 다 겪게 된다. 때로는 기쁘고 화가 나고 슬프고 즐거운 일들이 찾아온다. 그러나 그럴 때마다 주의해야 할 것이, 정도程度에 넘쳐서는 안 된다는 것이다. 과해서도 안 된다. 특히 어렵고 힘든 상황이라고 해서 쉽고 편한 길을 가서는 안 된다. 옳은 길이 아니고 바른 길이 아니고 정당한 방법이 아닌 길을 가서는 절대로 안 된다. 그 길은 다른 사람 다 몰라도 그 길을 선택한 자기는 안다. 올바르지 않고 정당하지 않다는 것을 말이다.

사람에게는 누구나 양심이란 게 있어서 항상 마음속에서 양심의 잣대

가 저울질하게 되고, 옳고 그름을 판단해주기 때문이다. 따라서 세상 모든 사람들은 다 속일 수 있을지 몰라도 자기 자신만은 속일 수 없는 것이다. 그러므로 일생을 통하여 언제나 바른 길을 택하여 삶을 살아야 한다. 바른 길(正道)이 아닌 수많은 곁가지 길은 과감히 외면할 수 있어야 한다. 그 길은 온갖 위험이 도사리고 있고 언젠가는 그 위험으로부터 치명적인 폐해를 입게 된다.

"날마다 일일결산하면서 살아라"

'인명人命은 재천在天'이란 말이 있다. 사람의 목숨은 하늘에 달려 있다는 말이다. 사람이 이 땅에 태어남에는 선후先後가 있지만, 죽음에는 선후가 없는 것이 분명하다. 조금은 기분이 언짢을 수 있는 말인지 모르나 사실임에 틀림없다.

극단적인 심한 말인지는 모르겠지만, 날마다 '오늘이 지구의 종말이다'하고 생각하면서 사는 것이 어떠할지. 아니면 '내 인생은 오늘이 끝이다.' 하고 생각하면서 사는 것이 어떠할는지 모르겠다. 이런 마음으로 일상을 살면 하루하루가 정말 아깝고 소중해서 허송하는 삶을 살지 않을 것 같다.

다른 한편으로는, 그날그날 자기의 삶에 대한 성찰과 반성은 보람된 내일을 위해 꼭 필요한 것일 것이다. 따라서 하루의 일과를 마치고 잠자리에 들기 전에 그날의 삶을 결산한다는 것은 매우 중요하고 의미 있는 일일 것이다.

사람의 일생은 영원한 것 같지만 유한한 것이다. 그리고 인생살이가 간단한 것 같지만 어렵고 힘들고 복잡하다. 모든 사람이 한평생 살면서 온갖 시행착오를 다 겪는다. 그런데 문제는 인생에는 연습 과정이 없다는 것이다. 인생을 살아보고 나서, 충분히 겪어보고, 경험해보고 다시 진짜로의 인생을 살 수 없다는 것이다.

단 한번의 연습도 없이 인생 항로를 항진해야 하는 것이다. 얼마나 걱정되고 조심스러운가? 몇 번씩 두드려보고 안전한 길인가, 올바른 길인가 잘 살펴보고 알아보고 걸어가야 할 길이 아닌가 말이다. 그 길은 앞서 걸어가신 수많은 인생선배들의 족적足跡을 통하여 여러분의 경험으로 얻을 수 있을 것이다.

세계적 명품 브랜드를 꿈꾸며

―새만금사업 추진에 부침

새만금간척종합개발사업(이하 새만금사업)은 전라북도 군산시 비응도와 부안군 변산면 대항리를 잇는 방조제 33km를 축조하여 군산시, 김제시, 부안군에 연접한 만경강, 동진강 하구해역 40,100ha를 28,300ha의 토지와 11,800ha의 담수호를 조성하는 국내 최대의 농지조성 목적의 대규모 간척사업이다.

최초의 이 사업의 조사에서부터 착수 지금까지의 추진 과정을 살피면, 1981년 4월에 만경, 동진강 유역 농업 종합개발계획 기본 조사를 시작으로 1986년 3월에 와서 새만금지구 사업 타당성 조사에 착수하여 이듬해인 1987년 12월10일 당시 민정당 노태우 대통령 후보가 새만금사업 공약을 발표하면서 농림수산부(지금의 농림부)에서 사업 추진계획을 발표하고 환경영향평가, 기초조사, 기본 및 실시설계 등 각종 행정

절차를 거쳐 1991년 8월19일에 사업 시행계획을 농림수산부 고시 제91-23호로 확정하고, 사업시행부서 및 주체는 농림수산부, 사업관리, 보상업무 등은 전라북도에 위임하고 농어촌진흥공사(지금의 농촌공사)에서는 공사시행과 측량, 설계, 공사, 감리 등을 맡기로 하였다.

당시 사업비는 1조3천64억 원으로 확정하고, 이후 공유수면 매립면허, 사업시행 인가를 득하여, 마침내 1991년 11월 18일에 역사적인 착공에 들어갔었고(당시 방조제 1공구 착공), 이듬해인 1992년 6월10일에는 방조제 2,3,4호까지 착공하기에 이르렀다. 새만금 사업의 당초 목적은 국토의 외연적 확장과 수자원개발, 대체농지조성 및 쾌적한 복지농어촌을 건설하는 것을 목적으로 했다.

사업기간은 1989년부터 시작해서 2001년까지 13년간에 걸쳐 시행하고 1989년부터 1996년까지 8년간은 방조제를 조성하는 공사를 시행하고, 1996년부터 2001년까지는 방조제에 의하여 조성된 내부 간척지를 개발하는 것으로 되어 있었다.

1991년 한국산업경제연구원은 새만금사업에 대한 경제성 분석을 통해 국토확장, 수자원확보, 교통환경개선, 종합관광권 형성, 상습 침수예방 및 일자리 창출 등의 경제적인 효과가 있을 것이라는 연구 결과를 발표한 바 있다.

여러 가지 어려운 조건과 상황에서도 공사가 그런대로 순조롭게 진행되어 오다가 1996년 7월에 이르러 시화호 오염사고 발생으로 인하여 새만금호의 수질오염 논쟁이 일기 시작하더니, 1998년 2월에는 환경단체들이 공조하면서 사업의 백지화를 요구하게 되었고, 그러는 가운데 1998년 12월30일에는 제1호방조제가 착공 7년 만에 완공되었다.

1999년 1월 11일에 당시 전라북도지사인 유종근 씨가 환경문제 해결을 위한 민 · 관공동조사단의 구성을 제의하면서 새만금사업의 전면 재검토를 선언하게 되고 국무총리실에 수질개선기획단과 민 · 관공동조사단의 구성이 결정 되면서 이의 조사활동을 위하여 1999년 5월에 공사가 최초로 중단하게 되었다.

이후, 조사와 토론 등을 거쳐 2001년 5월 25일에 새만금사업을 친환경적, 순차적으로 개발하기로 확정하고 사업계획을 변경했다. 변경 개요를 보면, 사업기간을 당초 2001년에서 2011년으로, 총사업비를 당초 1조 3,064억 원에서 3조489억 원으로 증액하고 방조제를 우선 완공한 후, 수질문제를 고려하여 상대적으로 수질이 양호한 동진강수역을 먼저 개발하고, 만경강수역은 수질이 목표 기준에 적합하다고 평가될 때까지 개발을 유보하는 내용으로 변경하였다.

그러나 2001년 8월16일 주민, 시민단체 등이 공유수면 매립면허, 사업시행인가 처분의 취소를 구하는 소송을 제기하면서 국책사업으로 시행되고 있는 국가사업이 행정소송으로까지 번지는 사태에 이르렀다. 소송이 진행되는 동안 환경단체, 불교, 천주교 등 종교계의 반발과 공사중지를 요구하는 시위 등이 이어졌고, 그러는 가운데에도 야미도에서 비응도까지의 제4호 방조제의 끝 물막이가 완료되었다. 그럼에도 불구하고 새만금사업 공유수면 매립면허 및 사업시행인가 처분 효력을 잠정적으로 유보하는 방조제 공사 중지 결정이 서울행정법원에 의해 2003년 7월15일에 내려졌다.

이에 대하여 정부(농림부)는 집행정지 결정에 대한 항고를 서울고등법원에 냈고, 법원의 새만금사업 중단 결정에 항의해서 당시 김영진 농림부장관이 사퇴하는 사태까지 벌어졌다. 이에 따라 새만금사업은 착공 이래 두 번째로 공사가 중지되는 어려움에 직면하게 되었다. 그 결과 전북도민과 양식 있는 국민들은 자발적으로 새만금사업에 대한 논쟁의 종식과 사업 재개를 요구하며 일제히 궐기하고 나섰다. 온갖 설전과 공방이 상당기간 계속되어 오다가 2005년 2월4일에 서울행정법원은 정부 조치계획(2001. 5.25)과 세부실천계획(2001. 8. 6)의 취소를 구하는 소를 각하하는 등 사실상 정부 측 항고에 힘을 실어줬다. 2005년 12월21일에는 항소심의 판결을 통하여 정부 측이 승소했음을 확인 하였으나, 환경단체 등은 또다시 2006년 1월3일에 상고했다.

그렇지만 2006년 3월 16일에 대법원의 상고심도 정부의 승소를 선언하게 되고, 동년 3월17일부터 방조제 축조공사를 재개하여 마침내 2006년 4월21일에 2호방조제의 끝물막이를 성공시키면서 착공한 지 14년 5개월 만에 역사적인 방조제 33km가 하나로 연결되게 되었다. 이후로 지금까지 방조제 축조 공사가 착실하게 추진되고 있으며 2009년 말에는 방조제 천단에 4차선 도로를 갖춘 방조제의 위용이 드러나게 될 것이다.

한편, 정부는 2003년 말경부터 새만금토지 이용 연구용역을 시작하여 2006년 말경까지 5개 연구기관이 참여한 가운데 용역과업을 진행시켜 많은 토론과 공청회 등 각계의 의견 수렴을 거쳐 마침내 2007년 4월 3일에 「새만금내부토지개발 기본구상」을 발표한바 있다. 발표한 내용에 따르면, 개발의 원칙을 세 가지로 정하고 있다.

첫째, 순차 개발원칙이다. 비교적 수질이 좋은 동진수역부터 개발하고, 만경수역은 수질목표기준에 적합하다고 평가된 후에 개발을 추진한다는 것이다.

둘째, 용도별 개발원칙이다. 농업용지 위주로 개발하되, 산업, 관광, 도시용지 등은 수요에 따라 단계적으로 개발한다는 것이다.

셋째, 친환경 개발원칙이다. 충분한 환경용지를 확보하고 새로운 토지개발 구상에 맞는 수질대책을 보완하여 추진한다는 것이다. 토지 용도별 내용은 당초와는 달라졌다. 토지로 조성되는 총28,300ha중 농업용지가 20,250ha이고, 산업용지 1,870, 관광용지 990, 농촌도시용지 660, 에너지단지 430, 환경용지 3,000, 기타 방수제 등이 1,100ha다. 총사업비도 3조 9,722억 원으로(2007년 8월31일 현재) 변경되었고, 용도별 개발방안, 기반시설 확충방안, 수질보전대책, 재원조달방안, 사업시행체계의 정립 등을 구상에 포함시켰다.

그동안 정말로 파란만장했고 우여곡절이 많았던 게 사실이다. 이와 같이 좌충우돌하며 추진되는 새만금사업을 보면서 정부와 전라북도는 사업의 안정적인 추진을 위한 어떤 제도적인 강력한 장치의 마련이 필요함을 절감케 되었다. 또, 이제는 본격적인 내부개발 절차와 방법을 국가적 과업으로 보고 논의하여야 하고, 엄청난 예산을 들여 추진하고 있는 대규모 사업을 앞당겨서 완공시켜야 한다고 생각한다.

이에 따라, 전라북도는 새만금사업에 대한 특별법 제정의 필요를 느끼고 백만이 넘는 도민의 서명을 바탕으로 하여 정치권과 함께 법제정에 나섰다. 법의 내용은 사업시행을 보다 더 체계 있게 하고, 개별법에서 규정하고 있는 각종 규제나, 인·허가 사항들을 대폭 완화하거나 의제처리하여 개발을 쉽게 하고 철도, 공항, 항만 등의 기본적 SOC의 확충과 지원을 우선적으로 하게 하며, 사업비의 재원조달도 안정적으로 가능하도록 하는 등 주된 내용의 골자가 개발을 쉽게 하고 앞당기는 쪽으로 초점을 맞췄다. 나는 새만금 업무를 총괄하는 업무를 담당한 공직자다. 주어진 보직 때문이기도 하지만, 새만금사업과는 개인적으로 인연이 많은 것 같다.

이미 1999년에 도道의 새만금업무를 담당하는 부서에 근무한 경험이 있어 두 번째 인연을 가진 셈이다. 또한, 정년을 2~3년 남겨둔 공직의 끝자락에서 국가적으로 중요하고, 전라북도의 입장에서 볼 때도 도민의 '비전이고 미래의 희망이 될 새만금사업 관련 업무를 담당한다는 것이 얼마나 자랑스럽고 흐뭇하고 보람 있는 일인가.'라고 생각하고 특별법 제정을 비롯한 사업예산의 증액을 위해서 휴일과 밤낮없이 열정을 쏟고 사명감을 갖고 올인했다.

일주일이면 평균 3~4일간, 어떤 때는 도청의 사무실에는 8~9일 만에 출근하고 중앙관련 부처, 각급 사회 및 환경단체, 국회 등을 수십 번씩 반복 방문하여 법제정의 당위성과 추가사업의 타당성 등을 나름대로 논리를 개발하여 애타게 호소하고 건의하곤 했다. 이 같은 일은 끝이 없었다. 관철되고 목적이 달성되는 때가 끝이었다. 때로는 원시적인 욕설도 듣고, 모욕적 냉대도 받았고, 냉소적인 비판과 비난도 수없이 받았다.

또한, 안으로부터 받는 질책과 도민들로부터 받는 기대와 중압감으로 여간 어렵고 힘든 나날의 연속이었는지 모른다. 그러나 이렇게 중요하고 큰 사업의 추진을 위한 일의 중심에 내가 있다는 자부심과 사명감으로 모든 것을 참고 이겨냈다. 도민과 정치권, 그리고 중앙관련 부처의 관심과 성원에 힘입어 마침내 2007년 11월22일 국회 본회의에서 '새만금사업촉진을위한특별법'이 통과되는 쾌거를 이루어냈다.

그 순간, 그동안 1년이 다가도록 힘들기만 했던 일들이 봄눈 녹듯 다 녹아내리는 것 같았고, 눈물이 핑 돌았다. 감격해서 동료직원들과 얼싸안기도 하면서 기쁨을 만끽했다. 2007년도 전북도정의 큰 획이었고, 성과 중의 성과라고 대내외적으로 입을 모았다.

새만금 지역을 중심으로 반경 1,000km 이내에 6억6,000만 명의 인구가 살고 있고, 중국 동·북부 지역에 근접해 있어 입지적으로 동북아 지역의 산업, 물류의 배후 기지로 가장 경쟁력 있는 지역으로 부상하고 있을 뿐 아니라 국·내외 관광객이 연간 1000만 정도가 방문할 것이라는 연구결과가 나오고 있다. 더불어 국토균형개발 정책의 시행에 따라 무궁무진한 개발 잠재력과 함께 새로 조성되는 행정 중심 복합도시와도 가깝게 위치하고 있어 발전 여건이 유리하고 좋다.

그래서인지 지난 제17대 대통령선거 운동 기간에는 모든 입후보자들이 새만금을 찾는 것이 통과의례처럼 되었고, 새만금지역 개발에 대한 공약도 수없이 나왔다. 그러다보니 새만금은 마치 무주공산無主空山처럼 비춰지기도 했다. 주인이 하도 많아서 진짜 주인이 누구인지 구별할 수 없을 정도로 누구나 마음대로 또 자기 생각과 주장대로 그림을 그리고 개발하려 하는 사람들이 있다.

그러나 분명히 말해서 정답은 없다. 백년, 이백년 후의 미래세대가 '정말 잘 구상해서 개발했구나.' 하는 평가를 내릴지를 생각한다면 정답이라고 자신 있게 말하기 어려울 것이다. 그렇다고 해서 개발을 지연시키고, 투자와 투자유치를 늦출 수 없다.

다만, 새만금은 백지白紙와 같기 때문에 하얀 백지 위에 어떤 그림을 어떤 물감으로 그려야 할지는 신중에 신중을 기하여야 한다.

새만금 방조제도 맨 위에 자동차가 다닐 수 있는 도로를 만들지만 33km나 되는 긴 방조제를 그냥 차로 달리는 기능과 물막이 역할만을 부여한 방조제로 만들어서는 안된다.

방조제 사면斜面을 이용한 갖가지 볼거리, 즐길 거리, 체험 거리 등을 조성한다든지 해서 차도車道가 있지만 도저히 차를 타고 갈 수 없을 정도의 이른바 '~거리'들을 다양하고 아름답게 구상하여 조성함으로써 관광 자원화하는 방향으로 개발되어야 할 것이다.

내부 토지개발도 다양하고 독특한 세계적 개발컨셉트(concept)로 디자인하여 세계 속에 대한민국의 새만금지역이 국가를 대표하고 상징하는 국가적 브랜드가 될 수 있도록 개발 방향을 설정하고 세계적인 개발과 투자를 모색하여야 할 것이다. 이를 위해서는 국제공항, 항만, 철도, 도로망이 필수적으로 잘 갖춰져서 범세계적인 경제인과 물동량의 접근이 쉽도록 하는 이른바 글로벌게이트(Global Gate)를 구축하는 것이 필수라고 생각한다.

새만금 지역은 우리나라 최초의 최대 간척사업이자 마지막 국토확장사업이라고 본다.

이 시대를 사는 우리가 시작한 일인 만큼 온갖 지혜를 다 짜내어 가장 모범적이고 차별화한 개발도 우리의 몫이다. 그러나 우리가 쓰고 향유할 자원은 아니다. 자손만대 미래세대에게 물려줘야 할 땅이다. 어렵고 힘들고 조금은 다급하지만, 정말이지 모두가 하나되어 지혜를 모아 오랜 세월이 지난 후에도 세계 속에 대한민국 명품브랜드로 영원히 두각을 나타낼 수 있도록 개발되기를 간절히 바라는 바이다.

조기퇴출 능사能事인가

아주 먼 옛날에야 50대, 60대는 노인 축에 들고 그런 대접을 받았지만, 현대에 이르러서는 생활 정도도 나아지고 의학도 발달해서 잘 먹고 잘 지내고, 나이 들어 질병에 노출된다 해도 좋은 의술과 의약품 덕분에 손쉽게 치료도 받을 수 있어서 노인 축에 넣기에는 좀 무리지 싶다.

전 세계적으로 사람의 수명이 길어지고 있는 추세다. 그 때문에 노령화 인구가 늘어나고 노인 일자리 창출과 함께 노인 봉양 및 복지 대책도 사회적 문제로 대두되고 있다.

한편, 이와는 반대로 공직을 비롯한 금융권, 기업 할 것 없이 정년이 줄어들고 퇴직연령이 빨라져 심지어는 강제퇴출, 동반퇴직 같은 사례도 나타나고 있으며, 최근 들어서는 이같은 경향이 보편화하는 것 같다. 정서적으로도 그런 분위기가 사회 전반에 팽배한 실정이다.

대체로 종전까지의 정년의 개념은 60세를 전후한 기준이 일반적이라고 할 수 있다. 물론 직업의 종류나 직무의 성질에 따라 차이는 있지만, 사회 통념상 관행처럼 그렇게 시행되어 왔다고 볼 수 있다.

따라서 조기퇴직이 유행처럼 만연되고 있는 시점에서 유달리 눈치 보여지는 게 우리나라의 50대인 것 같다. 왜냐하면, 정년 연령대에 가장 근접해 있는 연령대가 50대이기 때문이다. 또, 이들 대부분이 경력이 많아 지위도 높고 보수도 지위에 상응하는 만큼 상당한 수준이기 때문에 지위가 낮은 사람은 조기 승진의 기회가 올 수 있고, 고용주 입장에서는 한 사람에게 지급하는 보수로 낮은 보수를 지급하면서도 젊은 사람을 고용할 수 있다는 일견一見의 생각과 입장이 맞아 떨어지기 때문이다.

그러나 이와 같은 사고는 너무나 단순하고 산술적인 계산이다. 또, "우선 먹기는 곶감이 달다."는 식이다. 보다 폭넓게 생각하고 따져 봐야 한다. 코앞 일만 생각하면 안 된다.

남이 장에 간다고 해서 나도 구럭 매고 따라가서는 안된다. 선진국의 사례도 살피고 이 제도의 시행으로 빚어지는 문제점은 없는지, 사회적 역기능과 병리현상은 무엇이 예측되는지를 꼼꼼히 따져봐야 할 것이다.

필자가 이런 말을 하면 인생을 훨씬 많이 사신 선배님들로부터 다소는 건방지다는 핀잔을 들을지 몰라도 우리나라의 50~60대에 대하여 잠깐 살피려고 한다.

역사적으로 부끄러운 일제 강점기에서 벗어나 해방의 기쁨은커녕 추락할 대로 떨어진 민생 바닥경제 상황 속에서 초근목피草根木皮로 연명하며 근근이 하루하루를 살아온 60대의 인생 선배님들 하며, 대를 물린

국가적인 절대 빈곤을 어떻게 하면 극복할 수 있을까 하고 굶주린 배에 허리끈을 졸라매고 "잘 살아보세!, 잘 살아보세!"를 구호처럼 외치며 밤낮 없이 피땀 흘려 국가재건과 경제부흥에 헌신적 · 희생적(?) 삶을 살아온 숙명과도 같은 50대다. 물론 어느 세대라고 좋은 나라를 만들고 잘사는 나라를 만들지 않겠는가마는, 어떤 여건, 어떠한 시대적 배경 속에서의 삶이었는가가 차이가 있을 것이다.

이 또한, 그 시대를 사는 사람들의 숙명이고 운명이라면 별수 없는 노릇이다.

그러나 무릇 시대를 살아가는 세대는 항상 세대와 세대가 단절되어 있지 않고 연결되어 있음을 알아야 한다. 그리고 세대간에는 정서가 있고, 피가 통하고 있다.

요즘 조기퇴직 과정에서 퇴직 대상자를 혹시라도 이방인으로, 남으로 인식하는 흐름이 있다면 큰일이다. 다른 나라 사람들이 아니고 우리나라 사람이고, 남이 아니고 내 가족이다는 것을 분명히 알아야 한다.

세대世代는 특정인에게만 정해진 것이 아니다. 누구나 살아가고 있는 한, 세월이라는 물줄기에 편승해서 어쩔 수 없이 세대라는 파고를 탈 수밖에 없는 것이다. 따라서 누구나 50대일 수 있고 60대일 수 있다.

통계적으로 보면, 지금 우리나라에서는 날마다 1,500명이라는 사람들이 50대로 접어들고 있다고 한다. 지금의 추세로라면, 우리나라에서 50대가 된다는 것은 퇴출을 준비해야 하는 분위기다. 그러나 그들이 갖고 있는 경륜과 노하우(know how)가 사회 · 경제적으로 얼마나 큰 영향과 비중을 차지하는지, 다시 말해서 그들이 갖고 있는 위상을 잘 따져보고 심각하게 고민해야 된다고 본다.

우리나라보다 먼저 노령화 사회로 진입한 선진 여러 나라들의 장년·노년층의 사례를 벤치마킹(bench marking)할 필요가 있다.

미국의 경우, 풍부한 사회적 경험과 그들 나름대로 축적된 경쟁력을 확보한 50대를 미래에 대한 새로운 도전과 그들만의 가치관을 만들어 나가는 인생의 또 다른 출발점으로 삼고 있다. 그런데 우리나라의 경우는 어떤가?

솔직히 말해서 50대 이상을 인생의 황혼기로 보고 퇴물 취급하는 경향이 있다. 40대 은행장을 임명하면서 그 밑에 전에 지점장이었던 50대를 보직도 없는 곳에 발령 아닌 발령을 하여 빨리 퇴직하기만을 기다리는 형편이 아닌가. 나갈 수밖에 없도록 분위기를 조장한다는 것이 맞는 말이다.

그렇다면 그 지점장은 뭣인가? 은행의 발전을 위해서 일하지 않고 놀았다는 것인가? 나름대로 열심히 최선을 다했다고 할 것이다. 그럼에도 불구하고 나이가 50대라는 이유로 무참히 떠밀어내는 것이 과연 옳은 것이고 구조조정인가. 그가 쌓아온 노하우는 철저히 무시당하고 인격은 깡그리 무너진 것이다.

이러한 현상은 일반 회사로 가면 더 심각하다고 한다.

40대까지도 공공연하게 벌어지고 있다는 것이다. 철저한 능력의 평가나 검증 없이 단순히 나이가 많다는 이유만으로 명예퇴직이니, 조기퇴직이니 하는 강압적이고 무리한 퇴출을 행사하는 것은 명백한 연령차별이고 보이지 않는 큰 손실일 수 있다.

'나이는 숫자에 불과하다'는 말도 있다.

또, '늙는다는 것은 상상력의 허구다.'라는 말도 있다.

앞서도 말했지만, 현대는 의약의 발달과 함께 생활의 질적 수준도 높아져 정말 나이는 숫자에 불과할 수도 있다. 또, 정신적으로나 육체적 · 지적으로도 개인에 따라 차이가 있을 수 있다. 조기 퇴직으로 인하여 늘어나는 노령인구를 결국 현직 세대에게 부양해야 할 짐만 지우게 하는 것도 심각한 사회 문제다. 또한 일할 수 있음에도 일자리가 없어 무위도식無爲徒食하게 하는 것은 잘하는 것인지 생각해볼 때다.

벌써부터 사회적 병리현상으로 다가오고 있다.

사회정책은 절대로 근시안적으로 접근해서는 안된다. 언 발에 오줌 누는 식으로는 안된다. 사회 현상을 간단히 보아서는 안 된다. 고무풍선 같은 것이다. 한쪽을 누르면 다른 한쪽이 부풀어 오른다는 것을 명심해야 한다.

2012년이 되면 우리나라 인구의 4명 중 한 명이 장년 · 노년층이 된다고 한다. 생각하면 끔찍하리만큼 심각한 문제가 아닌가 말이다. 이 기회에 장년 · 노년층에게도 한마디하고 싶다.

'지금의 사회적 흐름을 지나쳐 버리지 말아야 한다.'고, 아무런 준비나 저항없이 물러서면 남은 인생은 문제가 붙는다. 지금까지 살면서 살아온 인생 경륜을 바탕으로 철저히 무장하고 준비해야 할 것이다. 그래서 연령차별에 맞서서 당당하게 자신이 해야 할 일과 몫을 지켜야 한다.

이것만이 오늘을 사는 준비된 장년 · 노년층일 것이다.

말을 잘해야지

오늘이 토요일이기도 해서지만, 지난밤 몸의 상태가 좋지 않은 채 늦게 잠자리에 오른 탓으로 아침 여덟시가 다 되어서야 일어났다. 한주간 동분서주한 생활이 심신을 지치게 한 것인지 밤새 한번도 눈뜨지 않고 곯아떨어져 잔 것이다.

아파트 창 밖을 보니 가늘게 비가 오고 있다. 몸을 씻고 아침 식사래야 보리로 만든 떡대 두어 도막하고 오이 몇 조각과 선식으로 먹는 둥 마는 둥 마치고 여전히 몸이 찌뿌등하여 소파에 누워있는데 밖에 누가 왔는지 벨 소리가 울린다.

현관문을 열고 들어온 사람은 소독을 해주러 다니는 아주머니였다. 짐작건대 한 쉰 정도 될 듯했다. 입고 있는 회사 유니폼인 듯한 흰색가운 왼쪽 가슴 쪽에 뭣이라고 씌어 있다. 아마 아주머니가 일하시는 회사

이름인 듯했다. 미처 안경을 쓰지 않은 내가 유니폼에 씌어진 글자를 읽느라 가까이 들여다보는 것 같으니까 얼른 아주머니가 눈치를 채고 "'인내방역'입니다. 나는 많이 참아야 돼요."라고 말하는 것이다 "왜요? 왜 뭣을 그렇게 참아야 하는데요?"라고 내가 응수하며 물었다. 그냥 별 생각 없이 말투가 좀 그래서 대꾸하는 듯 물었는데 아주머니 입에서 말문이 터진다. 집사람이 함께 있었지만 외부행사가 있어 외출할 채비로 아주머니에게는 관심을 못 가질 형편이었지만 이곳저곳 스스로 알아서 소독 도구를 들고 다니며 소독하는 아주머니 뒤를 졸래졸래 따라다니면서 아주머니가 하는 말을 다 듣게 되었다.

"아이고, 참을 것이 한 두가진줄 알아요. 금방도 여기 오기 전에 몇 집에서 혼나고 오네요."

"어째서요?"

"별것도 아닌데 아침 일찍부터 자고 있는 사람 깨워서 비상 건다고요."

"아니, 지금 아홉시가 넘었는데요?"

"그렇게 말이요. 참내. 그리도 참어야지 어찌요. 그것뿐인 줄 알어요? 그것은 그만두고 이따 오던지, 글안으면 내일 오던지 허래요. 어차피 일어났응게 기분은 안 좋을망정 소독은 허라고 히얄 것 아니요. 막 나가래요. 기가 막혀서 정말. 어떡허겄어요 나와야지, 별수 없이 일도 못 보고 나왔어요. 나는 얼마나 성질나고 화나겄어요?"

"또, 어떤 집은 어쩐 줄 알아요? 설렁설렁허지 말고 꼼꼼허게 잘허래요. 다 우리가 돈내서 허는 것잉게 잘히야지 허면서 온통 자기가 소독비 다 낸 것같이 말허고, 자기가 유독 많은 돈 낸 것같이 큰소리치고 난리고요, 또 언징가 한번은 60평짜리 아파트에 들어갔는디 막 현관에서 거실 쪽으로 들어갈라고 허는디, 건너편 발코니 쪽에서 아주머니가 소리치며 쓰리빠를 던지더라고요."

"예? 왜요?"

"이집 저집 들어댕깅게 발바닥이 더럽대요. 그러니까 쓰리빠를 신고 들어오라는 거요. 따지고 보면 틀린 말은 아닌디요, 꼭 내가 사람도 아니고 드런 물건같이 왜 꺽정스런 얼굴로 쳐다보면서……. 그러는 것이 참 속상허지요. 짜증내고, 신경질내고, 인상쓰고 그러는 집 참 많어요."

"그래요! 참 놀랬네요. 아니 소독하러 오셨으면 수고하신다고, 고맙다고 말은 못할망정 그럴 수가 있을까요? 이해가 안 갑니다."

"글 안혀요. 별별스런 일 다 쐤어요. 그러고 그런 사람들이 의외로 참 많어요. 거시기 이런 것 있는 것을 보면 뭐 지위가 좀 있잖아요잉?" 하면서 거실 TV 스탠드 옆에 놓인, 동료들이 모 국장 재임기념으로 만들어준 기념명패에 손을 대며 말을 잇는다.

"다 그런 것은 아닌디요, 어떤 집은 되게 목에다 힘주고 버티고 자찜해요. 그럴 때 보면 기가 막혀요. 내가 뭐 자기네 부하요, 일꾼이요, 웃긴다니까요. 나도요 먹을 만큼 살어요. 남편도 있고. 애들도 다 잘됐고요, 아파트도 32평짜리 살고요……!"

묻지도 않았는데 아주머니는 계속 말을 한다. 그러는 사이 이미 여기저기 미리 예정된 곳들을 찾아다니며 소독은 끝났다. 일이 끝났는데도 나갈 생각을 않고 계속 말을 한다. 현관문을 나갈 때까지도 할말이 남았는지 말을 잇는다.

"언징가는 하도 기가 맥히고 복받쳐서 현관문 닫고 나와 계단에서 한

참 운 때도 있었네요."라면서.

아내와 나는 거의 일방적으로 한참 동안이나 아주머니의 말을 들었다. 아침부터 몸과 마음이 개운치 않은 참에 누구에게 한 방 얻어맞은 것처럼 멍하고 씁쓸했다.

말은 생각에서 나온다고 본다. 그런 생각, 그런 마음이 있음으로 그런 말을 하게 된다. 생각과 마음이 없는, 즉 생각과 마음과는 다르게 말할 수는 없다. 그것은 참말이 아니고 위선이고 거짓이다.

아주머니의 수다(?)스러운 말을 들으면서, 요즘 세태가 연상되었다. 요사이 극도로 발달한 개인주의로 상당수 사람들이 자유분방하고 말을 가려서 하지 못하고 함부로 내뱉는 경우가 종종 있다. 지혜로운 자는 적절한 말을 늘 준비하지만, 미련한 자는 무턱대로 말해서 자신과 다른 사람들을 곤란하게 하는 수가 있다. 말을 잘 다스려야 한다. 그러기 위해서는 생각과 마음을 올바르게 가져야 한다.

특히나 돈 있고, 잘살고 어떤 사회적인 지위가 있다고 해서 다른 사람을 하시하고 지배하려 해서는 절대로 안 된다. 젠체하며 남을 낮추어보고 하찮게 여기는 소위 말해서 업신여긴 나머지 함부로 말하는 작태가 지금도 엄존함을 보면서 실소를 금치 못하겠다. 요즘 세상에 누가 그런 꼴을 보겠는가. 세상이 어떤 세상인데, 더 이상 졸부 짓 그만했으면 좋겠다.

사람에게서 아름답고 향기가 나려면 겸손과 겸양, 후덕한 마음씨가 어우러져 그것이 진정 인격으로 표출되어야 한다. 진정한 권위는 억지로 젠 체하고 난 체하고, 있는 체하고, 거들먹거린다고 확보되는 것이 아니다. 가볍게 처신하고 가볍게 말하지 말고 여러 면에서 실력과 경륜이 꽉 차고 영글어져서 무게 있게 언행을 행사해야 한다.

말이 많으면 쓸 말이 별로 없다고 했다. 또 말 한마디가 얼마나 독이 되고 약이 되는가 우리는 잘 알고 있다. 같은 말을 하더라도 '아' 다르고 '어' 다르다고 했다. 억양과 어투도 중요하다. 말을 돕는 얼굴의 표정과 입모양도 의미 전달에서 큰 몫을 한다.

얼굴 표정만 보아도 입 모양만 보아도 무슨 생각과 무슨 말을 할 것인지를 안다고 하지 않는가. 낯선 이를 만났을 때, 말이 다른 외국인을 대할 때 몸짓으로 말을 대신하는 바디랭귀지(body language)가 그것이다.

우리가 살면서 말을 안하고는 살 수 없다. 고운 말, 예쁜 말, 정감있는 말, 남에게 유익한 말을 하자. 독한 말을 남용하여 남의 가슴에 못 박는 일이 없도록 하자.

오늘 소독차 우리 집에 들렀던 그 아주머니가 떠나면서 남긴 말 한마디는 지금도 우리 사회가 얼마나 권위적이며, 가진 자가 우월주의에 빠져 있는가를 실감나게 하고 있다.

"저는 이런 일 허고 댕기면서 돈도 벌지만, 참 좋은 인생 공부 많이 허네요."

'당신도 그럴 것 같다.'라고 생각은 안했는지 조심스러워지는 하루였다

칭찬

새삼스럽게 '칭찬'에 대한 글을 쓰려니까 좀 싱거운 생각이 든다. 그런데도 펜을 잡은 것은 분명, 그것이 너무 중요하고 필요하고 아쉽고 뭔가 서운한 마음이 있어서이다. 특히 현대를 사는 우리에게는 너무나 중요하고 비중이 큰 영향력이 있는 말이라 생각된다.

우리는 날마다 눈만 뜨면 말을 하며 산다. 가족을 비롯해서 직장의 동료·상사와 사회 여러 계층의 사람들과 일상생활을 통하여 말이란 수단으로 수많은 대화를 하면서 살아간다.

우리가 날마다 하는 말은 모두다 마음의 표현이며, 생각의 표현일 것이다. 꼭 그런 것은 아니겠지만, 언젠가 어디에서 이런 글을 읽은 적이 있다.

"말을 조금 길게 발음하면 '마알'이 된다."고.

다시 말해서 '마음의 알맹이'라는 뜻이 된다는 것이다.

맞는 것 같다. 말을 하는 사람의 마음속에 어떤 생각을 하고 있느냐에 따라서 그 사람의 말의 내용(알맹이)이 결정된다는 것이다. 어떤 선입견, 감정을 갖고 있느냐의 결과가 말로 나타나는 것이다.

그래서 평소에 긍정적인 생각, 겸손한 마음, 고운 마음을 갖고 있어야 곱고 아름다운 말을 할 수 있을 것이다. 반면에 상대를 무시하고, 자만하고 교만하며, 오만과 독선의 생각과 행태가 가득한 사람은 거칠고 상대를 비하하는 말을 아무렇게나 내뱉는다. 그것은 말이지만 독毒이 든 독설毒說이다. 상대에게 치명적인 상처를 안겨주고 상대로 하여금 경원시敬遠視하게 하는 결과를 낳게 마련이다.

모든 정보에는 에너지가 담겨 있다고 한다. 같은 정보를 계속해서 반복하여 듣게 되면 더욱 더 그 정보대로 변화해 간다고 한다. 부정적이고 독기 서린 말을 계속해서 듣다 보면 반발심리가 작용하여 불신하게 되고 저항으로까지 발전하게 된다.

따라서 항상 '형편없다', '문제가 많다', '힘들다', '괴롭다', '죽겠다' 하는 등의 부정적 언어는 가급적 삼가야 한다.

가능하면 '잘했다', '그럴 수 있다', '이해한다', '믿는다', '즐겁다', '사랑한다'라고 말하며 살아야 한다. 특히 조직의 리더에게는 다른 사람보다도 절대적으로 필요하고 반드시 갖춰야 할 덕목이다.

사람이 하고 사는 수많은 말중에 '칭찬'은 뭣일까?

사람의 좋은 점이나 한 일에 대하여 높이 평가하고 부추겨 주는 것이 칭찬이라고 생각한다. 사람이 사람을 인정하는 방법에는 여러 가지가 있을 수 있겠으나, 그 중에 가장 빠르고 효과적인 방법은 뭐보다도 칭찬이 아닌가 싶다.

"칭찬은 고래도 춤을 추게 한다."는 말도 있다.

이렇듯 칭찬의 영향력과 효과는 엄청난 에너지를 갖는다. 직장인들을 대상으로 한 설문 조사에서도 가장 듣고 싶은 말이 칭찬이라고 했다. 직장 생활에서 칭찬이 미치는 영향력은 정말 대단한 것이다. 특히, 조직 내에서 리더의 칭찬은 조직에 활력을 불어넣고 뜨거운 동료애로 결집하는 응집력이 있어 조직 목표 달성에 성패를 좌우하게 된다. 칭찬으로 조직 구성원이 인정받고 신뢰를 받을 때 리더가 의도하는 바를 성공적으로 이끌어 낼 수 있기 때문이다.

미국에서 어떤 심리학자가 학생들을 상대로 실험을 했다고 한다.

담임선생님에게 성적이 뒤진 학생들을 임의로 선정토록 한 다음 그들에게 6개월 동안 의도적으로 칭찬을 하도록 했다.

"요즘 공부하는 자세가 참 좋다.", "너는 이대로만 한다면 틀림없이 성적이 오를거야." 하는 등의 칭찬을 계속했더니 학생들의 성적이 크게 향상되었다는 것이다.

칭찬의 영향이란 바로 이런 것이다. 이렇듯 칭찬의 힘이란 칭찬 자체가 갖는 긍정적인 힘이라고 생각한다. 어떤 일을 수행했거나 수행하고 있을 때 그 결과나 내용에 대하여 긍정적 부분을 구체화해서 칭찬 하는 것은 그 일에 더욱 집중하고 열심을 내게 하는 힘을 갖게 하는 것이다.

칭찬하는 사람은 진지하고 진정어린 칭찬을 해야 한다. 속으로는 그렇지 않으면서 겉으로만 마음에 없는 건성으로 하는 겉치레 칭찬은 오히려 비아냥을 받게 되고 불신과 반감까지 유발하게 한다. 애정을 가지고 진심으로 마음으로부터 우러나오는 칭찬을 해야 상대가 신명나고 행복해 하고 춤을 춘다.

조직의 리더는 더더욱 명심할 일이다. 권위를 이용하여 매사에 권위적이거나 자기 중심적, 자기 주관적 생각으로 마지못해 하는 칭찬은 조직 내 불신과 갈등만 조장한다는 사실을 알아야 한다.

자기 눈에 들보가 있는지는 모르고 남의 눈에 티끌만 탓하는 식의 핀잔만을 일삼는 리더의 마지못해 하는 억지성(?) 겉치레 칭찬은 반감만을 불러일으킨다는 사실을 알아야 한다.

이럴 경우 종국終局에는 조직이 와해되고 조직 목표를 달성하기 어렵게 된다. 칭찬이 갖는 효과나 영향이 얼마나 큰 것인가는 더 말할 나위도 없다. 오죽하면, "양반은 하인이 양반 시킨다." 라는 속담이 있겠는가?

아랫사람이 잘해야 윗사람이 칭찬받고 대우도 받게 된다는 말이다. 결코, 리더 자기 혼자서 성과를 창출할 수 없는 것이다. 잘 아우르고 감싸면서 따뜻한 격려의 칭찬을 아끼지 않을 때 리더도 칭찬받고 인정받고 잘했다는 평가를 받을 것이다. 조직 구성원의 사기는 칭찬에서부터다. 칭찬을 먹고 산다. 아낄 것을 아끼고 절약할 것을 절약해야지 칭찬에 인색해서는 안 된다.

거품 나게 칭찬하고 사기를 치켜 세워주어야 한다.

"아이 좋다니까, 씨암탉을 잡는다."는 말도 있다.

제 아이 귀엽고 예쁘다고 칭찬해주니까 재산 아까운 줄 모르고 마구 쓴다는 비유 아니겠는가?

칭찬의 위력은 공사公私조직을 막론해서 대단한 것이다.

가장 핵조직이라 할 수 있는 가정에서부터 모든 사회의 공사 조직을 막론하고 칭찬은 큰 파괴력을 갖고 있다.

특히 공조직에서의 칭찬은 공적 목표 달성에 직결되어 있으므로, 칭찬이 기형적이거나 피상적일 경우 조직을 에워싸고 있는 행정객체에 미치는 영향은 치명적일 수 있다. 조직 발전은커녕 리더에 초점이 맞춰져 있으므로 파행적일 수밖에 없고 변화를 기대할 수 없게 된다.

내가 아는 어떤 조직이 있다. 매주 조직 목표달성을 위한 간부 회의를 한다. 엄격히 말해서 회의가 아니다. 리더가 일방적으로 말하고 따지는 지시 일변도다. 회의에 참여한 간부들은 되도록 말을 아낀다. 그 이유는 말했다가 리더의 생각과 견해가 다르면, 일방적으로 핀잔과 질책을 받기 때문이다. 이런 분위기에서는 건설적이고 건전한 의견과 아이디어가 나올 수 없다. 함구가 상책이다. 가만히 있으면 중간이나 간다는 식이다.

아무리 최선을 다해서 지혜를 모으고 열심을 내봤자 리더의 일방통행식 사고나 방식에 맞지 않으면 잘못된 것이다. 간부들의 말을 끝까지 듣지도 않고 보고서도 끝까지 읽지도 않고 선입견으로 질타한다.

이 같은 조직에서 칭찬은 낯선 용어다. 어쩌다 칭찬이라는 것을 보면, 마지못해 한다. 성의가 없다. 진실성이 없다. 간부들은 정해진 회의 날이면 죽을 맛이다. 매양 이런 식이다. 실로 안타까운 일이다. 조직의 활성화를 위해서도 조직의 미래를 위해서도 하루빨리 개선되어야 할 일이다.

지역발전을 위해서도 바뀌어야 한다. 차제에 교과서적인 말을 한마디해야겠다. 우리가 잘 아는 아인슈타인도 초등학교 때는 성적이 아주 안 좋았다고 한다.

"이 학생은 앞으로 어떤 일을 해도 큰 인물은 될 수 없을 것으로 생각됩니다."라는 담임선생님이 쓴 성적표 통신 내용을 보고 어머니가 기가 막혔었다고 한다. 그럼에도 불구하고 어머니는, "너는 남들보다 특별한 능력을 가지고 있단다"라는 칭찬을 아끼지 않았다고 한다.

그 결과 이인슈타인은 어떤 인물이 되었는가? 이게 칭찬의 힘이고 영향이고 결과다. 사랑과 믿음이 있는 부모가 아이를 훌륭하게 만들 수 있다. 자라나는 아이에게 줄 수 있는 최고의 선물은 자신감을 갖도록 칭찬하고 격려하는 것이다.

'너는 할 수 있어.', '그래, 참 잘했구나.'라는 말이 실제로 그 아이를 할 수 있게 하고 정직하게 하고 열심을 내게 만들 수 있는 것이다. 어렸을 때 부모로부터 들은 칭찬 한 마디가 불가능을 가능하게 만들고, 세상을 긍정적으로 바라보게 만들고 믿음을 갖고 살아가게 만들 것이다.

어른이나 아이 할 것 없이 사람이면 누구나 칭찬받기를 좋아하는 속성이 있다. 누구나 칭찬을 받게 되면 뇌에서는 도파민(dopamine)이라는 아미노산의 하나인 쾌감 호르몬이 분비되어 기분이 좋아진다고 한다. 그러면서 '다음에는 더 잘해야지.'라는 의욕이 생겨난다고 한다.

물고 뜯고, 비난하고 질책하고 핀잔주는 것은 이제 그만하자. 모두가 서로 부둥켜안고 사랑하자. 믿음을 갖자, 인정하자, 내 탓을 먼저 생각하자, 그래서 칭찬하고 창찬 받는 사람들이 되자. 모두가 하나 되어 신뢰의 끈으로 동여맨 칭찬만 하는, 칭찬만 먹고 사는 사람들이 되자.

거의 맞는 것은 틀리는 것이다

모교인 고등학교에 재직하고 계시는 문학평론가이면서 학교 교지 신문의 편집 주간인 선생님으로부터 전화가 왔다. 학교 신문에 싣기 위해 나에게 인터뷰를 요청하는 내용이었다.

처음엔 사양했지만 그분 나름대로 이미 정해진 터라 하나의 수순인 듯했다. 그로부터 며칠이 지난 후에 학생들로 구성된 취재기자들 몇 명과 함께 내방하셨다.

미리 아이템을 귀띔해 주셔서 어떤 질문이 있을 것인지는 대충 짐작하고는 있었지만 후배들에게 꼭 해주고 싶은 말을 묻는 대목이 있었다. 평소에 생각하고 있는 신념 같은 것을 몇 가지 말해주고 나서 공업학교이기 때문에 엔지니어가 갖춰야 할 자세가 반드시 이래야 한다는 소신 하나에 힘을 주었다.

모든 사람이 공감하는 것은 아니지만, 살면서 생활 속에서 좌우명처럼 알고 실천하려고 노력하는 게 있어서 억양을 높여 강조했다.

다름 아닌 '거의 맞는 것은 틀리는 것이다.'는 말이다.

나는 나름대로 이 말을 철학(?)처럼 가슴속에 새기고 생활한다. 모든 일을 대충대충하는 것을 싫어하고 꼼꼼히 살피고 챙기고 확인하는 성격 때문이기도 하지만 실수나 시행착오, 실패나 범실을 최대한 줄이고 그 때그때마다 무슨 일이든지 철저히 하자는 생각에서다. 물론 나면서부터 그런 것은 아니다. 그러나 생각해 보면 내가 고등학교 다닐 때부터 그런 생각을 하게 된 것 아닌가 싶다.

공업학교라서 배우는 것이 모두가 정확을 요하고 자尺로 재고 세분細分하는 것이 공학의 기본인 듯했다. 수백, 수십 킬로미터를 도상에 일정한 축척으로 표시하려면 정밀을 요하는 것이다. 도상圖上에서 연필 끝 두께의 점点 하나는 축척에 따라 다르긴 하지만 수십 미터도 될 수 있는 것이다. 아마도 그때 공부하고 실습하면서부터 '정확'이라는 개념을 중시하기 시작한 것 같다.

굳이 원인을 찾는다면 나의 직업과 보직 경로가 무관치 않다는 생각이다. 고등학교를 졸업도 하기 전인 3학년 때부터 공무원 생활을 하게 되었다. 기술직 공무원이라서 만날 하는 일이 측량하고 설계하고 현장을 감독하는 일이었다. 업무 내용부터가 신중을 기해야 하고 꼼꼼하게 따지고 계산하고 기장記帳하고 작도作圖해야 하는 일이다. 기술업무가 대부분 그렇듯이 굉장히 조심스럽고 책임과 의무가 따르는 업무다.

공무원 생활을 7~8년 정도 했을 때의 일이다. 처음으로 공사의 현장감독다운 감독의 임무를 수행하게 되었다. 지금 생각해보면 공사의 규모도 별것이 아닌 미개설된 도로를 개설하는 현장이었다. 여지껏 보조 감독 역할 정도나 하다가 내가 전적으로 도맡아서 감독해야 하는 입장이었다. 비록 규모는 작았지만 내게는 자부심을 갖게 하는 현장이었기 때문에 평소에 근무하면서 느꼈던 점들과 소신을 펼칠 수 있는 감독의 기회라 여겼다.

착공과 맞춰 현장 내에 적절한 터를 잡아 현장 사무실을 짓고, 꾸미고 갖춰야 할 여러 가지 감독에 필요한 사항들을 쓰고 그리고 게첨해서 준비를 철저히 했다.

사무실 건물 바깥쪽에 공사명이 들어간 현장사무소의 현판을 준비할 차례가 되었다. 현장 소장님께 간판을 또 하나 준비해 주실 것을 주문했다. 그때 만든 현판의 내용이 바로 '거의 맞는 것은 틀리는 것이다.'였다. 당시 현장 소장님과 몇몇 회사 공사 관계자들께서는 의아해 하는 모습이었고 못마땅한 표정들이었다.

그러나 나는 강력히 요구했고 마침내 현장 사무실 입구에는 공사명이 적힌 간판과 또 하나의 이색 간판이 목각으로 조각돼서 나란히 달게 되었다. 이때 내 생각에는 현판에 적힌 구호 같은 글귀 하나만으로도 상당한 감독 효과를 가져 올 수 있다고 믿었다. 현장에서 일하는 일반 근로자나 각종 기능공은 물론 공사 관계자들 모두가 들랑이고 스치면서 현판에 적혀 있는 글을 읽으면 무언 중에 뭔가를 생각하고 음미하고 '매사를 대충대충 할 일이 아니구나.' 라고 하는 생각을 일깨우자는 데에 뜻이 있었다.

그 일이 있은 후, 그 현판 때문에 압박을 제일 많이 받은 게 바로 나였다. 스스로 내가 내 무덤을 판 꼴이 되었다. 왜냐하면, 공사 진행

과정에서 사소한 것 하나까지도 그냥 지나치지 못하고 따져야 했고, 원리원칙만을 고수해야 했다. 솔선해야 한다는 사명감, 책임감 같은 것이 항상 머릿속을 메우고 있었다. 많은 공사 관계자들이 나만을 주시하고 감시하는 것 같았다.

생각보다 훨씬 더 큰 짐으로 다가왔고 일거수일투족을 스스로 옥죄는 족쇄가 되었다. 그렇지만 '여기서 내가 허점을 보이면 끝장이다.'는 생각으로 이를 악물고 자신과의 싸움에 돌입했다. 공사를 감독하고 챙기는 것보다는 극기克己가 더 큰 고통이었다. 그러는 가운데에 1년이 지나고 2년째가 되었다.

처음엔 내 행동에 후회 같은 생각도 들었으나 상당히 적응되었고 나를 대하는 많은 공사 관계자분들도 섣부른 자세가 아니었다. 조금은 어려워하고 조심하는 모습이 역력했다. 공사용 가도假道 하나 내는데도 기초를 튼튼히 했고 거푸집 못질 하나까지도 설렁설렁하지 않았다. '저 사람은 대충 넘어가는 사람이 아니다' 라는 인식이 확산되었다. 내가 꼼꼼하게 된 또 하나의 덧붙일 원인을 찾는다면 감사監査부서에서 근무한 것이라 하겠다.

감사업무도 공사감독과 하는 일이 매우 유사하다. 다른 사람이 한 일이나 하는 일을 감독하고 시비是非, 적부適否를 따져 가리는 일이기 때문에 더 많이 알고 신중하고 꼼꼼하게 접근해야 했다. 더욱이 문제를 찾아내고 잘못을 지적해야 하고 타당성을 입증해야 하는 테크닉技法까지 갖춰야 한다.

나는 내 뜻과는 관계없이 이 같은 일을 실무로 6년여 동안이나 감당하게 되면서 항상 마음 한편으로는 내가 담당한 분야의 직무는 내가 최고여야 한다는 소명의식과 중압감으로 가득했다.

그러는 동안에 어느새 나도 모르게 융통성 없는 기계 같은 사고와 생활 습관으로 변한 것 같다. 항상 완벽해야 하고 어떤 일을 하든지 그 때 당시로서는 그게 최선이고 정답이어야 하는 틀에 박힌 사람이 된 것 같다. 확실히 환경의 지배를 받고 환경이 사람을 변화시키는가 보다. 그래도 후회는 없다. 오히려 내게 주어진 그러한 환경이 나를 그렇게 변하게 한 것에 대하여 감사한다.

'돌다리도 두드려 건너라.'는 말처럼 매사를 차분하고 정확하게 꼼꼼히 처리하는 것이 옳다고 생각한다.

기술자(engineer)와 장인匠人은 '정확'이 생명이다. 거의 맞는 것은 대충 맞는 것이지 꼭 맞는 것은 아니다. 거의 맞는다는 사고思考는 과학기술자나 장인에게는 가져서는 안되는 것이다. 현대는 첨단과학이 국가 흥망성쇠를 결정짓는 시대이고 나노(nano)시대를 넘어야 하는 때이다. 미래의 공학자로서 과학기술자로서의 면모를 위하여 공학도에게 필요한 자세와 사고는 '꼭 맞아야' 하고 '정확' 해야 하는 것임을 후학들에게 강조하고 싶다.

짐을 내려놓으면서

최근 들어 퇴임 문제로 심각하게 고민하고 아내와 상의하기 시작했다. 정년이 가까워진 탓이기도 하겠지만 조직 내부의 시스템은 나를 더 힘들게 했다. '퇴직 후에 뭘 해야 할까?'를 생각하면 마음이 쉽게 정리되지 않았다. 그렇다고 더 이상의 근무는 차라리 고역苦役이었다. 마침내 가족의 동의를 얻어 2008년 6월 9일 명예퇴직 신청을 했다.

회고해보면, 지나온 40년 공직 생활이 한 편의 드라마이고 파노라마(panorama)였다. 내 인생의 황금기를 여기에 묻었다. 스물한 살 어리다면 어린 청년의 나이에 공무원이 된 이래 예순한 살 환갑이 될 때까지 애환哀歡이 서린 시간들이었다. 줄곧 애어른이 되어 살아왔다. 그동안 자부심과 보람도 있었지만 회한悔恨도 남는다.

모든 것을 참되 오래 참아야 하고 아주 참아야 했던 지난날의 삶, 어쩌면 인고의 삶이었는지도 모른다. 공직자가 지녀야 할 기본과 의무와 덕목德目들이 평생을 억누르며 살게 했을 것이다. 항상 모범적으로 살아야 했고 본이 되어야 했다.

이제 공직의 배를 타고 외롭고 힘겹게 거센 파도를 헤쳐 온 40년 항해를 마치려 한다. 조용히 닻을 내려놓으려 한다. 많은 분들에게 짐 지게 하고 빚진 자 된 채로 그냥 떠나는 어쭙잖은 사람임을 숨길 수 없다. 그러나 나 아니면 안 된다는 생각은 위험천만이다. 발전의 저해 요인으로 작용한다. 신입고출新入古出의 원칙이 지켜져야 한다. 나는 살면서 사람은 물러날 때를 잘 선택해야 한다고 생각해왔다. 그런 맥락에서 나도 예외가 아니라고 생각한다. 조금은 미련이 남고 아쉽고 섭섭 하다고 생각될 때가 바로 물러날 때라고 믿고 과감하게 실천에 옮긴 것이다. 정년으로 치자면 아직도 1년 6개월이 남았다.

생각해 보면 파란만장한 삶을 살아왔다. 세상살이 어렵고 힘들 때마다 울 곳조차도 마땅히 없었다. 의지할 곳, 상의할 사람 하나 없이 언제나 혼자였고, 죽으나 사나 나 혼자 알아서 판단하고 해결하고 처리해야 했었다. 집안에 무슨 일이 있을 때면 그때마다 내가 최종 종착역이었다. 너무나 엄청난 일이라서 어쩔 줄 몰라 밤낮없이 안절부절 하며 쩔쩔매고 발을 동동 구른 적이 얼마나 많았는지 모른다. 세상에 가진 것이라고는 몸뚱이만 덩그렇게 하나였다.

어떤땐 몸뚱이라도 두 개였으면 좋겠다는 생각도 했었다. 끊임없이 다가온 끔찍한 집안의 사건사고들, 그때마다 어쩌다가 재수 없이 나를 만난 아내 또한 나와 동반자 되어 어김없이 사건의 중심에 서 있어야 했다. 일이 풀리지 않아 눈앞이 캄캄할 때마다 만만한 아내의 무릎에 얼굴을 묻고 흐느껴 울 때가 한두 번이 아니었다.

지금까지 나의 삶은 너무나 외롭고 쓸쓸한 삶이었다. 살면서, 때로는 누군에겐가 기대고도 싶었고, 어린애처럼 사랑받고 응석부리고도 싶었다. 하지만 그런 바람은 사치스런 일이고 애초부터 기대할 수 없는 처지였다.

어느 해인가는 엄청난 사건이 서너 건씩이나 겹치기로 발생한 때도 있었다. 해결사는 나 하나인데 정말이지 숨이 멎는 것 같았다. 너무나 벅차고 힘들었다. 어떻게 어디서부터 가닥을 잡아야 할지 생각이 나지 않았다. 그때마다 해결의 열쇠는 돈이고 배경이었지만 내게는 한 가지도 없었다. 어찌나 팍팍하고 힘겨웠는지 모른다. 도대체 희망이 보이지 않았다. 살길이 막막했었다. 그러나 오뚝이처럼 다시 일어섰고, 지친 몸을 이끌고 뛰다가 걷다가 넘어지다가 했다. 알몸뚱이가 전재산인 나는 '몸이 닳아지도록 써먹자.'라는 구호를 속으로 외치며 살아왔다.

남들이 하는 것 다해 보고 싶었지만, 내가 가야 할 길 외에는 곁눈질도 말자며 참고 외면했다. 뿌옇게 안개 낀 끝도 보이지 않는 앞길을 일구어 헤쳐 나가기 위해 앞만 보고 정신없이 달려왔다. 한번 살아보고 진짜로 다시 살 수 없는 연습 없는 인생길이기에 조심스럽게 두드리며 열심히 살아왔다. 그러면서 세상을 떳떳하게 당당하게 자신 있게 살려고 애썼다. 나 아닌 다른 사람 다 속여도 자기 자신(양심)은 속일 수 없다고 생각하며 살아왔다. 그래서 나는 매사에 결과보다는 과정을 더 중요시하며 산다. 수단 방법 가리지 않고 모로 가도 서울만 가면 된다는 사고는 그릇된 것이라고 믿는다.

이벤트 같은 삶의 현장마다 알몸뚱이로 세상 속에 던져진 하찮고 보잘것없는 나를, 때로는 가르치고 다독이며 때로는 부추겨 이끌면서 많은 분들이 내 생의 한가운데에 자리해 주셨다. 진실로 형용할 수 없으리만큼 고맙고 감사하다.

따뜻하고 자상하신 많은 분들의 배려와 격려가 오늘의 나를 있게 했음을 고백한다. 이제와 생각하니, 지금의 나는 온전한 나의 것이 아니고 스스로 일군 게 아무것도 없는 반쪽짜리 인생이었고, 절반은 여러 분들의 분량이었다. 그래도 파렴치하게 여러 분들의 삶 속에서 가끔씩 아니면 어쩌다가라도 기억되고 생각나는 사람이면 얼마나 좋을까 하는 낯두꺼운 바람을 가져본다.

이제 제 2의 인생을 시작해야 한다. 지나간 과거를 묻어야 한다. 과거에 매달리고 집착하면 미래가 발목 잡힌다. 새로운 모습, 새로운 자세로 다가올 희망찬 미래의 새벽을 깨워야 한다. 그래서 남은 생애를 후일에 내 스스로 양심의 잣대로 평가할 때 크게 후회하지 않도록 지금부터 준비하고 길을 나서야 한다.

| 발문 |

늘 행복의 물수제비를 뜨는 수필가, 석인수

– 석인수 처녀수필집 《생각이 머무를 때면》 출간에 부쳐

김 학(수필가, 국제펜클럽 한국본부 부이사장)

1. 수필가 석인수의 문학 환경

수필가 석인수(昔仁壽), 그는 어느 곳에서나 튼튼한 몸뚱이 하나로 무에서 유를 창조한 입지전적인 인물이다. 그가 누구인지 모르는 독자라면 지금부터라도 추임새 넣듯 입을 떡 벌리고 연신 감탄사를 쏟아내고, 머리를 끄덕이며, 손으로 무릎을 칠 준비를 서두르는 게 좋을 것이다. 석인수, 그의 성, 昔씨는 신라시대 왕위를 돌아가며 맡았던 박·석·김 세 성씨 가운데 두 번째 성씨다. 그는 신라 왕손의 후예다.

자연인 석인수, 그는 〈아내 냄새〉 란 수필로 격월간 《수필과 비평》 2005년 5,6월호(통권77호)에서 신인상을 수상하여 당당히 수필가로 등단하였다. 50대 후반에 등단하였으니 퍽 늦깎이인 셈이다. 그러나 등단한지 3년 안에 이처럼 처녀 수필집을 출간한 것을 보면 등단한 이래 부지런히 수필작품을 빚었던 것 같다. 이 수필집 ≪생각이 머무를 때면≫은 48편의 수필작품을 6부로 나누어 게재하고 있다. 작품들은 비교적 긴 수필들인데 각 부마다 똑같이 8편씩을 배분하였다.

소년 석인수, 그는 전북 부안군 동진면 산월리에서 가난한 농가의 7형제 가운데 장남으로 태어났다. 그는 어려서부터 가난을 운명처럼 보듬고 살아왔다. 가난에 발목을 잡힌 석인수는 동진초등학교를 졸업한 뒤 바로 중학교에 들어가지 못하고 통신강의록으로 중학과정을 독학하는 한편 마을 서당에서 한문을 배우다 이듬해 가까스로 부안중학교에 들어갔다. 중학교를 졸업하고 또 1년 동안은 초보 농사꾼이 되어 품삯을 받으며 농사일을 했다. 그때 번 돈으로 보리 다섯 가마를 팔아 집에 들여놓고 고등학교에 진학하겠다는 일념을 가슴에 품고 무작정 대처인 전주로 나갔다. 창고를 개조한 허름한 방 한 칸을 월세로 얻어서 굶기를 밥 먹 듯하며 공부를 하여 그 당시 취직이 잘 된다는 전주공고에 진학하였고, 마침내 공고 3학년 때 전라북도 지방공무원시험에 응시하여 당당히 합격하였다.

청년 석인수, 그의 나이 21세 때인 1968년 9월 21일, 마침내 고향 부안군 부안읍사무소로 첫 발령을 받았다. 다른 동기생들이 대학생이 되던 그해에 석인수는 말단공무원이 된 것이다. 그러나 그로서는 금의환향이 아니고 무엇이겠는가? 그의 부모와 동생들 그리고 일가친척들이 얼마나 기뻐했을지는 짐작할만하다.

말단공무원 석인수, 그는 돈도, 배경도 없었다. 가진 것이라고는 튼튼한 몸뚱이와 성실성뿐이었다. 그는 그 몸뚱이와 성실성을 무기 삼아 자신의 앞길을 헤쳐 나가야 했다. 그런 자세로 근무한 까닭에 승진에 승진을 거듭하여 마침내 전북도청 건설교통방재국장, 새만금환경국장, 새만금개발국장, 경제자유구역추진기획단장 등 전북도청의 고위직을 두루 거칠 수 있었다. 그는 공직생활 40년을 마감하고 아름다운 뒷모습을 보여주고자 후배들의 박수를 받으며 명예퇴임을 한 것이다. 말단공무원으로 출발하여 이사관까지 올라갔으니 아무나 흉내 낼 수 없는 성공적인 공직생활이었다고 하지 않을 수 없다.

이사관 석인수, 그는 늘 새로운 일에 도전하기를 좋아했다. 고위 공무원이 되었으면 골프나 치면서 적당히 품위를 지키며 편안하게 생활을 즐길 수도 있었을 것이다. 그러나 그는 그러한 편안한 길을 택하지 않았다. 바쁜 공직생활을 쪼개어 못 배운 한을 풀고자 한국방송통신대학에 들어가서 행정학을 공부하였다. 학사학위를 얻은 그는 내친김에 또 대전의 숭전대학교 지역개발대학원에서 도시 및 지역계획학을, 그리고 전북대학교 환경대학원에서 공학석사 학위를 받았고, 이어 원광대학교 대학원에서 마침내 공학박사학위를 받은 것이다. 배고픈 소년시절부터 꿈꾸던 박사학위를 얻게 된 것이다. 얼마나 대단한 집념이고 뜨거운 열정인가?

공학박사 석인수, 그의 지나온 발자취를 뒤돌아보면 그가 결심하고 시작한 일이라면 무엇이든지 끝장을 보고야 마는 집념의 사람임을 알 수 있다. 말단 공무원으로 출발해서 몸으로 때워 이사관까지 올랐고, 고등학교 졸업생이 주경야독으로 박사학위까지 취득한 것을 보라. 얼마나 도전정신이 강한 인물인가? 그건 결코 아무나 해낼 수 있는 일이 아니다.

신라의 왕손 석인수, 그가 인생 이모작시대를 앞두고 수필가로 등단한 사실에 우리는 또 주목할 필요가 있다. 그는 한 번 목표를 정하면 꼭 이루어내는 집념과 열정의 사나이다. 그러고 보면 그가 공직이나 학문의 세계에서 성공적인 결과를 얻었듯이, 수필의 세계에서도 그는 또 무언가 꼭 이루고 싶은 꿈이 있을 것이다.

사나이 석인수, 그는 누구보다도 파란만장한 삶을 살아왔다. 집에서는 7형제의 장남이었고, 직장에서는 고위 공무원이었지만 언제나 혼자였다. 늘 혼자서 판단하고, 혼자서 해결하며, 혼자서 처리해야 했다. 언제나 자기가 최종 결정권자라는 자세로 살아야 했던 것이다. 그의 삶이 얼마나 팍팍했으면 만만한 그의 아내 송희남 여사의 무릎에 얼굴을 묻고 가끔 흐느껴 울었을까?

비록 그가 입지전적인 삶을 살았다 해도 그 역시 때로는 누구에겐가 기대고 싶기도 하고, 어린애처럼 누군가에게서 사랑과 격려를 받고 싶으며, 누구에겐가 응석을 부리고도 싶었을 것이다. 그럴 때마다 그의 아내 송희남 여사는 석인수의 그 모든 갈망을 풀어 준 눈물받이이자 쉼터였던 것이다. 그러니 그들 부부를 일컬어 천생배필이요 영원한 동반자라고 할 만하지 않는가?

수필가 석인수, 그는 딸만 셋을 둔 딸부자다. 그는 7형제의 장남이기에 아버지가 돌아가신 후로는 아버지 역할까지 하고 있으니 힘든 일도 참 많을 것이다. 그런 어려움 때문에 자기는 딸만 셋을 둔 게 아닌지 모르겠다.

"스물한 살 어린나이에 공무원이 된 이래 줄곧 애어른이 되어 살아온 것 같다. 항상 가족들 앞에서 모범적으로 살아야 했고, 본을 보여야 했으며, 뭐든지 잘해야 했다. 돈도 백도 없는 우리 집 환경에서 유난히도 파란 만장한 삶을 살아야 했다."

수필가 석인수, 그가 어느 글에서 밝힌 자화상이다. 그러한 온갖 어려움을 극복하고 우리 앞에 우뚝 선 인물이 바로 수필가 석인수다.

바닷가 소년 석인수, 그가 어려서부터 소망했던 그의 꿈은 이제 거의 모두 이루어졌다. 넉넉한 연금생활자가 되었으니 '가난'을 벗었고, 공학박사가 되었으니 '무지無知'를 벗었으며, 수필가로 등단했으니 '무명無名'을 벗은 셈이 아닌가.

성공적인 삶을 살아온 석인수, 그는 분명 자서전이나 회고록을 써야 할 만한 인물이다. 하긴 그러려고 수필가가 되었는지도 모를 일이다. 그가 겪은 어려운 환경은 이제 그에게 무진장 좋은 수필소재를 제공해 줄 것이다. 좌절하거나 포기하지 않고 잘 극복해 준 데 대한 보상일 것이다. 세상에 공짜는 없는 법이다.

그런 의미에서 체험의 문학인 수필은 석인수에게 가장 잘 어울리는 문학 장르다. 석인수, 그의 기억의 금고 속에 차곡차곡 쌓여있을 수필소재들이 어서 수필로 빚어달라고 아우성을 치는 것 같다. 그가 쓰는 수필 작품들이 독자들의 사랑을 흠뻑 받았으면 좋겠다.

이제 이쯤에서 수필가 석인수의 수필 속으로 들어가 보자.

2. 수필가 석인수의 수필세계

수필가 이정림은 ≪수필쓰기≫라는 그녀의 저서에서 수필가들에게 이렇게 충고하고 있다.

첫째, 수필은 소리 내어 통곡하기보다는 슬픔을 안으로 삭이는 글이다.

둘째, 수필은 활짝 드러내기보다는 입가에 살짝 미소를 띠게 하는 글이다.

셋째, 수필은 분노를 폭발시키기보다는 조용히 잠재우는 글이다.

넷째, 수필은 고독을 천하게 드러내기보다는 안으로 스며들게 하는 글이다.

수필가들이 컴퓨터 앞에 앉아 수필을 쓰기에 앞서 곰곰 음미해 볼 절실한 충고가 아닐 수 없다. 수필가와 독자와의 관계를 이렇게 명쾌하게 간추려 설명해 준 수필 이론가는 그리 흔치 않다. 수필가 석인수도 이 충고를 가슴 깊이 담아두면 좋겠다. 지금까지 쓴 수필들도 이 체로 한 번씩 걸러보라고 권하고 싶다. 잘 된 몽근 모래(수필)는 이 체를 통과할 것이고 굵은 모래(수필)는 걸러질 것이니 말이다. 수필의 길은 가도 가도 끝이 보이지 않은 먼 길이다. 그래도 중도에 포기하지 말고 꾸준히 가야만 할 길이기도 하다.

> 자신의 권리를 외면한 국민은 결국 그들이 가장 경멸하고 싫어하는 정치인들의 지배를 받게 된다는 사실을 잊지 말아야 할 것이다.
>
> 〈우리가 잊고 있는 것〉 결미

수필가 석인수의 안테나는 24시간 사방으로 열려서 수필의 소재를 찾는다. 이 작품에서는 민주주의와 투표가 안테나에 잡힌 것이다. 민주주의의 선진국이라고 하면 미국과 영국을 손꼽는데 망설이지 않는다. 그러나 미국에서는 남북전쟁이 북군의 승리로 끝난 뒤 처음으로 흑인들에게 참정권이 주어졌고, 영국에서도 여성들에게 참정권을 준 것이 1930년대다. 그런데 그 나라들보다 훨씬 늦게 민주주의를 시작한 우리나라의 경우 갈수록 투표율이 낮아지고 있어 안타깝다는 게 수필가 석인수의 생각이다. 화자는 잘못된 정치를 바꾸려면 투표라는 수단 외에는 다른 길이 없다고 지적한다. 그러면서 유권자가 정치에 관심을 갖고 적극 참여할 때 잘못 뽑힌 인물도, 잘못된 정치도 바뀔 것이라고 강조한다. 명쾌한 논리로 독자들에게 방향을 제시한다. 칼럼 같은 글이지만 독자는 이 화자의 설득에 머리를 끄덕일 수밖에 없을 것이다.

수필가 석인수, 그는 농경사회가 산업사회를 거쳐 지식정보사회로 건너오면서 우리네 의식주는 물론 생활환경이 얼마나 바뀌었는지 천착하기를 게을리 하지 않는다. 옛날에는 10년이면 강산이 변한다고 했지만 지금은 자고나면 변할 정도로 그 변화의 속도가 빨라지고 있는데도 눈길을 보낸다.

> 병색이 가득한 어린아이들이 치료받고 있는 광경을 텔레비전에서 보았다. 말 그대로 피골이 상접했다. 측은하고 안타깝고 답답한 생각이, 마치 속에서 뭔가 뜨거운 김을 내뿜는 것 같은 느낌으로 치밀어 올랐다. 울화가 터질 것 같았다. TV를 보면서 순간 '북한도 코리아인데, 옛날에는 하나였는데, 하는 생각이 들었다.
>
> 〈남 · 북한이 아니라 코리아다〉 중에서

수필의 소재는 우주만물이라고 했다. 소 오줌과 말똥 같은 하찮은 것들조차 수필의 소재가 된다. 수필가 석인수는 정치문제 뿐만 아니라 남북문제까지도 소재로 끌어다 수필로 빚는다. 어느 날 텔레비전에서 치료를 받는 북한의 어린이를 보고 통일이 절실한 문제임을 설파한 것이다.

가끔씩 들르는 고향이지만 조건 없이 마냥 내 집에 온 것처럼 좋은 기분이다. 어렵던 시절에 우리 일곱 형제가 이곳에서 태어나 애환을 함께하며 자랐던 고향이다. 20년 가까이 지속해오고 있는 칠형제의 집안 모임인 「한마음회」가 있다.

〈내 고향 산월리는〉 중에서

고향은 누구에게나 그리움의 대상이요, 추억의 보고다. 화자 역시 다를 바 없다. 독새풀과 웃자란 보리 잎까지 먹을거리로 사용할 정도로 가난했던 고향, 초근목피로 목숨을 부지했던 고향이지만 결코 잊을 수 없는 게 그 고향이다. 화자의 고향 사랑은 남다르다. 칠형제의 모임인 한마음회에서 합창을 하려고 화자가 손수 작사한 〈한마음의 노래〉가 있다. 이 노랫말에 어서 곡이 붙여져 큰소리로 불리어지기를 바라는 마음 간절하다. 칠형제 집안 자녀들의 혼사나 경사가 있을 때마다 온 가족이 합창하면 참 좋겠다는 생각이 들기도 한다.

내가 사랑하는 사람 송희님!
당신은 분명 내 마음에 힘과 용기와 그리고 강한 신앙을 심어주리라 믿으오. 당신이 나와 함께 하나로 된 인생을 시작한다면 당장은 당신께 너무 힘들고 버거운 길을 가게 할지 모르지만, 어쩌면 그것이 처절하기까지 할지는 모르지만, 내게는 얼마나 큰 희망이고 힘이고 재산이 되겠습니까?

〈달빛이 증인되어 비취고〉 중에서

수필가 석인수는 칼럼 같은 딱딱한 글만 쓰는 게 아니다. 이처럼 나긋나긋한 사랑의 편지글도 잘 쓴다. 이런 편지를 자주 받은 여인이 어떻게 고무신을 거꾸로 신을 수 있었으랴. 세월이 흐를수록 화자에게 빠져들고 화자의 포로가 되었으리라. 〈내 영혼의 절반을 뚝 떼어〉 〈기실, 소중합니다〉 〈당신 생각이 홍건히 고여 오면〉 〈당신의 자리〉 등 가슴으로 쓴 사랑의 편지가 눈길을 끈다. 이 수필집에 게재된 편지는 겨우 네댓 편에 불과하지만 수필가 석인수는 연애시절의 편지 보내기 버릇이 결혼 뒤까지도 계속되었던 듯싶다. 부부가 한 방에 살면서도 가끔 서로 사랑의 편지를 주고받는다면 얼마나 좋을까 싶기도 하다.

남편의 바지는 어떤 종류로, 윗저고리는 어떤 무늬와 색깔로 골라야 하는지 생각한다. 대학생인 큰애의 진로는 어떻게 하고, 둘째의 입시대비는 이대로 좋은가, 셋째는 특기를 살리려면 어떻게 지도해야 옳은지 고민한다. 시어머님의 속옷은 여유가 있는지, 필요한 것은 없는지, 시동생 누구네는 어떻게 사는지 참으로 챙겨야 할 것이 많다. 신경 쓸 일이 많기도 하다.

〈아내 냄새〉 중에서

수필가 석인수의 등단작품이다. 이 수필 한 편만 읽어 보면 화자의 아내 사랑이 얼마나 두텁고 끈끈한지 미뤄 짐작할만하다. 퇴근길 현관문을 밀치고 들어서면서부터 아내의 냄새를 맡는다는 화자의 마음이 참으로 곱다. 이 한 편의 수필을 읽으면 칠형제의 맏며느리로서, 고위공직자의 아내로서, 세 딸의 어머니로서 노련하게 살아온 화자 아내의 삶이 그림처럼 펼쳐지기도 한다. 지금까지 살면서 겪었던 괴로움과 어려움도 이 한 편의 수필 때문에 봄눈 녹듯 사라졌을 것이다. 그런데 바로 이 작품이 남편 석인수의 등단작품이 되었으니 그 기쁨이 얼마나 컸겠는가? 그 집안의 경사였으리라.

"지금부터 1987년 9월 가족회의를 시작하겠습니다. 먼저 가가(家歌)를 1절만 부르겠습니다."

〈사랑이 샘솟는 우리 집〉 서두

매달 가족회의를 갖는 것도 예사로운 일은 아니다. 게다가 가족의 노래인 가가(家歌)를 지어서 부른다는 것은 특이한 일이다. 그야말로 '사랑이 샘솟는 우리 집'이란 말이 나올 법한 일이다. 아빠인 화자가 노랫말을 짓고 딸들이 곡을 붙여 만든 수필가 석인수 집안의 가가(家歌)! 그 행복한 가족들의 가가합창(家歌合唱) 모습이 영화 〈사운드 오브 뮤직〉의 한 장면처럼 연상된다.

누군가 말하기를 직장에서 집으로 퇴근할 때도 아침에 집에서 직장으로 출근할 때의 기분으로 하라고 했었다. 직장에서 얻은 피로와 스트레스는 직장의 책상 서랍 속에 꼭꼭 넣어두고 퇴근하라는 이야기다. 가족은 가장 가까운 단골손님이다. 그러니까 그만큼 단골관리에도 힘써야 마땅할 것이다. 수필가 석인수는 실제로 그 이론의 모범을 보여주는 사람이라고 할 수 있을 것 같다. 아마 공무원 석인수는 공직 40년 동안 내내 그렇게 살았을 성싶다.

백년 이백년 후의 미래세대가 '정말 잘 구상해서 만들었구나!' 하는 평가를 내릴지를 생각한다면 정답이라고 자신 있게 말하기 어려울 것이다. 그렇다고 해서 개발을 지연시키고, 투자와 투자유치를 늦출 수 없다. 다만, 새만금은 백지와 같기 때문에 하얀 백지위에 어떤 그림을 어떤 물감으로 그려야 할지는 신중에 신중을 기하여야 한다.

〈세계적 명품브랜드를 꿈꾸며〉 중에서

화자는 전북도청에서 새만금환경국장, 새만금개발국장 등으로 일한 경험이 있기에 이런 작품을 쓰지 않을 수 없었을 것이다. 동북아의 두바이가 되기를 소망하는 전북도민들의 꿈이 현실이 되기를 바랄 따름이다. 그것은 전북인의 꿈일 뿐만 아니라 대한민국 온 국민의 바람일 것이다.

이제, 공직의 배를 타고 외롭고 힘겹게 거센 파도를 헤쳐 온 40년 항해를 마치려 한다. 조용히 닻을 내려놓으려 한다. 많은 분들에게 짐지게 하고 빚진 자 된 채로 그냥 떠나는 어쭙잖은 사람임을 숨길 수 없다. 그러나 나 아니면 안 된다는 생각은 위험천만이다. 발전의 저해요인으로 작용한다. 신입고출(新入古出)의 원칙이 지켜져야 한다. 나는 살면서 사람은 물러날 때를 잘 선택해야 한다고 생각해왔다.

〈짐을 내려놓으면서〉 중에서

전라북도 경제자유구역추진기획단장이던 석인수가 후배를 위하여 명예퇴직을 결심할 때의 소회를 풀어 놓은 작품이다. 40년의 공직을 마감하는 그의 마음이 어떠했을까는 누구나 동병상련의 심정으로 짐작할 수 있을 것이다.

석인수 수필가의 가야할 길

석인수 수필가는 이제 40년 공직생활에서 벗어나 자유인이 되었다. 아침에 출근하고 저녁에 퇴근하는 틀에 박힌 생활을 하지 않게 된 것이다. 그것은 날개가 꺾인 것이 아니라 어디든지 자유롭게 날아갈 수 있는 새로운 자유의 날개를 얻은 셈이다. 생각을 바꾸면 새로운 세상이 보인다. 석인수, 그에게는 수필이란 기댈 언덕이 있지 않은가. 지금까지는 공직생활 중 틈틈이 짬을 내어 한 편 한 편의 수필을 썼지만 지금부터는 불광불급不狂不及의 자세로 수필에 푹 빠질 수 있게 된 것이다. 얼마나 좋은 기회인가? 수필에서 찬란한 금자탑을 쌓아올려 인간 석인수의 여생을 화려하게 마무리하라고 권하고 싶다.

앞으로 수필을 쓸 때 함축의 묘미를 살려 수필의 길이를 보다 짧게 줄이기를 바란다. 미니스커트와 연설이 짧아야 하듯 수필의 길이도 짧을수록 좋을 것이다. 또 어떻게 하면 수필문장에 서정의 옷을 입힐 수 있는지 연구하고 작품마다 어떻게 의미부여를 할지 깊이 생각하면 좋겠다. 평생 공학계통에서 살았으니 서정성과는 거리가 있어 힘들겠지만 노력하면 불가능한 일도 아닐 것이다. 또 글 쓰는 이의 기본인 우리말의 맞춤법공부에도 더 관심을 갖기 바란다.

수필은 용광로다. 수필이란 용광로에 시를 넣으면 서정수필이 나오고, 소설을 넣으면 서사수필이 나온다. 또 평론을 넣으면 비평수필이 나오는 법이다. 수필은 무엇이든지 소화할 수 있는 만능 용광로임을 잊지 말았으면 한다. 정년퇴임과 함께 펼쳐진 석인수의 2막 인생은 수필에서 활짝 꽃이 피리라 기대한다. 수필은 정년을 요구하지 않는다. 건강하고 수필에 대한 열정과 사랑이 식지 않는 한 계속할 수 있는 것이 수필이다. 꾸준히 노력하여 필력이 녹슬지 않도록 정진하기 바란다.

사랑이 샘솟는 우리 집

1986.4.14
조금느리게
작사 : 석인수
작곡 : 석소연
석소진
엄 마는 아 빠만 좋- 아하 고 요
우 리집 식 구들 함- 께모 이 면
아 빠 는 엄- 마만 더 -옥좋 아 해
언 제 나 행- 복한 웃- 음꽃 피 네
엄마랑아- 빠 는 우리를사- 랑 해
마주본얼- 굴 은 사랑이샘- 솟 고
우 리 는 엄마아빠 좋- 아하 지 요
희 망 찬 내일위해 노- 래불 러 요
라 - 라 라- 라 라- - - 라
라 - 라 라- 라 라- - - 라
사 랑속 에 행 복 이 넘- 쳐흘 러 요
웃 음속 에 사 랑 이 넘- 쳐흘 러 요

석인수 수필집

생각이 머무를 때면

인 쇄 / 2009년 3월 10일
발 행 / 2009년 3월 16일

지은이 / 석 인 수
발행인 / 서 정 환
발행처 / 수필과비평사

출판등록 / 1984년 8월 17일 제28호
주 소 / 서울시 종로구 익선동 30-6
운현신화타워 빌딩 2층 209호
전 화 / (02) 3675-5633, (063) 275-4000
팩 스 / (063) 274-3131
E-mail / essay321@hanmail.net

값 10,000원

ISBN 978-89-5925-524-5 03810